L'ART

ET LA BEAUTÉ

KALLIKLÈS

PAR

LOUIS PRAT

PARIS

FÉLIX ALCAN, ÉDITEUR

ANCIENNE LIBRAIRIE GERMER BAILLIERE ET Cⁱᵉ

108, BOULEVARD SAINT-GERMAIN, 108

—

1903

L'ART ET LA BEAUTÉ

KALLIKLÈS

L'ART ET LA BEAUTÉ

KALLIKLÈS

L'ART

ET LA BEAUTÉ

KALLIKLÈS

PAR

LOUIS PRAT

PARIS

FÉLIX ALCAN, ÉDITEUR

ANCIENNE LIBRAIRIE GERMER BAILLIERE ET Cⁱᵉ

108, BOULEVARD SAINT-GERMAIN, 108

1903

A

MON ANCIEN MAITRE

MONSIEUR A. PENJON

Hommage respectueux.

L'ART ET LA BEAUTÉ

KALLIKLÈS

AVANT LE MYSTÈRE

ARÉTA

PERSONNAGES

ARÉTA. . . . . . . Fille d'Aristippos, le Kyrénéen.
PLATON.
ANTISTHÈNÈS. . . Philosophe cynique.

PLATON

A quelle heure, Aréta, as-tu quitté Mégare ?

ARÉTA

Ce matin, maître, au premier chant du coq. C'est Agathoklès, le messager, qui m'a conduit à Athènes. Il t'aime

beaucoup, Platon; il m'a parlé de toi avec un grand respect.

PLATON

Dis-lui, quand tu le reverras, fille d'Aristippos, que j'ai gardé de lui un bon souvenir. Est-il toujours camus ?

ARÉTA

Plus que jamais, Platon; mais ses cheveux ont blanchi. Cependant il est resté plus gai que le plus gai des éphèbes : on ne saurait souhaiter un compagnon de route plus joyeux.

PLATON

Belle vertu et bonne entre toutes, la gaieté! Étais-tu seule, Aréta, dans le char d'Agathoklès ?

ARÉTA

C'est comme si j'eusse été seule; mes deux compagnons de route n'ont pas dit une parole.

PLATON

Et qui étaient, Aréta, ces voyageurs muets ?

ARÉTA

Un marchand venu de Korinthe et un prêtre d'Apollon qui me regardait à la dérobée, en baissant les yeux.

PLATON

En baissant les yeux! Et le marchand te regardait-il, lui aussi ?

ARÉTA

Non certes, par Zeus-Père ! Il ne songeait qu'à dormir. Il dormait bruyamment, la bouche ouverte.

PLATON

Il ronflait ?

ARÉTA

Il ronflait, Platon, comme ronflait le célèbre disciple d'Antisthénès, la dernière fois que je l'ai vu, il y a trois mois environ, au Kranion de Korinthe.

ANTISTHÉNÈS

Tu as vu Diogénès, Aréta ! Lui as-tu adressé la parole ?

ARÉTA

Certes, mais je n'ai pas eu lieu de m'en réjouir ; ton disciple n'est pas aimable, Antisthénès.

ANTISTHÉNÈS

Il est misogyne et toujours de mauvaise humeur quand on l'éveille.

PLATON

Le cynique t'aurait-il adressé des reproches, fille d'Aristippos ?

ARÉTA

Plus que des reproches, Platon ; il m'a insultée. Je l'ai trouvé couché à l'entrée du Kranion, le corps roulé dans son manteau. Aussitôt que je l'eus touché à l'épaule, il se dressa vivement sur ses jambes, et se frottant les yeux de sa main droite fermée :

— Qui es-tu, dit-il, et que me veux-tu ?

Je répondis que j'étais la fille d'Aristippos. Il reprit avec colère : « Fille d'Aristippos, tu portes à ton cou un collier d'or très pesant, des cercles d'or à tes poignets et à tes chevilles : ton péplos est tout brodé d'or. Tout cela vaut une grosse somme, dix mines peut-être ? Mes haillons, besace comprise ne valent pas deux drachmes, mais cet or qui pare ta beauté est l'insigne de l'esclavage. Je suis, moi, le libre citoyen du monde. Ton père est le philosophe des courtisanes, tu me parais être, toi, la courtisane des philosophes. Maintenant, va-t-en, laisse-moi dormir ! »

Ceux qui étaient auprès, des hommes et des femmes, des enfants surtout, riaient de moi. Je me suis enfuie le cœur plein de tristesse, pleurant, humiliée.

PLATON

Le chien ignore le prix de la beauté, il ne sait qu'aboyer et mordre.

ANTISTHÉNÈS

Je dois le défendre, Platon, c'est mon disciple préféré ; c'est un philosophe, c'est un homme !

ARÉTA

C'est avec raison que tu le défends, Antisthénès. C'est un homme ! Il m'a fait voir que tous ces ornements que ma vanité se plaisait à étaler étaient sans prix. Depuis, je ne porte plus ni collier, ni bracelets, mon péplos, de même

que ma tunique, sont sans broderies. Je veux que personne
ne puisse plus me prendre pour une courtisane.

PLATON

Je ne lui pardonne pas, Aréta, de t'avoir fait pleurer.
Laissons là le cynique, plus orgueilleux, dans son humilité
de parade, que le fils de Klinias revêtu de son manteau de
pourpre. Raconte-nous ton voyage. N'as-tu pas rencontré
sur ta route, la double théorie des fiancés, qui vont tous les
ans, à cette époque, au sanctuaire d'Aphrodita ?

ARÉTA

Je l'ai rencontrée, Platon. Nous nous sommes arrêtés un
moment pour regarder la fête des fiançailles : elle est belle.

PLATON

C'est une des grandes fêtes religieuses de la Hellas. Plusieurs fois, au temps de ma jeunesse, je me suis rendu à
Éleusis pour la voir. Toujours je m'en suis retourné à
Athènes ravi du spectacle. C'est une joie pour un vieillard
de ressusciter sa jeunesse. Tu me rendrais heureux, fille
d'Aristippos, si tu voulais me dire la procession des fiancés
d'Éleusis.

ARÉTA

Voici, Platon, ce que j'ai vu :

Pendant plusieurs stades, la route qui conduit de Mégare
à Géphyra et à Athènes longe le golfe d'Éleusis. Ce matin,
au lever d'Hélios, le golfe présentait un aspect inaccoutumé.
Comme de grands oiseaux aux ailes déployées, les voiles

blanches des pêcheurs semblaient jouer sur les flots. Quel
spectacle! Sur quatre rangs, dans un ordre parfait, les bar-
ques couronnées de feuillage et de fleurs, s'avançaient en
longeant la côte. Elles étaient tout près de nous, au moment
de notre arrivée à Éleusis. De la route, on entendait la voix
grave des rameurs couverte, par moments, par la voie aigue
des jeunes filles. Bientôt, le chant monta jusqu'à nous très
distinct et très pur; je pus le reconnaître. C'était le grand
hymne en l'honneur d'Aphrodita Anadyoména.

> Aphrodita, fille des eaux profondes,
> Vénérable entre toutes, ô déesse,
> Mère des races passées, source inépuisable des races à venir,
> Sois favorable à nos amours !

Avec celles qui devaient être leurs femmes, les pêcheurs
des îles se rendaient en grande pompe au temple périptère
d'Aphrodita, pour invoquer la déesse avant que fut célébrée
leur union. Ces pêcheurs étaient, pour la plupart, venus de
très loin, d'Égine, de Kéos, des Kyklades. Le chant peu à peu
s'éloigna. Mais, aussitôt que nous eûmes dépassé Géphyra
et les Courants salés, un spectacle nouveau se déroula à
notre vue.

Le temple de la mère vénérable se dressait devant nous,
dans sa gloire. Hélios enveloppait de sa lumière dorée le
fronton et toute la partie antérieure qui fait face à la mer :
les blanches colonnes, en marbre de Paros, étincelaient.
Alors, s'avançant du rivage vers le temple, en une double
théorie, les pêcheurs, que j'avais vus à Éleusis, accompagnés
de leurs fiancées, chantaient les louanges de la déesse. Ils

étaient précédés par six joueurs de flûte et par quatre cytha-
ristes. Les hommes vêtus de la courte tunique et coiffés du
large pétase tenaient la gauche. Leurs mains étaient chargées de présents. Dans des paniers d'osier, les uns portaient
de jeunes porcs dont les cris perçants s'entendaient au loin;
d'autres, des poissons, des dorades surtout et des éperlans.
La droite était occupée par les jeunes filles. Enveloppées du
blanc péplos qui descend jusqu'aux pieds, des guirlandes
formées de branches de myrte et de roses entrelacées autour
de la tête et qui tombaient sur les épaules, elles allaient,
d'une démarche gracieuse, portant chacune une paire de
colombes. Arrivés à l'entrée du temple, les fiancés, les
femmes par la droite, les hommes par la gauche, gagnaient
le portique où trois prêtres vêtus de blanc se tenaient debout devant des tables. Ils acceptaient en souriant les
offrandes. Ensuite, deux par deux, les fiancés s'inclinaient
devant le sanctuaire, suppliant la déesse de se montrer favorable à leurs amours. On les voyait enfin suivre le péristyle
et descendre par les degrés opposés. Là, des groupes se
formaient et se répandaient à travers la campagne.

Voilà ce que j'ai vu, Platon. Aphrodita, dans l'Attique,
est toujours honorée entre les déesses.

PLATON

Tu n'as pas vu les danses sacrées?

ARÉTA

Non, maître, et je le regrette; Agathoklès s'impatientait;
il devait se rendre à l'Agora pour y acheter des olives et du
froment. Nous sommes repartis plutôt que je ne l'aurais

voulu. Bientôt après nous entrions dans Athènes, par la porte sacrée.

PLATON

Et de là, tu es sans doute venue directement à l'Académie.

ARÉTA

Il était de bonne heure encore. Je me suis arrêtée un moment à Athènes, chez Kalliklès. Il se serait fâché, Platon, si je n'étais allée le voir.

PLATON

Et tu as craint de fâcher Kalliklès ?

ARÉTA

J'aime beaucoup Kalliklès. Quand je suis arrivée, dans sa maison, il se levait à peine. Déjà, comme d'habitude, il se disputait avec Damon, l'esclave qui a soin de ses livres et qui est certainement son ami le plus cher. Quel homme extraordinaire que Kalliklès! il pense d'après Gorgias et il agit comme si Platon était son maître.

PLATON

Il n'est en rien mon disciple, Aréta.

ARÉTA

Je veux croire que tu te trompes; tu avoueras du moins que sa conduite dément ses paroles qui sont d'un sophiste. Il m'a exprimé sa joie de me revoir et j'ai dû, une fois encore, visiter ses collections : ses peintures, ses vases précieux, ses statuettes de dieux et de déesses, en marbre de

Paros, que son ami Skopas a sculptées, jusqu'à ces amusantes poupées en argile de Tanagra d'un art si délicat et si pur, ses volumes enfin que Damon a rangés dans un ordre admirable. Il me racontait, en même temps, la journée d'hier. La discussion a été belle, paraît-il, et mon regret est très vif de n'avoir pu tenir ma place dans la première journée du *Mystère*[1].

PLATON

La discussion a été belle en effet, plus belle que d'habitude, Aréta, grâce à Aglaophamos mon hôte.

ARÉTA

C'est ce que m'a dit Kalliklès. Il a fait plus; il a résumé pour moi, très vivement et très exactement, autant que j'en puis juger, les différents discours : la violente attaque du géomètre Eudoxos, et aussi ta réponse, Platon, qui est digne du plus grand disciple de Sokratès. Enfin, imitant les gestes et jusqu'au son de la voix, imitant l'étrange personnage, il a refait, en partie, le discours de cet Aglaophamos que tu as ramené de Sicile. C'est un homme étonnant, s'il faut en croire Kalliklès, et l'on se demande, après l'avoir entendu, s'il est le plus fou des sages ou le plus sage des fous.

PLATON

Il est très étonnant, Aréta ; le plus étonnant des hommes. Par Athéna la déesse tutélaire, jamais je n'ai entendu un raisonneur plus vigoureux, plus redoutable !

1. V. *Le Mystère de Platon, Aglaophamos*. F. Alcan, éditeur.

ARÉTA

J'espère qu'il me sera donné de le voir et de l'entendre, Platon.

PLATON

Je l'espère aussi, fille d'Aristippos, mais il est parti ce matin, au lever du jour, sans me dire où il allait.

ANTISTHÈNES

Sois assuré qu'il reviendra, Platon.

ARÉTA

Quant à moi, a ajouté Kalliklès, « je me suis refusé à jouer dans le *Mystère* le rôle du personnage muet qu'Antisthènes a tenu dans la perfection. Gorgias, mon maître, n'eût pas désavoué quelques-uns des arguments que j'ai su aiguiser ». Mais qu'as-tu Platon ? Depuis un moment ton visage me semble plus sévère. Serais-tu fâché contre Aréta ?

PLATON

Pourquoi serais-je fâché, Aréta, et à quel propos ?

ARÉTA

Tu es de mauvaise humeur, Platon, tu ne souris plus. Ne cherche pas, je t'en prie, à me tromper. Depuis que je te connais, j'ai appris à lire sur ton visage les pensées de ton cœur.

PLATON

Pardonne-moi, fille d'Aristippos. J'avais une telle hâte de te voir, qu'il me semble que Kalliklès m'a frustré d'un bien qui m'appartenait, en t'embrassant, ce matin, avant moi.

ARÉTA

Moi aussi, Platon, j'avais hâte de te voir. Je ne suis pas restée longtemps chez Kalliklès ; j'ai refusé même de partager son repas ; je pourrais presque dire que je me suis enfuie. Plus j'approchais du Jardin, plus je marchais vite. Arrivée près des tombeaux, sitôt que j'ai aperçu les premiers arbres, je ne sais quel aiguillon m'a piquée, mais j'ai eu une envie folle de courir ; et j'ai couru comme je courais autrefois, quand j'étais petite fille et que tu me grondais, maître, parce que j'avais déchiré ma robe aux ronces du taillis. Ma joie était grande de penser que bientôt j'allais te revoir et t'embrasser sur les deux joues et sur le front, ainsi qu'on embrasse son père. Au détour de la première allée, je t'ai aperçu, avec Antisthénès, sous le platane ; j'ai couru plus vite encore et me voici près de vous, toute joyeuse.

Es-tu encore fâché contre Aréta, Platon ? Il me semble que le sourire revient se poser sur tes lèvres.

PLATON

Ma mauvaise humeur s'est enfuie, chassée par ta bonne grâce et ta gaieté, fille d'Aristippos.

ARÉTA

Je ris, maître, tant je suis heureuse de tes paroles. Voudrais-tu me rendre plus heureuse encore ?

PLATON

Par Zeus-Père, ce serait mon désir le plus cher, Aréta, toi que Kalliklès appelle, à juste titre, la vivante image d'Athéna,

vierge protectrice de la cité ! Comment ne marquerai-je pas
d'un caillou blanc le jour où tu es venue, apportant au milieu de nos visages moroses l'éclat de ta jeunesse, de ta
beauté, de ta joie ?

ARÉTA

Maître, rappelle, je te prie, tes souvenirs. Autrefois, il y
a quatre ans environ, — je n'étais déjà plus une petite fille,
— tu m'as autorisée à me mêler à la troupe de tes disciples
pour discuter avec eux, sous ta direction, les grands problèmes de la philosophie. Parfois Kalliklès venait nous rejoindre sous le portique, avec mon père, avec d'autres
encore, les plus illustres d'entre les Athéniens, que l'éclat de
ton enseignement avait attirés. J'étais assise à ta droite.
À tour de rôle, tes amis, Platon, m'interrogeaient, et je
m'appliquais pour eux, à distinguer le Bien du Mal, le Vrai
du Faux, le Juste de l'Injuste. Mon bavardage semblait les
amuser. Puis la discussion commençait — il vaudrait mieux
dire la dispute — entre Kalliklès et moi. Ses discours avaient
le don de m'irriter ; je le réfutais avec colère. Ces années,
belles entre toutes, se sont enfuies, maître ; je ne les retrou-
verai plus. Comme j'étais fière du rôle que tu me permet-
tais de jouer dans l'École ! Quand, par hasard, une de mes
réponses embarrassait l'esprit subtil du sophiste, tu tour-
nais vers moi ton noble visage, et tandis que, distraitement,
ta main droite caressait mes cheveux échappés du réseau,
tu disais : Aujourd'hui encore, ma fille Aréta a vaincu
Kalliklès. Aréta était heureuse, orgueilleuse aussi un peu,
d'être louée par Platon ! Ne voudras-tu pas, maître, me faire
encore cette joie de m'appeler ta fille ?

PLATON

Celle-là et bien d'autres encore, Aréta, si j'en étais capable. Qui ne serait fier de t'appeler sa fille ! Mais ne me diras-tu pas d'où te vient ce désir ?

ARÉTA

C'est que je t'aime, Platon, comme si tu étais mon père.

PLATON

Eh bien ! je serai ton père, Aréta. Écoute : tu n'ignores pas, sans doute, qu'un père a le droit de s'enquérir de tout ce que fait sa fille, tu sais aussi qu'une fille obéissante répond à toutes les questions de son père. Si je t'interroge me répondras-tu ?

ARÉTA

Interroge, Platon, ta fille te répondra.

PLATON

Hier, Kalliklès, Antisthénès et moi, je ne parle pas des étrangers, nous avons, sans toi, célébré la première journée du *Mystère*. Nous étions inquiets, mon enfant, de ne pas te voir près de nous. Je sais maintenant que tu as regretté de ne pas venir, je ne sais toujours pas pourquoi tu n'es pas venue.

Aréta, ma chère fille, mes paroles ont fait monter la rougeur à ton front. Pourquoi es-tu si troublée? Pardonne-moi, je t'en prie. Le vieux Platon ne voulait pas t'offenser.

ARÉTA

Je te croyais informé, Platon : j'avais envoyé un message à ton neveu Speusippos.

PLATON

Speusippos ne doit pas avoir reçu le message ; du moins il ne m'a pas averti.

ARÉTA

Hier encore, Platon, mon fils avait la fièvre ; j'étais près de son berceau.

PLATON

Ton fils ! Tu as donc un fils, Aréta ?

ARÉTA

Se peut-il, Platon, que tu ignores ce que tout le monde sait à Athènes ?

PLATON

Il faut bien que cela se puisse, si cela est. J'ai appris que tu avais quitté Kyréné depuis un an et que tu étais établie à Mégare dans la maison d'Eukléïdos ; c'est tout ce que je sais, ma chère enfant.

ARÉTA

J'ai un fils, Platon ; il s'appelle Aristippos comme mon père ; il aura comme lui, je l'espère, l'esprit ingénieux et subtil. Cela te paraît étonnant, je le vois bien, que celle que tu appelais autrefois la petite Aréta soit devenue mère. Je suis mère ! Jamais pourtant, précédée du flambeau nuptial, vêtue de blanc et portant sur la tête la couronne de l'épousée, je n'ai été conduite en pompe vers la maison de l'époux.

PLATON

Je regrette de t'avoir interrogée, Aréta. Tu étais si joyeuse

il n'y a qu'un instant! Maintenant te voilà, par ma faute, les
yeux pleins de larmes. Garde ton secret, je t'en prie, ma
chère enfant.

ARÉTA.

Je préfère parler, Platon ; je veux que tu me connaisses,
je ne veux pas que tu me méprises.

PLATON

Te mépriser, Aréta! Tu m'es peut-être encore plus chère
depuis que je sais que tu as souffert.

ANTISTHÉNÈS

Parle, Aréta, parle sans crainte, mon enfant. Notre âge
nous permet de tout entendre. Nous connaissons les hommes et les choses et notre cœur est plein d'indulgence. Je
sais depuis longtemps, fille d'Aristippos, je sais à n'en pas
douter que ce qui arrive, arrive nécessairement, que cela
qui est ne pouvait pas ne pas être.

ARÉTA

Mon père s'est toujours regardé comme exilé à Athènes.
Depuis longtemps il caressait le projet d'aller vivre dans sa
ville natale. Un mois après ton départ pour Syracuse, il me
proposa de quitter l'Attique et de faire voile vers Kyrêné.
J'acceptai avec joie. Rien ne me retenait à Athènes. Tu
n'étais plus là, tes disciples regrettaient ton enseignement ;
plus que tes disciples peut-être, je le regrettais ; tu avais
emporté en Sicile l'âme de la philosophie.

Nikéia fut le port d'embarquement. Jamais traversée ne
fut plus heureuse ; les dieux semblaient sourire à nos pro-

jets. Vous connaissez Aristippos, amis très chers ; la nature lui a donné en partage un caractère gai. Ses bons mots, ses réparties tenaient en bonne humeur l'équipage et les passagers. Les journées, une à une, s'écoulaient joyeuses sur le grand Pontos à qui nos destinées étaient confiées. Lorsque nous approchâmes d'Apollonia mon père me disait les beautés de sa patrie : « Bientôt, Aréta, nous serons à Kyréné. C'est la plus belle ville du monde, la perle blanche des côtes de Lybie. Tu verras comme elle se dresse, majestueuse, à l'entrée du désert. Elle est grecque à moitié, à moitié égyptienne. Ses maisons blanches, très élevées, sont toutes surmontées de terrasses d'où la vue s'étend au loin. Quand le temps est clair, on aperçoit à l'horizon la grande mer bleue. Derrière Kyréné, immédiatement, commence le désert. »

Ainsi, Aristippos, séduit lui-même par ses paroles, évoqua, pour la faire surgir devant mes yeux éblouis, l'éclatante et rare beauté de Kyréné.

Tu connais la grande ville lybienne, Platon ; mon père m'a dit autrefois que tu avais, pendant quelque temps, vécu dans sa patrie.

PLATON

Pendant six mois, un peu plus peut-être, j'ai été à Kyréné l'hôte de Théodoros, mon ami, le géomètre. Il était Kyrénéen comme ton père. J'allai le rejoindre de Mégare, où je vivais auprès d'Eukléidos.

Je garde, ma chère fille, toujours vivante en mon âme, la séduisante image de Kyréné. Ton père avait le droit de vanter sa beauté. Aucune ville n'est plus belle, ni plus riche, ni plus curieuse pour un observateur ou pour un philosophe.

ARÉTA

Moi aussi, j'aime la grande cité lybienne dont mon père est le fils glorieux. J'ai vécu là des journées heureuses, insouciante et libre. A Kyréné, les femmes ne sont pas, comme à Athènes, enfermées dans le gynécée, elles se mêlent à la vie des hommes. Cette vie indépendante convenait à ma fierté naturelle. Mon père m'avait donné pour compagne une jeune esclave lybienne qu'il avait appelée Mélaïna à cause de sa couleur ; elle est devenue ma plus chère amie. Quand tombait le soir, nous montions sur la terrasse de la maison et là, plus près du ciel, Mélaïna, de sa voix douce et monotone, me contait les légendes des peuples de Lybie, la cruauté de ses dieux, les mœurs étranges de sa nation. Qui dira le charme des belles nuits de Kyréné, ses astres éclatants, brillant dans le pur éther ! De la ville en fête, une rumeur confuse montait jusqu'à nous, excitant notre rêverie.

Mon père avait eu l'intention de fonder à Kyréné une école de philosophie où il enseignerait, ainsi qu'il faisait à Athènes, les principes de sa morale. Mais vous connaissez Aristippos, amis très chers ; si ses intentions sont souvent excellentes, elles ne deviennent que très rarement des actes. Il avait fait la connaissance de quelques jeunes gens, les plus riches de la ville, qui devinrent bientôt, il l'affirmait du moins, ses disciples. Étranges disciples qui prenaient la doctrine à contre-sens, et qui ne tardèrent pas à devenir les maîtres écoutés de celui qui avait pour mission de réformer leur conduite. La vie est courte, disaient-ils, il faut se hâter de jouir de tous les plaisirs qu'elle nous offre. Mon père était heureux. Ses compatriotes le proclamaient le plus grand des philosophes, et, de plus en plus, il oubliait les enseignements de Sokratès. Il lui arrivait même d'oublier qu'il avait une fille. Nous restions parfois longtemps sans le voir.

Un jour, — quelle fatale journée, pourquoi les dieux immortels n'ont-ils pas écarté de ma route cet étranger? — mon père vint à la maison accompagné d'un riche Lydien. C'était un homme qui avait dépassé la jeunesse et qui n'avait pas encore atteint la maturité. Il était vêtu d'habits de pourpre rehaussés d'or; il était très beau. Ses cheveux noirs, qui flottaient sur ses tempes et descendaient jusque sur son cou, encadraient son visage qu'une barbe soigneusement annelée allongeait. Un parfum plus suave que celui de l'encens d'Arabie se dégageait de toute sa personne. Aristippos qui le connaissait depuis peu, nous raconta comment il l'avait rencontré dans un banquet que lui offraient ses disciples pour le récompenser d'un éloge magnifique qu'il avait composé en l'honneur de la Volupté. Il nous le présenta comme son ami le plus cher. L'étranger prit alors la parole : Il était marchand, nous dit-il. Ses trirèmes l'attendaient à Apollonia pendant qu'il visitait Kyréné où il était venu acheter aux noirs lybiens de la poudre d'or et de l'ivoire. Il me complimenta sur ma beauté. Jamais il n'eût espéré rencontrer à Kyréné une divinité vivante plus belle qu'Astarté et que l'Athéna des fils d'Hellen. Moi, je rougissais de plaisir en l'écoutant. Il revint tous les jours, seul le plus souvent. Chaque fois ses mains étaient chargées de présents. C'étaient des péplos brodés d'or, des ana-

dèmes où brillaient des pierres précieuses, des cercles d'or
pour les poignets et pour les chevilles, des miroirs d'argent
poli, des manteaux de pourpre et des voiles de Kos, que
sais-je encore? J'avais pour lui une grande amitié. Il me
parlait d'une voix douce, un peu traînante, du grand amour
que lui inspirait ma beauté. Il me disait sa joie de me ravir
à mon père pour me conduire dans son pays où un palais
m'attendait. D'autrefois il me contait sa vie aventureuse,
ses voyages dans les pays lointains où il allait faire des
échanges. Il avait visité les rivages de l'Ibérie et par delà
les colonnes d'Héraklès, en remontant très haut vers le
Nord, il avait abordé les côtes sauvages, hérissées de rochers
et battues par la tempête du pays des Celtes. J'ai vu là,
ajoutait-il, des jeunes filles pâles dont les yeux sont verts
comme l'eau des sources.

Un soir, — où trouverais-je des mots, Platon, pour te
raconter ce que je dois maintenant te dire?

PLATON

Parle, sans crainte, ma chère enfant.

ARÉTA

L'étranger et moi nous étions seuls dans la maison.
Mélaïna était occupée au dehors. Tout à coup, au milieu de
la conversation, comme s'il fut devenu furieux, il se jeta sur
moi. Que s'est-il passé alors, dieux justes! Comment me
suis-je défendue? Me suis-je défendue seulement? On eût
dit qu'un voile noir flottait devant mes yeux. Un philtre
sans doute ou une incantation magique m'avaient enlevé
tout sentiment. Hélas, ce qui devait arriver arriva, comme

dit Antisthènès. Quand je retrouvai mon âme, l'étranger était à mes genoux, essayant de me consoler par de douces paroles. Et moi, lasse et blessée, honteuse, je cachais dans mes mains mon visage et je pleurais. Éros seul était coupable me disait-il. C'était, transporté par ses fureurs, qu'il s'était élancé sur moi et qu'il m'avait vaincue. Je l'écoutais à peine ; je me croyais encore en proie à un de ces rêves horribles qui nous assaillent parfois au milieu du sommeil et jettent le trouble dans notre âme. La fière Aréta était humiliée par un étranger, par un barbare. Je voyais maintenant son âme à nu, son âme basse et vile de marchand. Il me semblait hideux. Je n'éprouvais plus pour lui que du mépris et du dégoût. Comme il me suppliait encore de lui pardonner, me jurant par le Styx et les dieux immortels, qu'il emploierait ce qui lui restait de vie à me faire oublier l'injure qu'il m'avait faite, je le chassai en lui disant que je voulais oublier jusqu'à son nom.

PLATON

Tu ne nous as pas dit, en effet, Aréta, le nom de l'étranger.

ARÉTA

Je ne le dirai pas, Platon. Il est parti, il a rejoint Apollonia et ses lourdes trirèmes chargées d'or et d'objets précieux. Où est-il? je l'ignore, je ne veux pas le savoir.

Le lendemain j'avouai à mon père l'action vile de son ami le Lydien. Il fit tous ses efforts pour me consoler, s'appliquant à me démontrer que cet accident, comme il l'appelait, faisait partie de l'ordre commun des choses naturelles.

Peut-être, ajoutait-il, aurais-tu mieux fait, Aréta, de ne pas chasser le riche barbare.

PLATON

Ainsi parle d'ordinaire le bon sens des hommes.

ARÉTA

Ainsi parlait, Platon, la sagesse de mon père Aristippos ; mais Aréta ne veut pas devenir l'esclave d'un marchand lydien.

Quelque temps après mon père partit, appelé à Syracuse par Dionysos, que la noblesse de ta doctrine n'a pu corriger de ses vices.

Je ne tardai pas à m'apercevoir que je devais être mère. Quelles tristes journées j'ai vécues, enfermée dans ma maison de Kyréné, n'ayant d'autre société que celle de Mélaïna dont les douces paroles consolaient ma douleur !

O maître comme tu m'as trompée ! On croit toujours les paroles de ceux que l'on aime, j'ajoutais une foi aveugle à tes discours. Tu m'avais enseigné de si belles maximes sur le culte qui est dû à Aphrodita Ourania. Je pensais, puisque tu l'avais dit, que la Beauté doit être aimée pour elle-même, qu'elle mérite d'être conquise par des soins assidus, qu'il est honteux de vouloir la ravir par la violence. Je répétais souvent cette parole qui est belle : l'amour est une communion des âmes en leur beauté réciproque. Qu'il y a loin de la triste réalité à ce beau rêve que tu m'avais autrefois appris à rêver ! Comme je suis tombée de haut ! Je reconnais maintenant que la doctrine de mon père, moins belle sans doute, est, moins que la tienne, éloignée de la vérité. Il faut avoir le courage de regarder les choses telles qu'elles sont, et les choses sont laides ; il ne faut pas se faire illusion sur ce que valent les hommes : les hommes sont méchants. Si la vie ne peut nous donner autre chose que des sensations, dont les unes sont pénibles, les autres agréables, ce serait folie que de ne pas s'appliquer à éviter la douleur. Telle est ma philosophie maintenant, Platon, j'ai abandonné à jamais des illusions qui m'ont été chères. Quant à cet Éros que tu m'avais appris à aimer, je le hais maintenant : il est la cause de toutes nos souffrances. Il n'est pas vrai que le pur amour existe. Le culte des hommes s'adresse seulement à l'Aphrodita Pandémos, à l'impudique déesse qui offre son corps aux passants. Comment douterais-je de cette vérité ? Depuis que je suis revenue à Mégare, les jeunes gens, les hommes et les vieillards eux-mêmes, tous me regardent avec les yeux du marchand lydien.

PLATON

Tu te trompes, Aréta, ma chère enfant. Éros n'est pas la cause de tes souffrances.

ARÉTA

O Dieu menteur, Dieu méchant, au méprisant sourire, fléau des hommes et des dieux, toi qui te ris des larmes des jeunes vierges, que d'autres te tressent des couronnes, moi, ta victime, je te maudis !

PLATON

Éros est le plus ancien et le plus puissant des dieux.

ARÉTA

Il est surtout le plus cruel !

J'ai dit mon histoire, Platon, elle est triste. Mais le passé s'éloigne de plus en plus; et chaque jour je m'efforce d'oublier. Ce n'est pas la mémoire comme tu le disais, maître, qui est la plus précieuse de nos facultés, c'est l'oubli, le grand et divin Léthé dont les eaux nous purifient des anciennes souillures. C'est l'oubli qui nous permet de regarder non plus en arrière mais en avant de nous. Grâce à l'oubli, je ne désespère pas d'être heureuse. Je suis mère; mon enfant est beau, tu l'aimerais, Platon, si tu pouvais voir l'eurythmie de ses membres et la grâce de son sourire.

PLATON

Ne le verrai-je donc pas, Aréta?

ARÉTA

Plus tard, quand il aura grandi, je le conduirai au jardin d'Akadémos, mais jamais, à moins qu'il ne préfère désobéir à sa mère, il ne sera ton disciple, ô Platon.

PLATON

Mon disciple ! Il est si jeune encore, Aréta, et je suis si vieux !

ARÉTA

Je lui enseignerai, Platon, à ne pas demander à la vie plus qu'elle ne peut donner; il sera le disciple de sa mère.

Ma vie s'écoulera désormais près de lui, insouciante et, je l'espère, heureuse.

PLATON

O Aréta tu es jeune et tu es belle. Éros que tu veux chasser de ta présence reviendra quelque jour. « Ma bien-aimée, dira-t-il, viens près de moi ; écoute, dans le bois tout proche, le chant des tourterelles, viens. » Et sa voix sera douce et tu obéiras à sa voix.

ARÉTA

J'espère que tu te trompes, Platon.

PLATON

Je suis certain Aréta de ne pas me tromper.

ARÉTA

Regarde là-bas, Platon, au milieu de l'allée ce gros homme qui s'avance suivi d'un esclave. On dirait un tonneau qui marche. Par Zeus-Père, c'est notre Kalliklès accompagné par Damon, ils vont lentement. Permets, maître, que je coure à leur rencontre.

PLATON

Va mon enfant !

(*A Antisthénès*). Avec quelle rapidité, ami très cher, notre Aréta passe du rire aux larmes, et des larmes revient au rire ! Cela n'est-il pas étonnant ?

ANTISTHÈNÈS

Comment répondre ô Platon? La femme est plus mysté-
rieuse que le fleuve Okéanos, et le rire est voisin des
larmes. Ainsi l'ont voulu les Immortels!

L'ART ET LA BEAUTÉ

KALLIKLÈS

LA THÈSE

KALLIKLÈS

Ne me fais pas voir, je t'en prie, Platon, un visage irrité.
Par Athéna! j'avais grand souci d'arriver sous le platane au
moment convenu. Adresse ta réprimande à mon esclave
Damon; il est le vrai coupable. J'aurais été près de toi,
à l'heure dite, s'il ne m'eût désobéi.

PLATON

Je ne suis pas en colère, ami; je ne veux réprimander personne.

KALLIKLÈS

Il mériterait pourtant plus qu'une réprimande, Platon. Je ne lui avais pas laissé ignorer que tu serais mécontent si nous arrivions en retard, et tout de même, malgré mon ordre, il s'est refusé à presser le pas.

DAMON

Un homme ne doit pas marcher plus vite que ne le veulent ses jambes.

KALLIKLÈS

Voilà comme il répond ! Il cherche dans sa mémoire, afin d'expliquer ses actes, un antique proverbe, et, s'il n'en trouve pas, sa fantaisie ne tarde pas à en forger un nouveau. Il n'est pas dans l'Attique un esclave plus désagréable. Sous prétexte qu'il a de l'amitié pour moi, il ne me laisse pas un instant de repos; il me tourmente nuit et jour par ses conseils, qui ressemblent à des ordres. Si je résiste, Damon, pour me punir, reste plusieurs jours sans me parler : son visage s'allonge, il prend un air sévère, il boude tout comme s'il était un homme libre. Par le Grand Chien ! amis très chers, Kalliklès est devenu l'esclave de son esclave.

ANTISTHÉNÈS

Si tu n'avais pas un esclave, Kalliklès, tu ne serais pas son esclave.

KALLIKLÈS

Si j'ai un esclave ! Antisthénès, hélas ! j'en ai plusieurs !
— c'est que la divine nécessité, à laquelle, c'est du moins ce
que tu enseignes, personne ne saurait désobéir, a décidé,
dans son éternelle sagesse, que j'aurais des esclaves.

ANTISTHÉNÈS

Elle a donc décidé que tu obéirais à un esclave.

DAMON

Pourquoi le maître se refuserait-il à suivre les conseils
de l'esclave, quand ces conseils n'ont en vue que le bien ou
l'intérêt du maître?

KALLIKLÈS

O Damon, comme je regrette de l'avoir conduit au *Mystère*! N'es-tu pas honteux de parler, sans être interrogé?
Vois ! tu fais rire Aréta à mes dépens.

DAMON

Laisse-la rire, maître, elle est jeune; son tour viendra de
pleurer.

ARÉTA

Son tour est déjà venu, Damon. — Kalliklès, les dieux me
sont témoins que je riais de ton visage qui voudrait être cour-
roucé et qui n'est que plaisant.

KALLIKLÈS

Ris, mon enfant, le rire convient à ton âge et à ta beauté.
Kalliklès ne se plaindra jamais de ton rire, même si c'est lui

qui le provoque. Et toi, Damon, demande à Platon s'il veut
te permettre d'assister au *Mystère*, et trouve en ce cas, en
dehors du cercle, une place d'où tu puisses écouter. Mais,
par les dieux immortels ! je t'en prie, fais-nous grâce de ton
bavardage ; ne parle pas, à moins que Platon ne t'ordonne
de parler.

DAMON

O Platon, voudras-tu autoriser un humble esclave qui
admire en toi le génie le plus pur que la Hellas ait enfanté,
à suivre le Discours ?

PLATON

Tu es, pour moi, non pas un esclave mais l'ami de Kalliklès. Je n'oublie pas, Damon, que j'ai été vendu moi-même
comme esclave.

(*Aux disciples*). Enfants, faites près de vous une place à
Damon. Il est l'ami de Kalliklès, mon ami.

KALLIKLÈS

Je te remercie, ô chorège.

PLATON

L'heure est venue, de rendre à la mémoire de Sokratès le
culte qui lui est dû.

KALLIKLÈS

Mais, Platon, je n'aperçois pas ton hôte. Peut-être s'est-il
rendu invisible ? Il nous a dit hier qu'il en avait le pouvoir ;
ou bien Aglaophamos nous aurait-il quittés cette nuit afin

de regagner ces îles Fortunées où commandent les prêtres ?
S'il était parti j'en serais désolé.

PLATON

J'ignore où est mon hôte, Kalliklès ; il est sorti ce matin,
de très bonne heure. Je ne l'ai pas revu depuis.

UN DISCIPLE

Maître, au lever d'Hélios, j'ai aperçu ton hôte assis au
pied des lauriers-roses qui bordent le Képhysès. Il semblait
méditer profondément, j'ai craint de l'aborder.

UN AUTRE DISCIPLE

Moi, maître, j'ai vu Aglaophamos, il y a une heure environ, appuyé contre le tombeau d'Harmodios. Il avait l'air
très affligé, ses habits étaient souillés de boue.

UN TROISIÈME DISCIPLE

J'ai entendu dire, maître, que ce matin, à l'Agora, le prêtre
d'Orpheus avait été injurié par les marchands et par les
artisans. Des enfants l'ont poursuivi longtemps de leurs
huées et de leurs railleries ; ils tournaient en ridicule sa
vieillesse et lançaient des ordures sur ses vêtements.

PLATON

Que les dieux immortels protègent l'hôte qu'ils m'ont
envoyé ! Que la bienfaisante Athéna veille sur la vie d'Aglaophamos ! O populace d'Athènes, ton esprit sera donc toujours le même ! Incapable de reconnaître le génie, tu ne
sauras même pas respecter un vieillard !

KALLIKLÈS

Le dieu dont il est le représentant sur la terre protégera ton hôte, Platon.

Bientôt, je l'espère, Aglaophamos nous sera rendu.

PLATON

Je veux l'espérer aussi, Kalliklès.

ARÉTA

O Platon, se peut-il que des hommes d'Athènes prennent du plaisir à tourmenter un vieux théologue ?

PLATON

Cela n'est que trop possible, ma chère enfant.

Laissons aux dieux le soin de protéger mon hôte. Nous sommes assis sous le platane afin d'écouter Kalliklès.

Tu nous a promis, ami très cher, de nous démontrer que l'Art était l'unique ouvrier du bonheur des hommes. Je m'attends certes, à ce que, sur une telle question, tu nous proposes des idées nouvelles, ingénieuses, inattendues et subtiles, dignes du plus joli diseur d'Athènes ; mais je te supplie, Kalliklès, de prendre garde que le Discours ne s'écarte de la voie qui lui a été marquée.

KALLIKLÈS

Par Zeus-Père, Platon, je te promets de prendre garde.

PLATON

Choisis, pour arriver au but, le chemin qui te paraîtra le

plus agréable, mais, par Athéna, le chorège te supplie de ne
pas oublier que le Discours tend vers un but. L'âme de
l'homme est-elle ou non immortelle? C'est le problème à discuter, c'est ce problème qu'il serait beau de résoudre.

Tu as connu mon divin maître, Kalliklès. Son ironie te
fut souvent redoutable; mais il savait trouver dans son cœur
des paroles consolantes pour panser les blessures que son
amour pour la vérité faisait à l'amour-propre des hommes.
Il n'était pas possible de le connaître sans l'aimer, et tu
l'aimais. Souviens-toi que c'est sa mémoire que le Discours
doit honorer. L'Église socratique a été instituée en vue de
réparer l'injustice et la méchanceté de ceux qui ont fait
mourir le plus juste des hommes et le meilleur!

O maître, quel crime épouvantable les fils d'Athéna ont
commis en te condamnant à la mort ignominieuse réservée
par les lois, aux ennemis des dieux! Ils t'ont présenté comme
un impie, ils t'ont accusé d'avoir introduit à Athènes
des dieux nouveaux, de faux dieux, toi dont l'âme était
d'essence divine et vivait en étroite communion avec le
Divin! Ils t'ont accusé d'avoir voulu corrompre la jeunesse!
Ils t'ont fait mourir! Blessés de ton calme fier, de ton refus
d'en appeler à leur indulgence, toi, digne de tous les honneurs civiques, toi, qui restas jusqu'à ton dernier souffle
fidèle aux lois de la patrie! Ils pleurent ta mort, maintenant,
ils vouent, aux divinités de l'Hadès, Mélétos, Lycon et Anytos,
eux, leurs complices!

Quelques années après la mort de Sokratès, le jour où
fut reprise, sur le théâtre d'Iakkhos, la tragédie de Palamé-
dès, on peut dire que, poète vengeur, Euripidès sortit de la
tombe pour reprocher durement aux Athéniens le crime

qu'ils avaient commis. Eukléidos de Mégare était au nombre des spectateurs. C'est de lui que je tiens ce fait inoubliable.

Au moment où le Chœur, se tournant vers les gradins, lançait à pleine voix ces vers du plus tragique de nos poètes, ces vers qui arrivèrent droit à la conscience de ceux que le remords tourmentait déjà :

> « Vous avez tué, vous avez tué
> L'oiseau sage par excellence, ô Danaens,
> L'oiseau qui ne fait de mal à personne,
> Le rossignol des Muses ; »

les vieillards aussitôt éclatèrent en lamentations ; les jeunes gens pleuraient aussi, gagnés qu'ils étaient par l'émotion des vieillards.

Les Athéniens comprenaient enfin qu'ils avaient sacrifié méchamment le gardien de la cité.

Tel a été l'homme, Kalliklès, que ton discours doit honorer. Se peut-il, dis-moi, que tant de sagesse soit perdue à jamais et tant de bonté, et tant d'éloquence ? Le rossignol des Muses n'est-il pas quelque part où il chante encore sa divine chanson ?

C'est la question que le chorège te pose, ô Kalliklès ?

KALLIKLÈS

KALLIKLÈS

Il ne serait pas beau que le Discours laissât sans réponse la question que tu as posée, ô chorège. Je répondrai donc que parmi les âmes des hommes, quelques-unes seulement me paraissent dignes de jouir de la vie qui ne finira pas. Les autres, les plus nombreuses, n'ont que faire de l'immortalité. Elles végètent un temps sur la terre, ont l'air de vivre, puis, quand leur corps usé ne les peut plus soutenir, elles s'évanouissent et disparaissent à jamais, comme s'évanouissent dans les airs les fumées de l'âtre. Seules d'entre les âmes, les meilleures persistent, et les plus nobles.

L'âme de Sokratès est de ce nombre, du moins je l'espère et le veux croire. J'aime à me la représenter, aux aguets, tout près de la trappe du ciel que décrit le vieil aède, écoutant les paroles qui s'élèvent, portées par l'air subtil, du tronc de ce platane vénérable jusqu'aux plaines de l'éther. Elle est là, attentive et curieuse. Je l'imagine souriante et joyeuse le plus souvent, parfois courroucée, selon que le Discours approche de la vérité qu'elle doit maintenant connaître ou s'en éloigne.

C'est là, Platon, tout ce que je veux te dire en ce moment.

de l'immortalité. C'est peu sans doute, une simple opinion qui se présente sans accompagnement de preuves, suffisante toutefois pour te montrer que la mémoire de Sokratès m'est toujours chère et que je veux honorer, par le discours, cet adversaire qui fut mon ami. Quant au problème, il apparaît très redoutable à ceux qui ont l'audace de le regarder en face. Il ne peut être abordé qu'en dernier lieu, après que d'autres problèmes ont reçu leur solution. Je l'étudierai pourtant, si tu l'exiges, Platon, mais à son heure. Auparavant je tiendrai la promesse que je vous ai faite, peut-être inconsidérément. J'ai promis, Aréta, de montrer aujourd'hui, sous le platane d'Akadémos, que l'Art est la source de nos plaisirs les plus purs et les plus durables, et que ces artistes que Platon appelle, en son mépris, des artisans d'illusions et de mensonges, sont les véritables bienfaiteurs des hommes.

ARÉTA

Il est juste que tu tiennes ta promesse, Kalliklès. Mais pourquoi, Platon, méprises-tu les artistes?

PLATON

Je n'ai jamais méprisé les arts, fille d'Aristippos, ni les artistes; du moins les artistes véritables.

KALLIKLÈS

Tu as méprisé des artistes que j'aime, Platon; tu les as même appelés les pires ennemis de la cité.

PLATON

Quand donc, Kalliklès, et en quels termes? Est-ce dans

un de mes livres, ou bien à l'Académie, en discutant avec
les disciples? C'est en vain que je fais des efforts pour me
souvenir.

KALLIKLÈS

Par Zeus-Père, c'est dans l'un de tes livres. Je ne dirai
pas qu'il est celui qui me plaît le plus : c'est dans *l'État*.

PLATON

Je croyais, mon cher Kalliklès, avoir fait dans ce livre
l'éloge de l'art véritable et des vrais artistes.

KALLIKLÈS

Et tu as mis au-dessous de rien, nos poètes, nos peintres
et nos musiciens! Quel livre étrange, ô Platon, que ton dialogue de *l'État*! Si tu étais comme je le suis moi-même,
disciple de Gorgias, je l'admirerais sans réserve. Je me
dirais : Platon a voulu jouer; son imagination s'est amusée
à forger des chimères. Peut-être s'est-il proposé seulement
d'étonner ses frères Glaucon et Adimantès? Mais tu déclares
si souvent que tu es l'ami de la Vérité et de la Justice, que
je n'ose jamais insinuer que tu as eu l'intention de plaisanter.
Comment croire pourtant que c'est au nom de la seule
justice que Sokratès soutient cette thèse, dans *l'État* : Dans
une société où régnerait l'harmonie, les femmes devraient
être communes à tous les hommes. Voyons, ami très cher,
il ne se peut pas que ce discours de ton maître vénéré ne
soit pas un jeu.

PLATON

Sokratès a dit, dans *l'État*, et son discours est conforme à ce que je crois être la Vérité et la Justice, qu'il serait avantageux pour la cité que, dans la classe des soldats, la communauté des femmes fut établie.

KALLIKLÈS

Mais, Platon, si tu exceptes les esclaves et les vieillards, tous les hommes dans la cité d'Athéna sont soldats ou peuvent l'être. Oublies-tu que Sokratès a combattu courageusement à Mantinée. Mais je ne veux pas, en ce moment, examiner cette question. Elle m'entraînerait loin du but. Par le Grand-Chien! j'affirme cependant que s'il était donné à Sokratès de revenir parmi nous et de lire les discours que tu lui prêtes, il serait étonné d'abord autant qu'un homme peut l'être; ensuite, posant, comme il avait coutume de faire, sa main droite sur ton épaule gauche, il te dirait, cachant les reproches sous un sourire : « O mon disciple très cher, que de choses tu me fais dire auxquelles jamais mon âme n'a pensé. N'est-ce pas assez pour un homme, Platon, de nourrir une femme et de surveiller sa conduite, de la diriger dans la voie du bien? Tu connais Xantippa. Je n'ai pas de raisons pour douter de son amour; pourtant, les dieux qu'elle invoque, hors de propos, quand elle est en colère, et les déesses aussi, savent qu'elle m'accable continuellement sous le poids de son humeur acariâtre. Comment aurais-je pu vivre, dieux bons, si j'avais été commun à plusieurs femmes? Elles m'eussent égorgé sans doute, ainsi que les Ménades égorgèrent autrefois, à ce que dit la fable, le poète Orpheus. » Telles seraient, j'imagine, les paroles de ton maître, Platon, si ton maître revenait parmi nous.

Mais toutes les femmes, Kalliklès, ne sont pas acariâtres
comme était Xantippa.

Pas toutes peut-être, Platon, mais le plus grand nombre.
J'ai beaucoup aimé les femmes autrefois ; maintenant,
quoique très vieux, je n'ose pas dire que je ne les aime plus.
Toutefois le culte que j'ai, de tout temps, voué à la beauté
de la femme, ne m'a pas empêché d'ouvrir les yeux et de
découvrir ses défauts ou ses vices : ils sont nombreux. Je ne
sais pas de quelle femme on ne pourrait pas dire qu'elle est
égoïste toujours, vaniteuse le plus souvent, et quelquefois
cruelle.

O Kalliklès, oses-tu parler ainsi des femmes devant une
femme?

Mais toi, mon enfant, tu n'es pas une femme, tu es la
fille d'Aristippos et tu es philosophe.

Je suis la fille d'Aristippos, Kalliklès, je suis une femme.

Pourquoi cet air indigné, Aréta? Sois assurée que Kalliklès ne méprise pas les femmes : il ne pense pas d'elles tout
le mal qu'il en dit. Notre ami aime à jongler avec les mots
et avec les idées, il développe de préférence celles qui sont

de nature à étonner ceux qui l'écoutent. Penses-tu qu'il
ignore que ma doctrine sur la communauté des femmes
n'est pas telle qu'il l'a présentée? Son génie l'entraîne et
l'oblige, en quelque sorte, à jouer à cache cache avec la
Vérité. Ceux qui connaissent son âme, ne s'étonnent plus et
se contentent de sourire. Pourquoi me fâcherais-je contre
Kalliklès? Il sait mieux que personne que je ne mérite pas
les reproches qu'il m'adresse, il sait en outre que d'autres,
avant lui, me les ont adressés.

KALLIKLÈS

Tu veux parler d'Aristophanès, de son *Assemblée des
femmes?*

PLATON

Sans aucun doute, ami très cher. La verve grossière du
poète a fait rire la foule à mes dépens.

KALLIKLÈS

Je n'approuve pas Aristophanès; la plupart de ses plaisanteries manquent de finesse. Je redoute aussi de déplaire
à ma chère Aréta; c'est pourquoi je prendrai dorénavant,
pour discuter, l'air sérieux et attristé de notre ami Antisthènès. Je veux m'interdire toute espèce de jeu. Je laisserai
aux jeunes hommes le soin de tenir aux femmes les discours
qui leur plaisent. Je veux toutefois leur donner un conseil :
O femmes, vivez en paix avec vos maris. Si les dieux vous
ont donné la beauté, appliquez-vous à vous conserver belles
le plus longtemps possible. Soyez bonnes du moins, ne
rendez pas la vie trop dure aux citoyens d'Athènes. Nous
déciderons plus tard — aussitôt que Platon aura découvert

le philosophe bon tyran capable d'imposer à la cité ces nouvelles lois qui la doivent rendre heureuse entre toutes — si
l'on doit vous permettre d'aller, à l'Agora, discuter des
affaires publiques, de vivre comme vivent les hommes. En
attendant rentrez dans le gynécée. Nulle part vous ne serez
mieux pour rêver aux joies que vous réserve dans l'avenir
la cité belle de Platon. Platon vous aime et se préoccupe de
votre bonheur, ô femmes, il ne méprise que les artistes. Il
lui suffira pour réaliser l'harmonieuse cité, d'exiler d'Athènes
son ami Kalliklès.

PLATON

Athènes, sans Kalliklès, ne serait plus Athènes, ami très
cher. Comment cette idée me serait-elle venue, d'exiler
Kalliklès?

KALLIKLÈS

Je remarque, Platon, que chaque fois que je porte contre
toi une accusation, tu te récries et tu prétends qu'elle est
sans fondements. Un philosophe ne peut cependant nier
l'évidence, à moins qu'il ne soit un disciple de Gorgias.
Écoute ces paroles, Platon, et dis moi si tu ne connais pas
le philosophe qui les a écrites. *Si un homme se présentait
devant nous, habile dans l'art de prendre divers rôles, capable
de se prêter à toutes sortes d'imitations, s'il venait dans l'État
pour nous faire entendre ses poëmes, nous lui rendrions hommage comme à un être sacré, merveilleux, plein de charmes,
mais nous lui dirions qu'il n'y a pas d'hommes comme lui dans
notre État, qu'il ne peut y en avoir, et nous le congédierions
après avoir répandu des parfums sur sa tête et l'avoir couronné de bandelettes. Nous nous contenterions d'un poëte, et*

d'un faiseur de fables plus austère et moins agréable, mais plus utile, et dont le ton imiterait le langage de la vertu. » Reconnais-tu ces paroles, Platon, ou bien faut-il que Kalliklès t'en désigne l'auteur?

PLATON

Je les reconnais certainement, ô mon très cher; mais jamais je n'aurais supposé que le portrait tracé par Sokratès s'appliquât avec exactitude à Kalliklès. Il est vrai que, mieux que moi, tu es à même de décider si tu ressembles à un homme capable de se prêter à toutes sortes d'imitations.

KALLIKLÈS

Je veux bien que ce ne soit pas Kalliklès que tu as voulu désigner, Platon, mais je sais bien que je suis cet homme dont on peut dire qu'il est habile dans l'art de prendre divers rôles. Sans doute je n'ai pas écrit des poèmes; je ne pense pas qu'il soit indispensable d'être poète pour être chassé de la cité que tu rêves d'édifier. Il suffit d'être sophiste. Je suis sophiste, hélas! depuis que Sokratès a affirmé que je l'étais, quoique je n'ai jamais vendu la sagesse pour gagner ma vie. La sagesse ne peut être vendue, Platon, puisque la sagesse n'existe pas.

Quelle chose étrange est la philosophie! Quels hommes rares et précieux entre tous sont les philosophes! Toutes les discussions, où se complaît leur génie, démontrent on ne peut mieux qu'il est impossible à deux hommes qui discutent de se persuader. Mais ni l'un ni l'autre ne veut en convenir, chacun des deux s'applique à persuader l'autre et, chose entre toutes remarquables, ce sont le plus souvent les mêmes accusations qu'ils se lancent à la face, même s'ils discutent d'un point de vue opposé. Hier, ton ancien disciple, Eudoxos, qui, lui aussi, veut constituer une cité selon l'harmonie : la cité selon la Science, prétendait te condamner à l'exil, sous ce prétexte, Platon, que tu es un de ces faiseurs de fables qui empêchent la vérité vraie d'éclore et de briller. Il t'adressait exactement ces mêmes reproches que tu adresses, chorège, aux artistes, aux poètes et aux philosophes dont le génie te déplaît. Quant à Aglaophamos, ton hôte, ses exigences étaient plus grandes encore : il se proposait simplement de retrancher de l'humanité tous ceux qui refuseraient d'obéir à ses commandements, qu'il appelle, afin de mieux se persuader lui-même qu'ils doivent être obéis, les commandements du Divin. Ne serait-il pas plus simple de supporter les opinions qui diffèrent des nôtres, de s'appliquer à les entendre et à les aimer tour à tour ? N'es-tu pas de mon avis, Aréta ?

ARÉTA

Je n'ose te répondre, Kalliklès ; il me semble toutefois que ce que tu dis est raisonnable.

KALLIKLÈS

C'est la raison même. C'est du moins ma raison, ma raison d'aujourd'hui, qui n'est peut-être pas ma raison d'hier, qui sera peut-être demain une raison toute différente.

O Platon, ce serait une action méchante et contraire à l'idée que tu te fais de la Justice, que de vouloir m'exiler d'Athènes, même après m'avoir couronné de bandelettes, dans le cas où tu ne me jugerais pas indigne d'un tel honneur. J'ai mes habitudes à Athènes et je suis vieux. A l'entrée de l'Agora, se dresse ma maison, la maison où je suis né, où j'espère mourir, où j'ai patiemment amassé de nombreuses choses belles dont la vue chaque jour amuse mes yeux. Il faudrait quitter tout cela et m'en aller bien loin, à Mégare par exemple, ou dans l'une des Kyklades, en un lieu d'où je ne pourrais voir, à mon réveil, les marbres du Parthénon éclatants sous les rayons d'Hélios, et l'image d'Athéna protectrice de la cité! O Aréta les philosophes sont des hommes redoutables.

Moi qui ne suis pas philosophe, je ne prétends exiler personne. Mon intelligence s'élève seulement à comprendre la prestigieuse habileté des penseurs de la Hellas.

Ils ont su voir, et ensuite nous montrer, dans le cosmos, des spectacles inattendus et si divers : je les admire! Les inventions de leur génie m'enchantent et je les aimerais, Aréta, s'ils avaient le courage d'avouer que leurs doctrines ne sont que des jeux de la raison. Mais tous ont la prétention de connaître la Vérité : c'est là ce qu'ils appellent la sagesse! Tous méprisent ceux qui l'entendent autrement qu'ils ne l'entendent eux-mêmes; c'est pourquoi ils se méprisent entre eux, quand ils ne s'injurient pas. Pourtant la Vérité, s'il y a une Vérité, est triste peut-être et décourageante. Autant vaut ne pas la connaître.

A mon sens, la seule sagesse à la portée des hommes est d'affirmer que nous ne pouvons rien savoir de science certaine : l'erreur d'aujourd'hui sera peut-être regardée demain comme une vérité. Il n'y a pas de vérité! C'est la seule vérité que l'on puisse atteindre, et la seule sagesse. Mais notre terre, si vieille, mourra, j'en ai peur, avant d'avoir connu la sagesse. Les hommes se feront souffrir les uns les autres au nom de cette Vérité qu'ils cherchent, qu'ils chercheront en vain, puisqu'elle n'est pas.

PLATON

Je ne sais que te répondre, Kalliklès. Comment discuter avec un adversaire qui se dérobe sans cesse? Quand j'affirme que tu n'as pas compris ma pensée ou que tu la rapportes inexactement, ton visage moqueur accentue les reproches que tu m'adresses, c'est en vain dès lors que je cherche des arguments nouveaux pour te persuader. Je ne puis, ami très cher, que te redire ce que j'ai dit : tu n'as pas entendu le sens des paroles que tu incrimines; je crains même que tu ne te sois appliqué quelque peu à ne pas l'entendre. Voici que tu souris de nouveau! Souviens-toi de ce mot de ton maître Gorgias : un homme ne peut jamais comprendre exactement ce que dit un autre homme, parce que la parole, de même que l'écriture, est impuissante à représenter la pensée. Quand Platon parle, Kalliklès ne comprend pas Platon.

ARÉTA

O maître, si je comprenais moi-même ta pensée, je l'expliquerais à Kalliklès, il la comprendrait alors peut-être.

PLATON

Kalliklès ne comprendrait pas tes explications, ma chère enfant; Gorgias le lui défend. Notre ami n'oserait jamais désobéir à son maître.

KALLIKLÈS

Explique tout de même, Platon, et remarque, je te prie,
que je ne t'adresse pas du moins ce reproche d'emprunter
à ton adversaire des armes pour le combattre.

PLATON

Je t'en sais gré. Écoute-moi, Aréta : As-tu remarqué que
les hommes, les uns plus, les autres moins, ont tous une
propension à rêver les yeux ouverts?

ARÉTA

Certes, Platon, et c'est une remarque facile à faire.

PLATON

Les femmes aussi, les jeunes filles surtout s'abandonnent
aisément à la rêverie. Leur fantaisie les enlève loin du
monde réel, elles donnent congé à la raison : elles chevau-
chent la chimère. Elles se persuadent aisément qu'elles
aiment un héros ou qu'elles en sont aimées; elles parent
toujours des qualités les plus rares l'objet de leur amour.

ARÉTA

J'en conviens, Platon, mais je ne vois pas encore quel
rapport existe entre ce que tu dis maintenant et le sujet en
discussion.

PLATON

Attends encore un peu, ma chère enfant. Les hommes
aussi font des rêves d'amour, mais non pas uniquement.
Les uns rêvent qu'ils sont tyrans ou stratèges, les autres
qu'ils possèdent mille talents d'or. Ces derniers, à l'âme

vulgaire et méprisable, se disent : si j'avais de grandes richesses, je ferais bâtir un palais magnifique, j'aurais de nombreux esclaves et je jouirais de tous les plaisirs qu'il est possible à un homme riche de se procurer. Mais, par Athéna! tous les hommes n'ont pas l'âme vulgaire. Et maintenant, Aréta, oserons-nous interdire aux philosophes, qui sont des hommes, les joies de la rêverie?

ARÉTA

Ce serait contraire à la Justice, Platon.

PLATON

Mais la rêverie du philosophe, ma chère enfant, de l'homme qui se dit à bon droit l'ami des hommes, est d'une autre nature. Il imagine des Uchronies. Il suppose que sa doctrine doit rendre les hommes bons et justes, et sa fantaisie se propose aussitôt d'édifier, en vue de présenter à ceux qu'il aime une image de la vie heureuse et belle, la cité sainte, la cité selon la Justice, en laquelle chacun est traité selon son mérite. Le philosophe, Aréta, rêve les yeux tournés vers le ciel; il semble ne pas prendre garde aux petitesses, aux méchancetés, à la scélératesse des hommes; il voit le monde non plus tel qu'il est, mais tel qu'il devrait être; sa rêverie est une sorte de jeu sublime que les dieux immortels lui ont inspiré. Elle semble prévoir ce que deviendra le monde le jour où, lassés de souffrir et de nous faire souffrir, nous comprendrons qu'il ne peut y avoir de bonheur pour nous que dans le culte de la Justice. La rêverie du philosophe est le jeu du devenir. Comprends maintenant, fille d'Aristippos, que le philosophe doit

défendre contre les méchants du dehors ou du dedans cette
cité que son âme a construite, et qu'il doit se préoccuper
aussi que des hommes dont le cœur est bon, mais dont
l'esprit est gâté, ne viennent, par des sortilèges, compro-
mettre son œuvre. Et ces hommes seront d'autant plus dangereux pour la cité selon la Justice, qu'ils auront appris,
soit de leur propre génie, soit de maîtres illustres, à manier
des arguments captieux, afin de prouver, par exemple, que
la Justice n'existe pas, que c'est une pure sottise de s'imposer des lois gênantes pour nos instincts et pour nos appé-
tits. N'est-il pas vrai, Aréta, que de tels arguments seraient
de nature à jeter le trouble dans l'âme de la plupart des
citoyens et qu'il serait dès lors du devoir du gardien de
la cité de conduire hors des murs cet homme dont parle
Sokratès, dans mon livre *de l'État*, habile à prendre divers
rôles, sauf le rôle de la Justice? Comment pourrait-il se
plaindre d'être chassé de la cité juste, lui qui prétend que
la Justice ne saurait exister? Nous rendrons hommage à ses
qualités, s'il a des qualités, car cela aussi est conforme à la
Justice; nous dirons que son esprit est plein de charmes et
nous déposerons sur son front la couronne du poète, mais
nous l'exilerons tout de même parce qu'il est selon la Justice qu'un tel homme ne soit pas un citoyen de la cité sainte.

Telle est ma rêverie, Aréta; tu dois entendre maintenant
le sens de mes paroles.

ARÉTA

Ton intention, n'est-il pas vrai, maître, ne fut jamais
d'exiler ton ami. La cité sainte où Kalliklès ne doit pas
trouver place est loin d'être réalisée encore; elle n'est que

le rêve d'un philosophe. Ton âme, ô Kalliklès, n'a aucune
raison de s'inquiéter; Platon, en eût-il le pouvoir, ne veut
pas te bannir d'Athènes.

KALLIKLÈS

Me voici de tous points rassuré, Aréta. Si Platon attend
de sa doctrine la conversion des fils d'Hellen au culte de la
Justice, il est à croire que nous serons tous morts avant que
les hommes n'obéissent à ces lois nouvelles que sa fantaisie
de philosophe voudrait leur imposer. Ce n'est pas la Justice
que les hommes aiment et recherchent, c'est le bonheur,
c'est la joie.

PLATON

Le culte de la Justice peut seul donner aux hommes le
bonheur et la joie véritables.

KALLIKLÈS

J'espère que tu te trompes, ami très cher. On mourrait
d'ennui dans la cité juste; du moins un honnête homme, un
Athénien ne saurait y vivre. Plus de poètes, ni épiques, ni
lyriques, ni dramatiques, ni comiques; plus d'artistes. Tu
chasserais d'Athènes les peintres, les sculpteurs, les musiciens, les orateurs et les sophistes. Parmi les philosophes
tu ne garderais près de toi que tes seuls disciples. Ne
prends pas, de grâce, cet air irrité. Certes, tu exilerais les
artistes puisqu'ils ne vivent pas selon la Justice. Aiguil-
lonnés qu'ils sont par leur génie, ils n'ont pas le temps de
se préoccuper du règne de la Justice sur la terre; ils obéissent uniquement à l'inspiration que les Immortels ont sus-
citée dans leur âme; la passion les excite et les pousse. La

froide raison est incapable de les maîtriser; ils sont les organes des dieux! Athènes, sans les artistes, ne serait plus la cité divine. On ne verrait plus dans les rues ou sur l'Agora que les visages moroses de marchands ne se reconnaissant pas eux-mêmes depuis qu'ils ne vendraient plus à faux poids, ou de philosophes cyniques, immobiles, muets, drapés dans leur manteau, en des poses de statue. Et c'est au nom d'une justice que personne ne connaît et qui peut-être n'existe que dans tes livres, que tu bannirais les artistes qui sont la vie de la cité! O Platon, laisse-nous notre patrie telle que les dieux nous l'ont faite, que nous connaissons et que nous aimons!

Qu'importe qu'il y ait, de nos jours, à Athènes, des marchands voleurs et des hoplites grossiers capables de tous les crimes? Qui t'assure que les voleurs ne jouent pas un rôle utile dans la cité? Pour moi je pardonne au crime s'il est de nature à inspirer un beau poëme ou un beau discours.

Mais je ne pardonne pas à ton rêve qui veut, ami très cher, supprimer la musique. Supprimer la musique, grands dieux! interdire aux hommes la pectis et la cithare, sous ce prétexte que les modes lydiens et ioniens sont de nature à efféminer les hommes et à démoraliser les femmes! Prends-garde que ces modes, Platon, sont, de tous, les plus beaux. Des musiciens, aimés des dieux, les inventèrent pour notre joie. Ils sont une caresse pour les sens, ils préparent la volupté. Ce n'est pas tout, tu voudrais nous refuser tout plaisir, tu condamnes la gaieté, tu ne fais même pas grâce au rire. Voilà que tu reproches au vieil Homéros d'avoir inventé ce trait que j'aime entre tous : *le rire inex-*

tinguible éclata parmi les habitants de l'Olympe. Pourquoi les Immortels ne s'abandonneraient-ils pas, de temps à autre, au fou rire? Le rire est bon, qui nous délivre pour un moment de nos soucis; et, plus que nous, sans doute, les dieux ont des soucis, eux qui gouvernent à la fois le Ciel et la Terre.

Et les tragiques, Platon, tu les exilerais sans doute aussi, puisque les exemples qu'ils nous offrent au théâtre sont loin d'être conformes à l'idée que tu te fais du juste. Il serait défendu, dans ta cité sainte, à la fois de rire et de pleurer, on n'aurait que la ressource de s'ennuyer en honorant la Justice. Que serait la cité que tu protèges, Athéna, sans le théâtre d'Iakkhos, où la foule, à l'époque des Panathénées, applaudit les acteurs. Il faudrait oublier ces noms antiques et vénérables des héros, pères de notre race, qui réveillent en nos cœurs les souvenirs et les deuils d'autrefois. Nous ne verrions plus, enchaîné sur le rocher, le Prométheus du vieil Eschylès, atrocement puni pour avoir ravi aux dieux, afin de l'offrir aux hommes, le feu sacré. Aucun poète ne viendrait plus nous dire la destinée tragique d'Orestès, coupable à la fois et innocent, poussé au crime par le devoir de venger le crime. Tu empêcherais sans doute aussi qu'on nous montrât, sur la scène, les drames de l'artiste divin entre tous : Antigona noble et triste, la douce vierge! conduisant vers ce bourg de Kolona, son père misérable poussé par le destin vers des forfaits : Oïdipous, innocent à la fois et coupable, levant ses mains vers le ciel, accusant les dieux! Peut-être ferais-tu grâce à Euripidès, en souvenir de Sokratès ton maître, dont il fut, comme toi, le disciple et l'ami. C'est pourtant lui, le plus tragique de nos poètes, qui nous a montré sur la scène le cœur et la raison de l'homme aux prises dans un combat où la raison ne triomphe pas toujours : la magicienne Médéa emportée par la jalousie à des crimes que sa raison condamne, Phèdra incapable de vaincre un incestueux amour, et cette pure Alkestis qui s'arrache volontairement aux joies de la vie, qui meurt pour son époux !

Ces poètes, Platon, ne sont, je te l'accorde et je leur en fais gloire, que des artisans d'illusions et de mensonges, mais ces illusions et ces mensonges enchantent l'âme des hommes. Ils les préfèrent à l'ennuyeuse et commune vérité. Eux seuls donnent du prix à la vie. Que serions-nous, dieux bons ! si nous étions privés des prestiges de l'art. N'as-tu pas craint, ô le plus téméraire des philosophes, que la déesse vierge, protectrice de la cité, ne te punît d'avoir voulu arracher de son front sa précieuse couronne de poètes, de peintres, de sculpteurs, de musiciens, d'orateurs et de sophistes. Elle ne saurait aimer qui méprise les arts, et tu les méprises, Platon, toi qui reproches à Skopas la grâce sensuelle qui se dégage de tous ses chefs-d'œuvre. Comment n'as-tu pas compris qu'un artiste véritable ne peut représenter la déesse de la beauté et de l'amour que dans la perfection pleinement révélée de ses charmes.

O Skopas, artiste incomparable, ami très cher, si j'étais Apollon porte-lyre, je supplierais Zeus, roi des dieux, de t'accorder comme seule récompense digne de ton génie une place dans la société des Immortels. N'aurais-tu sculpté que la bacchante couronnée de pampres et de lierres qui s'étale, le torse nu, la tête renversée et les cheveux épars, au comble de l'extase et de l'ivresse divines, que je te pro-

clamerais encore le plus rare de nos artistes, le meilleur
des fils d'Athéna! Et Phidias, et Praxitelès, et le peintre
Zeuxis, et tant d'autres créateurs de formes harmonieuses,
tu les exilerais sans doute aussi comme indignes d'être les
citoyens de la cité juste! Il n'y aurait plus d'Athéniens à
Athènes, on ne distinguerait plus la cité d'Athéna des
autres cités, ni les fils d'Hellen de la race des Barbares. Que
les dieux nous préservent, Platon, de la réalisation de ton
rêve!

ARÉTA

Tu as parlé comme il convient, Kalliklès, de l'Art et des
artistes. Si j'étais Athéna, fille de Zeus, je te donnerais la
récompense que mérite ton beau discours.

KALLIKLÈS

Quelle récompense, Aréta, donnerais-tu au vieux Kalliklès?

ARÉTA

La couronne royale! Le roi Kalliklès ferait d'Athènes la
plus belle des cités et peut-être la plus heureuse.

KALLIKLÈS

Peut-être? Hélas! fille d'Aristippos, tu n'es pas Athéna;
nul ne connaîtra jamais les intentions de la déesse. Pourtant,
comme la fille de Zeus, tu es belle. Je t'aime encore davantage, si c'est possible, depuis que je sais que mes paroles
ne t'ont pas déplu.

PLATON

Sois heureux, Kalliklès, ton discours a conquis l'âme d'Aréta.

Ainsi te voilà persuadée, fille d'Aristippos, par les paroles du plus habile des sophistes ; tu penses comme lui que les artistes n'ont rien de mieux à faire que de nous tromper, que les dieux leur ont donné la mission de bercer la vie des hommes, à l'aide d'illusions amusantes et d'agréables mensonges. Tu t'éloignes de ton vieux maître, Aréta, tu fuis la Vérité. Comme la plupart des femmes, tu préfères à la Vérité la séduisante erreur.

ARÉTA

Ne te fâche pas, je t'en prie, Platon, je n'oublierai jamais que le premier tu m'as initiée à la vie supérieure. Je crains seulement que ton amour pour la Justice ne t'entraîne plus loin qu'il ne convient. Je me demande pourquoi, toi, un artiste, le plus séduisant des artistes d'Athènes, tu refuses de faire une place aux artistes, dans cette cité selon la Justice, que ta fantaisie d'artiste se plaît à rêver !

PLATON

Ma chère enfant, je n'ai jamais méprisé les artistes ; je les aime, au contraire, comme il est juste d'aimer les bienfaiteurs des hommes.

Écoute-moi, Aréta, ma chère fille ; applique ta pensée à suivre le Discours et à l'entendre. Il n'est pas vrai d'affirmer que Platon est l'ennemi des artistes ; c'est plutôt Kalliklès qui ne les aime pas, lui qui les condamne à jouer un rôle indigne du génie que leur ont donné les Immortels. Le véritable artiste n'est pas un séducteur d'âmes ; il est probe par nature ; il ne ment ni aux autres, ni à lui-même. Sa tâche, sur la terre, n'est pas de faire luire aux regards des hommes je ne sais quel fantôme de beauté, c'est la Beauté véritable qu'il poursuit et qu'il veut saisir dans sa pureté, telle que son âme la lui représente. Ce n'est pas un imitateur, c'est un démiurge, il crée de la vérité ou de la beauté.

Mais beaucoup d'hommes, Aréta, à Athènes et ailleurs, sous ce prétexte qu'ils ont appris, de maîtres habiles, à manier le pinceau, l'ébauchoir ou le stile, se persuadent très aisément qu'un dieu a suscité dans leur âme le génie créateur. Ils s'étudient à prendre des airs inspirés, ils s'appliquent à se distinguer du commun des hommes par des attitudes étranges ou par des vêtements d'étoffes aux couleurs éclatantes qui les désignent de loin. A tout propos ils se proclament grands artistes. Les badauds les admirent, la foule parfois les applaudit quand elle ne les tourne pas en ridicule. Ces hommes, Aréta, ne sont pas des artistes. Prends garde, d'ailleurs, que les vrais artistes ne sont pas nombreux. J'irais même jusqu'à affirmer qu'un artiste vraiment pur de tout alliage, un pur amant de la Beauté, n'a jamais vécu dans la Hellas, ni, à plus forte raison, chez les Barbares. Les artistes qui vivent près de nous obéissent trop souvent à des passions injustes, violentes ou brutales, incapables qu'ils sont de maîtriser leurs instincts. Presque tous sont vaniteux ; ils aiment ce qu'ils appellent la gloire ; plus rarement, j'en conviens, ils recherchent l'argent, ce qui est le propre des âmes viles ; du moins, ils vont, désirant les honneurs, portant haut le front à la façon des enfants qui ont obtenu à l'école la première place, et, oublieux de leur génie, ils dédaignent la pure Beauté, préoccupés trop souvent de satisfaire le goût médiocre de ceux dont ils réclament des applaudissements. L'artiste aimé de la foule, Aréta, n'est pas celui que les dieux préfèrent. Ils savent, les Immortels, que la mission qu'ils ont confiée aux artistes est de conduire les hommes à la Vérité, à la Justice, à la Beauté, et non pas de présenter à l'âme des foules je ne sais quelle apparence de beauté qui la trompe et la séduit.

KALLIKLÈS

Mais si l'âme des foules, Platon, aime à être trompée, si elle préfère, à la Vérité, une illusion agréable ? C'est la foule qui applaudit Aristophanès quand ses vers tournent en ridicule Sokratès et Platon, son disciple.

PLATON

Aristophanès était un poète. Mais sa muse, que les dieux avaient créée belle, prend trop souvent ses ébats au milieu d'images ordurières, licencieuses ou grossières, afin de provoquer le rire des artisans, des marchands et surtout des esclaves. Et cela n'est pas beau, Kalliklès. Il sait, ce poète que tu admires, que l'âme des foules est envieuse et qu'elle méprise la sagesse ; c'est pourquoi, afin de lui plaire, il contraint son génie à calomnier des hommes qui sont l'honneur de la cité. Et cela n'est ni beau, ni digne d'éloges, ô Kalliklès.

KALLIKLÈS

Tu ne pardonnes pas au poète, Platon, d'avoir écrit l' « *Assemblée des femmes* ».

PLATON

Je ne lui pardonne pas surtout d'avoir calomnié Sokratès.
Zeus m'est encore témoin, Kalliklès, et sa fille Athéna, dont
la claire intelligence sait scruter les intentions des hommes,
que j'aime, entre tous les poètes, le grand aède aveugle
père de la poésie. Les chants harmonieux coulent de ses
lèvres comme jaillit, d'une source intarissable, l'eau pure
et salutaire qui guérit les hommes de la soif. Qu'il chante
les exploits d'Akilleus aux pieds agiles, ou le génie fertile en
ruses d'Odysseus errant sur les flots ennemis, à la recherche
de la patrie qu'il aime et qui semble le fuir, celui-là est
grand parmi les grands, dont les vers évoquent et font
revivre les mœurs d'autrefois. Il nous a dit la vie de nos
pères, leurs combats, leurs festins, leurs haines violentes :
c'est un peintre incomparable, il est vrai ! Cependant, au
moment où il nous représente les dieux, dans l'Olympe,
secoués par un fou rire, à la vue de l'infirmité d'Héphaïstos,
le poète se montre injuste à l'égard des Immortels. L'aspect
d'une infirmité qui est la conséquence d'un crime ne peut
pas être, pour les dieux, une occasion de gaieté. N'est-ce pas
faire injure aux dieux. Aréta, que de les imaginer semblables à ces enfants d'Athènes qui s'égaient aux dépens
des boiteux, des vieillards retombés en enfance et de ces
hommes qui errent par les rues cherchant la raison qui les
a abandonnés ?

ARÉTA

Tu parles, maître, selon la Vérité.

PLATON

C'est que je parle selon la Justice, ma chère fille. Le Dis-

cours m'interdit de passer en revue l'œuvre de nos poètes;
ce serait s'éloigner du but. Kalliklès sait bien que je les
aime tout autant qu'il les aime lui-même, quoique d'un
autre amour. Moi aussi je dirai d'eux qu'ils sont la gloire de
la cité, mais c'est quand ils nous représentent des vérités
belles ou utiles qu'ils ont droit à notre admiration, non pas
quand leur génie s'abaisse à glorifier des mensonges ou à
forger des illusions. Il leur appartient de nous montrer l'âme
des hommes en proie aux passions, cherchant péniblement
dans les ténèbres à deviner l'énigme de la vie, s'arrêtant
parfois, indécise et prise d'effroi, devant les mystères qui
angoissent le cœur, qui accablent la raison. Qu'ils accom-
plissent la sainte mission que leur ont confiée les dieux
immortels, ils font œuvre de vérité, et la Vérité, elle aussi,
est belle pour qui sait la regarder en face. Mais il est peu
d'hommes, Aréta, capables de regarder la Vérité, séduits
presque tous qu'ils sont déjà par le Mensonge.

ARÉTA

Que veux-tu dire Platon?

PLATON

Écoute, ma chère enfant.

Conservés par la mémoire fidèle des hommes, des mythes
très anciens sont venus jusqu'à nous. Parmi ces fables, il
en est de belles et de touchantes, qu'il faut pieusement
conserver. Elles excitent la fantaisie des poètes et des enfants qui s'éveillent à la vie. J'aime parfois à les redire moi-
même, je me suis souvent appliqué à en pénétrer le sens
profond. Mais tout n'est pas également précieux dans ce

trésor que nous ont légué les âges disparus. Il est des fables qui attribuent à des héros primitifs, à des dieux, dans leurs rapports avec des hommes ou avec d'autres dieux, des actes insensés ou criminels. Il ne se peut pas que les dieux soient tels que se plaisent à nous les montrer les mythographes : menteurs, parricides, cruels, ne tenant jamais les promesses solennelles qu'ils ont faites à des hommes ou à des dieux, incestueux, voleurs, en un mot plus méchants que le plus méchant des hommes. Ces mythes seraient depuis longtemps oubliés, si des artistes ne s'étaient complu à les ressusciter. Les poëtes les ont chantés, les peintres en ont composé des tableaux, les sculpteurs en ont fait revivre la forme dans le marbre ou sur des métaux précieux. La foule, incapable par elle-même de distinguer la vérité de l'erreur, a applaudi les artistes, et, peu à peu, cette idée s'est établie dans la conscience des hommes, que le mensonge, l'inceste, la débauche étaient dignes de notre admiration. Pour moi, Aréta, quand on me fait de ces fables sur les dieux, je ne les écoute qu'avec peine. Quand les peintres, par exemple, nous représentent les querelles, les discordes et les crimes des dieux, je me demande avec tristesse pourquoi des fils d'Hellen souillent, par de telles peintures, le voile mystérieux porté en procession à l'Akropolis pendant les grandes Panathénées. Si les dieux ont commis de tels crimes, ils ne méritent pas que les hommes leur élèvent des temples et leur adressent des prières. Mais ces actes monstrueux, dont la sottise humaine fait gloire aux dieux, sont de l'homme, qui, pour s'excuser, à ses propres yeux, des faiblesses et des hontes qu'il découvre en son âme, a fait les dieux à son image. Les dieux ne sont

pas des hommes, Aréta, nous devons les concevoir comme
des exemplaires de justice et de beauté, tels que nous les
montre l'idée sainte inscrite dans notre âme. N'est-il pas
vrai, dis-moi, fille d'Aristippos, que des magistrats sou-
cieux du bon renom de la cité devraient interdire l'étalage
dans les temples ou dans les théâtres de ces fictions
monstrueuses qui calomnient la majesté des dieux ? Ne
serait-ce pas leur droit encore d'interdire dans les écoles
l'enseignement de ces fables qui ne peuvent qu'oblitérer,
dans l'âme des enfants, âme indécise encore, tâtonnante et
cherchant sa voie, le sens de la Justice et de la Beauté ?
Penserais-tu, ma chère enfant, que les artistes ne seraient
plus des artistes, c'est-à-dire des démiurges, s'ils s'appli-
quaient à représenter l'homme à l'homme avec ses qualités
et ses défauts, ses vertus et ses vices : ses vertus qui parfois l'élèvent au-dessus de l'humanité, ses vices qui le ra-
baissent au-dessous de la bête, au lieu de glorifier le mensonge, le crime et la laideur morale ? Tel est le reproche que
j'adresse, Aréta, à la plupart de nos artistes et, encore, à
notre cher Kalliklès. Ils glorifient l'Injustice et la Laideur ; ils
nous recommandent d'aimer des dieux coupables de tous les
crimes. Quel est le dieu, en effet, qui ne nous est pas représenté comme plus odieux que le plus odieux des hommes,
depuis Zeus, père de la justice, hélas ! qui mutile son père
Kronos pour régner à sa place, jusqu'à Hermès, dieu des
voleurs et voleur lui-même !

Que ces fables soient peut-être des symboles profonds,
d'après lesquels l'imagination puissante et naïve de nos pères
se représentait les grands phénomènes de la Nature, je ne suis
pas éloigné de le croire. Je ne veux pas interdire aux philo-

sophes de les étudier et de les approfondir. Mais ces mythes, tu ne l'ignores pas, Kalliklès, sont pris au pied de la lettre. Le peuple les accepte, non pas comme des symboles, mais comme des vérités très vénérables. Cela n'est pas beau. Vénérer des dieux injustes, c'est s'accoutumer à ne plus aimer la Justice.

Pourtant, si demain, fille d'Aristippos, un ami de la vraie sagesse montait hardiment à la tribune du Pnix et s'écriait : « Hommes d'Athènes, ce n'est pas à des dieux que vous avez voué un culte, mais à de monstrueuses idoles », un citoyen se lèverait — peut-être plusieurs — n'en doute pas, Kalliklès, furieux, le poing tourné vers le sage qui oserait faire entendre au peuple assemblé des paroles de justice. Il l'injurierait devant tous, l'appelant criminel et impie. Il ferait plus encore ; il porterait plainte aux magistrats, accusant l'homme, qui ne veut pas qu'on attribue à des dieux les crimes des hommes, d'insulter à la majesté divine et de corrompre, par ses doctrines, le cœur des éphèbes. Ce dénonciateur, autrefois, s'appelait Mélétos ; il avait le bec crochu et le regard cruel du vautour. J'ignore son nom aujourd'hui, mais je sais qu'il existe, et, je le dis tout bas, je crains qu'il n'y ait encore à Athènes des juges capables de condamner un nouveau Sokratès à boire la ciguë.

KALLIKLÈS

Tes craintes sont vaines, Platon ; Mélétos est mort, et aussi Anytos.

De nos jours les citoyens d'Athènes dédaignent simplement la philosophie et méprisent les philosophes. Je ne suis pas très éloigné de leur donner raison. Les fables des mythographes me semblent plus ingénieuses et plus amusantes.

PLATON

Voici donc, Aréta, à quelle fin le Discours voudrait nous conduire :

La mission de l'artiste n'est pas d'amuser les hommes ; il n'est pas un jongleur, il n'est pas un faiseur de tours, il est celui qui cherche la Vérité, qui prépare le règne de la Justice ; il est un amoureux fervent de la Beauté. Fidèle aux enseignements de mon maître, je n'ai pas voulu dire autre chose, au moment où je traçais le plan et l'organisation de la cité sainte. Mais la cité sainte n'est pas celle où nous vivons.

Je sais quelle distance sépare la réalité du plan qu'un philosophe a tracé. Je connais les hommes, je suis un homme ; je me sens capable d'erreur, je n'ai pas le droit de dire que jamais je n'ai commis d'injustice. Il se peut qu'un censeur à l'esprit avisé découvre, dans mon livre, des erreurs et même des opinions contraires à la Justice ; du moins il n'a pas le droit d'affirmer que Platon n'aime pas la Justice. Si ce censeur venait au milieu de nous, je lui dirais : « Relève mes erreurs, ami, corrige mes fautes ; je t'en saurai un gré infini. Il n'est pas, pour une âme noble, de pire condition que de vivre dans l'erreur, dans l'injustice, dans la laideur. Mais, si tu rencontres, en déroulant le volume, une pensée qui soit belle et selon la Justice, ne te demande pas, je t'en prie, si elle est de Platon ou de tout autre, dis-toi seulement qu'il faut l'aimer parce qu'elle est juste et belle. Applique-toi encore, par de douces paroles, à per-

suader mon âme de la nécessité qu'il y aurait pour elle à
purger son ouvrage de toutes les erreurs qu'il contient et
des injustices. C'est là ton droit, ô censeur sévère; tu seras,
en l'exerçant, utile aux hommes; tu leur apprendras à
s'écarter de l'Erreur et de l'Injustice comme on s'écarte d'un
objet impur. Mais si tu osais insinuer que Platon se trompe,
quand il soutient qu'il faut chercher la Vérité, et qu'on la
découvrira seulement si l'on aime la Justice, alors, ô censeur à l'artificieux langage, je te dirais : si nous vivions
dans la cité juste et belle, ta place ne serait pas au milieu
de nous; si j'étais le gardien de la cité, je te ferais conduire
au delà des portes. »

KALLIKLÈS

O Platon! je suis depuis longtemps persuadé de cette
vérité que la Vérité n'existe pas, ou que, du moins, si elle
existe, elle est hors de notre atteinte. Par tous les dieux, je
ne veux pas t'empêcher de la chercher, mais tu n'as pas le
droit, ce me semble, tant que tu ne nous l'as pas rendue évi-
dente, de m'interdire de nier son existence. Cherche la
Vérité, Platon, cherche-la de toute ton âme; le jour où tu la
tiendras captive en tes mains, tu me la montreras; aussitôt
le vieux Kalliklès abjurera toutes ses erreurs.

Tu prétends nous conduire à la Vérité par la Justice que
tu appelles aussi la Beauté; mais mon âme ne s'inquiète ni
de la Vérité qu'elle ne connaît pas, ni de la Justice qui, telle
que tu la conçois, ne lui semble pas exister sur la terre. J'ai
fait un autre rêve, ami, il est différent du tien, peut-être
n'est-il pas moins beau?

Ces formes diverses de beauté que la divine fantaisie des

artistes a su concevoir et ensuite réaliser séduisent mon esprit. Je sais bien que ce ne sont que des illusions, mais ce qui n'est pas une illusion, c'est que j'éprouve de la joie à contempler ces beautés. Elles sont belles puisqu'elles me semblent belles, et cela me suffit qu'elles soient belles, si elles ravissent mon âme. La mission de l'artiste est de nous faire comprendre la Beauté et encore de nous la faire aimer. Je lui laisse, pour atteindre ce but, le choix des procédés à employer. Je l'applaudirai s'il nous fait voir la Beauté dans ce que tu appelles des injustices et des crimes. Il est de belles injustices, Platon, et de beaux crimes, et la Beauté mérite d'être aimée partout où on la rencontre, uniquement parce qu'elle est belle. Sache encore, ô chorège, que c'est par la contemplation du beau que l'homme deviendra plus qu'un homme et jouira dans son orgueil pleinement satisfait. La Beauté conduit au bonheur; c'est elle qui, jusqu'à ce jour, a procuré à mon âme les joies les plus rares : je serais un ingrat, si je ne lui avais voué un culte.

Le rêve que j'ai fait, amis très chers, je voudrais aujourd'hui l'exposer sous le platane d'Akadémos. La fille d'Aristippos, si tu le veux bien, ô chorège, sera notre arbitre. Elle nous dira lequel elle préfère du rêve de Platon ou du rêve de Kalliklès. Je sais qu'elle t'aime, peut-être a-t-elle subi déjà le charme de tes paroles? permets qu'à mon tour je m'applique à la persuader. Je serais le plus heureux des hommes si elle consentait à avouer qu'elle est devenue mon disciple; mais je te demande cette grâce, ô Platon, —je te la demande aussi, Antisthénès, — de ne pas interrompre le Discours, qui sera long peut-être, tant que je n'aurai pas achevé de raconter mon rêve. C'est le rêve de mes vieux ans, je l'aime de cet amour que les vieillards portent à leur dernier né.

Aréta me confiait ce matin que, peu à peu, son esprit et son cœur s'étaient détachés de tes enseignements, ô chorège. Si tes idées, autrefois, ont su la séduire, la triste et dure réalité lui a appris maintenant qu'il est parfois dangereux de prendre pour des vérités les paroles d'un philosophe. J'ai bien vu que tu t'appliquais tout à l'heure à reconquérir son âme, et je sais ton habileté. Je voudrais pourtant essayer de rompre le charme qui pourrait la captiver, et j'espère, ami, que tu te dessaisiras pour quelque temps, en ma faveur, des privilèges du chorège. Tu permettras, n'est-il pas vrai, à Kalliklès de diriger le Discours et d'interroger Aréta, fille d'Aristippos?

PLATON

J'aurais mauvaise grâce à te refuser, ami. Interroge Aréta, si elle y consent, et supplie le subtil Hermès de faire couler de tes lèvres les paroles qui persuadent.

KALLIKLÈS.

Je supplierai Athéna, ami très cher. Elle est la vierge qui protège la cité; il ne serait ni beau ni convenable à nous de l'oublier.

L'AFFAIRE

DE L'HÉKATONTARQUE

ANTISTHÉNÈS

Je croyais, Platon, que nous étions réunis, sous le platane d'Akadêmos, afin de rendre un culte à la mémoire d'un maître entre tous vénérable. Or, depuis quelque temps, il n'est plus question de Sokratès. Que ce soit Platon qui parle, ou bien Kalliklès, le Discours semble se proposer uniquement de conquérir l'assentiment de la fille d'Aristippos. Ne crains-tu pas, Platon, que l'âme du maître ne soit, à juste titre, froissée par ce manque d'égards?

PLATON

Son âme sourit en ce moment, ami, s'il est permis à une âme de sourire. Elle se demande peut-être quels enseignements se dégageront du Discours, qu'elle suit attentive et curieuse. De grâce, Antisthénès, laissons Kalliklès jouer à sa fantaisie. Il n'a pas, je l'espère, oublié la promesse qu'il nous a faite. Je n'ai pas le cœur de le blâmer de ce qu'il veut conquérir l'âme d'Aréta. La fille Aristippos est belle, Antisthénès, et elle est sage.

KALLIKLÈS

Voici donc, ami, que tu te réveilles, pour me blâmer, de ta méditation profonde? N'est-ce pas le droit d'un philosophe, Antisthénès, de s'appliquer à persuader ceux qui l'écoutent?

ANTISTHÉNÈS

Celui-là n'est pas philosophe qui n'est pas lui-même persuadé de la vérité de la doctrine qu'il défend.

KALLIKLÈS

Sois convaincu, ami très cher, qu'au moment où je parle, je crois que mes paroles sont la vérité même. Si les dieux m'ont créé tel, que les choses qui me semblent vraies aujourd'hui m'apparaîtront comme des erreurs demain, tu as, certes, le droit de me plaindre, mais pourquoi m'adresser des reproches? Il ne dépend pas de moi de penser autrement que je ne pense; les dieux le veulent ainsi et tu dois respecter, Antisthénès, la volonté des dieux.

ANTISTHÉNÈS

Les dieux veulent qu'Antisthénès t'adresse des reproches, puisqu'il t'adresse des reproches.

KALLIKLÈS

Les dieux ont décidé peut-être aussi qu'Antisthénès serait jaloux.

ANTISTHÉNÈS

Jaloux! que veux-tu dire, ô Kalliklès?

KALLIKLÈS

Ne te fâche pas, ami. Il m'a semblé que tu n'étais pas aujourd'hui, comme tu l'étais hier, entièrement plongé dans le bienheureux état d'ataraxie. Je t'observais tout à l'heure pendant que Platon exposait à Aréta sa doctrine sur les rapports que la Justice soutient avec la Beauté. Par Zeus-Père, ce n'était pas le Discours qui préoccupait, à ce moment, ton âme. Tes yeux étaient fixés sur Aréta; tu contemplais, ravi, son fier et doux visage, et je me disais : se pourrait-il que notre Antisthénès, lui aussi, fût amoureux de la fille d'Aristippos? Tu es amoureux, ami très cher, et jaloux, comme tous les amoureux, de la beauté que tu aimes.

ANTISTHÉNÈS

Amoureux! Regarde-moi : je suis flétri par l'âge et mon corps est cassé.

KALLIKLÈS

Ne rougis pas, ami, pourquoi rougirais-tu? Nous sommes tous amoureux d'Aréta, non pas de son corps, notre âge hélas! nous interdit cet amour, mais de son âme, qui est belle aussi, et que nous voudrions conquérir. Cette conquête est légitime. Tu essaieras à ton tour de la persuader; peut-être te décernera-t-elle la couronne due au vainqueur. Elle sera le berger Pâris; nous serons les trois déesses : sa sagesse décidera lequel de nous est le plus éloquent ou le plus sage. Si elle n'a pas de pomme d'or à nous offrir, son approbation, pour celui de nous qui la méritera, sera la meilleure des récompenses. Vois, Antisthénès, mes paroles ont fait éclore sur ses lèvres le plus beau des sourires.

ARÉTA

C'est que je suis heureuse. Je sais, amis très chers, de quelle nature est l'amour que vous me portez ; moi aussi je vous aime.

KALLIKLÈS

Que les dieux te récompensent, Aréta, pour ta bonté. Regarde-moi, je te prie. Tu as devant les yeux un philosophe sans disciples ; ceux d'entre les Athéniens qui me méprisent m'appellent le dernier des sophistes. Comprends-tu maintenant que cette ambition ait germé dans mon cœur de faire de toi l'héritière de ma pensée? Je mourrais content si le Discours parvenait à te persuader ; sinon, la fantaisie philosophique, j'en ai peur, n'aura plus de représentants sur le sol de l'Attique et Kalliklès disparaîtra tout entier.

PLATON

Que dis-tu, Kalliklès? Kurios et Galatès, pour ne citer que les plus renommés, sont tes disciples : ils font de toi les plus grands éloges, et bien souvent, dans leurs écrits, ils t'ont reconnu pour maître.

KALLIKLÈS

Ils m'ont abandonné, Platon.

PLATON

Depuis peu, en ce cas ?

KALLIKLÈS

Depuis cette malheureuse affaire de l'hékatontarque.

PLATON

De quel hékatontarque veux-tu parler, Kalliklès, et de quelle affaire ?

KALLIKLÈS

Comment, Platon, tu ne connais pas l'Affaire ? On voit bien que tu as vécu pendant longtemps en de lointaines contrées. Mais, ami très cher, pendant plus d'un an, les Athéniens n'ont pas eu d'autre préoccupation que de décider si l'hékatontarque était innocent ou s'il était coupable. Ils se sont divisés en deux camps : les uns prennent Zeus à témoin et jurent que l'hékatontarque a été injustement condamné ; les autres jurent par l'Hadès que les stratèges se sont montrés trop cléments.

PLATON

Mais de quel crime était-il donc accusé ?

KALLIKLÈS

Je ne sais pas au juste. On a dit qu'il avait livré aux Lacédémoniens un plan de défense établi par les stratèges ; on a dit encore qu'il avait fait connaître à nos ennemis le nombre exact de talents d'or conservés dans l'Akropolis et confiés à la garde du serpent d'Athéna. De plus il était affilié au culte étranger d'Adonaï et je crains que les stratèges n'aient été enclins, à leur insu peut-être, à regarder comme coupable l'adorateur d'un dieu qu'ils n'aiment pas. Adonis est pourtant un dieu très vénérable. Ils ont condamné l'hékatontarque à l'exil perpétuel dans cette île de Lemnos où Philoctétès, avant lui, a crié ses douleurs. Est-il innocent ? je l'ignore. J'ai entendu affirmer que des pièces fausses avaient

été apportées aux juges, — cela se pourrait bien, Platon,
parmi les stratèges que je connais, il en est qui ne manquent
pas d'imagination, — mais ce malheureux procès est cause
que, pendant longtemps, à Athènes, il était impossible de se
promener sur l'Agora, ou de s'asseoir sur les premiers degrés
de l'Akropolis, sans qu'un ami, ou même un importun, vous
abordât, l'air irrité, et, vous prenant par le bras ; est-il coupable, dis-moi, ou est-il innocent? Et si votre opinion sur
l'Affaire différait de la sienne, il vous injuriait aussitôt et
vous battait même pour peu qu'il fût le plus fort. De mes
deux disciples, Platon, l'un, Kurios, a pris le parti des stratèges; il soutient que les stratèges, seuls, sont capables
d'aimer la patrie et de la défendre, et il va jusqu'à appeler
traîtres à la patrie les autres qui affirment à grands cris
que les stratèges n'ont pas jugé l'hékatontarque selon cette
justice qui t'est chère, ô Platon. Et Galatès est un de ceux
qui crient le plus.

Autrefois, mes deux disciples s'aimaient; ils se poursuivent
maintenant d'une haine implacable; et tous deux se méprisent, on dirait vraiment qu'ils sont honteux d'avoir reçu
les enseignements de Kalliklès. Kurios, devenu ambitieux
en vieillissant, espère peut-être qu'il sera stratège un jour,
et, possédé par ce désir de commander, il dédaigne maintenant les belles-lettres, l'éloquence, la poésie et la musique. Il a perdu, je le crains, cet esprit si ingénieux et si
subtil que tu lui connaissais, ô Platon! cet esprit qui semblait courir sur les idées, quand il mettait en lumière, soit
dans ses causeries, soit dans ses livres, le génie de nos
poètes et de nos dramaturges. Sa verve est éteinte, il ne sait
plus rire, ni sourire ; il n'est plus qu'un apprenti stratège.

Si du moins Galatès m'était resté, je me consolerais de
l'abandon de Kurios; mais Galatès ne ressemble plus à lui-
même et tu le ne reconnaîtras pas, Platon, le jour où il
viendra te présenter ses compliments, à l'occasion de ton
heureux retour parmi nous. Tu sais combien je l'aimais :
ses écrits étaient mon orgueil et ma joie, et je proclamais
bien haut que son génie était aussi rare que celui de mon
maître Gorgias. Quoi de plus ingénieux que ses thèses sur la
vérité et l'erreur, le juste et l'injuste, la vie et la mort ; il
riait de la philosophie et des philosophes d'une façon si déli-
cate et si aimable, que ceux-là même, dont il se jouait,
étaient les premiers à l'applaudir. Je dirais de lui, si tu
n'étais parmi nous, ami très cher, qu'il est le plus grand de
nos écrivains, et le plus fin, et le plus pur. Il a composé des
poëmes que n'eût pas désavoués Apollon porte-lyre, il a ima-
giné des fables nombreuses ou revivent les mœurs de
l'Égypte ancienne, fière de ses richesses, de la multitude de
ses temples, de ses dieux, de ses prêtres, de ses courtisanes.
Et maintenant les Muses pleurent la perte de son génie.
Depuis qu'il est convaincu de l'innocence de l'hékatontarque, le culte des belles-lettres lui paraît un amusement futile
et méprisable : il dédaigne ses livres et n'a plus d'autre préoccupation que de faire régner la Justice sur la terre. Je lui ai
reproché de m'abandonner, je lui ai dit que son rêve de
rendre les hommes justes était le plus fou des rêves, que
les Athéniens, de tout temps, s'étaient montrés in juste,
qu'ils avaient exilé Aristidès et condamné Sokratès à boire la
ciguë ; il ne m'écoutait seulement pas. Il va par les bourgs et
dans les cités voisines, criant son mépris des stratèges, qu'il
regarde, à tort, selon moi, comme les plus sots d'entre les

hommes et les plus méchants. Les stratèges ne me paraissent pas beaucoup plus sots que le commun des hommes. Ils sont puissants et je crains qu'ils ne se vengent. Que te dirais-je, ami, Galatès n'est plus Galatès. Je serais bien étonné, s'il ne venait, un de ces jours, au jardin d'Akadêmos, pour te dire qu'il est ton disciple et pour te demander de lui enseigner à vivre selon cette Justice, dont, comme toi, il rêve le triomphe sur la terre.

PLATON

Qu'il vienne, ô Kalliklès! c'est avec joie que je l'appellerai mon disciple.

KALLIKLÈS

Tu es heureux, Platon; tu as des disciples; Antisthénès lui même a des disciples: Diogénès, l'homme à la besace, et Kratès, l'ouvreur de portes, ont des disciples. Moi, au déclin de ma vie, je me retrouve seul en présence de moi même, à la fois mon maître et mon disciple, n'ayant plus une âme à qui confier mes pensées les plus chères, réduit à les proposer à mon esclave Damon, qui, je le crains, en fait peu de cas.

ARÉTA

J'essaierai de devenir ton disciple, ô Kalliklès; du moins je te promets de suivre le Discours d'une âme attentive.

LE RÊVE DE KALLIKLÈS

KALLIKLÈS

KALLIKLÈS

Fille d'Aristippos, instruite par ton père et guidée par Platon, ton âme amoureuse de sagesse s'est nourrie de la pensée des philosophes. Tu as lu les écrits des anciens redoutables, tu en as médité les maximes ; il se pourrait même que tu en eusses pénétré le sens profond. Quel profit, dis-moi, ou quels avantages as-tu retiré de ce long voyage à travers les doctrines des sages ? As-tu retrouvé, pour sortir du labyrinthe où s'enferment les philosophes, le fil de Théseus, héros aimé d'Athéna ? As-tu éclairci la grande énigme de la vie ? Peux-tu nous dire pourquoi les hommes s'agitent et se combattent jusqu'au moment où la mort arrive pour les consoler de leurs peines et les mettre d'accord ? Où est la Vérité, Aréta, où l'Erreur ? Le sais-tu, l'as-tu appris dans les livres ?

ARÉTA

Tu me poses trop de questions à la fois, ami très cher, je ne saurais répondre à toutes.

KALLIKLÈS

Réponds seulement à la dernière et Kalliklès sera satisfait.

ARÈTA

Comment répondre ? Tu affirmais à Platon, il n'y a qu'un moment, que la Vérité n'existe pas. Si elle n'est pas, Kalliklès, je ne puis te dire où elle est ; si tu es déjà persuadé de sa non-existence, c'est en vain que je te la montrerais à tel endroit ou à tel autre.

KALLIKLÈS

Je suis déçu dans mon espérance. Je pensais que tu étais habile et sage et voici que tu te refuses à m'enseigner comment on distingue la Vérité de l'Erreur. Pour moi, livré à mes propres forces, je suis incapable de trouver une vérité, si humble soit-elle. Je suis comme un enfant, j'hésite et je tâtonne. Quand j'examine, dans mon âme, l'idée nouvelle que j'y viens de découvrir, je ne saurais dire si elle est ou non conforme à la Vérité. Voilà pourquoi j'affirmais naguère à Platon, audacieusement peut-être, que la Vérité n'existait pas. La Vérité, fille d'Aristippos, n'est pas une même chose que les vérités. Il existe des vérités. Elles existent justement parce que la Vérité n'existe pas. Mais les philosophes sont orgueilleux et ne veulent rien entendre.

ARÈTA

C'est cependant pour les convaincre que tu discutes, Kalliklès.

KALLIKLÈS

Comment le Discours pourrait-il les convaincre ? Ils m'écoutent en souriant, quand j'expose mes idées. Au lieu

de répondre à mes arguments, ils m'appellent sophiste et
faux accoucheur d'âmes.

ARÉTA

Pourquoi, faux accoucheur d'âmes ?

KALLIKLÈS

Ils prétendent que j'accouche l'âme des jeunes gens,
quand par hasard je les interroge, non pas des vérités dont
elle est grosse, mais des erreurs que je m'applique ensuite
à leur faire prendre pour des vérités. Tu n'ignores pas
que Sokratès, et Platon après lui, affirment que l'âme des
hommes est comme le sanctuaire de la Vérité. On dirait que
la Vérité gît cachée dans les replis de l'âme et qu'il appartient à l'ironie du philosophe de la dégager de toutes les
erreurs qui l'enveloppent, afin que, d'elle-même, elle sur-
gisse au grand jour et vienne s'imposer à cette âme qui
lui a donné naissance. Tu as entendu Platon, Aréta ; il est
plus adroit, dans l'art difficile de la discussion, que le plus
rusé des sophistes. Qu'il interroge des éphèbes ou des
hommes, sa méthode ne varie pas. Ce sont d'abord des
questions très simples auxquelles un enfant peut répondre
sans hésiter. Et aussitôt que l'enfant a répondu, Platon ne
manque pas de lui adresser des éloges. C'est fort bien, dit-
il, continue, mon enfant, et, avec l'aide des dieux, nous ne
manquerons pas de découvrir la Vérité. Puis, peu à peu, le
problème se complique, il n'est plus aussi facile de répondre.
Alors le Discours devient plus insinuant, il abuse de ces
formes de langage : « N'est-il pas vrai qu'on pourrait
dire ?... Ne serait-il pas beau de dire ?... » Et l'interlocuteur,

entraîné, répond, en effet, qu'il serait beau de faire à Platon la réponse qu'il réclame. Aussitôt le philosophe triomphe. Remercions les dieux, dit-il, voilà que nous avons mis au jour cette vérité dont ton âme était grosse. Si par hasard la réponse n'est pas celle que Platon désirait, ne pense pas qu'il va se fâcher. Il sourit malicieusement, et aussitôt il dresse les pièges où ne tardera pas à se laisser prendre la maladresse de celui dont il veut faire son disciple. Mis en contradiction avec lui-même, il hésitera un moment, puis, comme hébété, il avouera que Platon a conquis son âme et l'appellera maître! Le chorège s'enorgueillit d'un tel succès.

ARÉTA

Mais ne l'appliques-tu pas toi-même, Kalliklès, à persuader ceux qui t'écoutent? ne cherches-tu pas, en ce moment, à me persuader?

KALLIKLÈS

Sans doute, fille d'Aristippos. Prends garde cependant que je voudrais te persuader surtout de la vérité de cette maxime : la Vérité n'est pas. Il ne faut pas dire à un homme : tu vis dans l'erreur, tu es un méchant, tu es un sophiste; la preuve, c'est que tu contestes l'existence des vérités que je te veux enseigner. Une démonstration, si rigoureuse soit-elle, n'est jamais une preuve. La démonstration de la thèse contraire pourra s'établir aussi rigoureusement, plus rigoureusement peut-être, selon la vigueur intellectuelle du philosophe qui la conduit. La dialectique est un jeu où le plus habile triomphe. Si Platon triomphe toujours, ce n'est pas que sa doctrine soit plus proche de la Vérité que la doctrine de ses adversaires, c'est, simplement, que son génie sait tisser toutes sortes de rets où s'embarrassent bientôt et se font prendre ceux qui cherchent à combattre ses idées. Les opinions des philosophes valent ce que vaut le génie qui les impose. La doctrine de Platon, soutenue par un sot, nous semblerait ridicule et méprisable.

C'est par ce chemin, Aréta, que le discours nous conduit à cette vérité qui me paraît éclatante : l'Erreur n'existe pas!

ARÉTA

Comment, Kalliklès, des vérités existent, et l'erreur n'existerait pas?

KALLIKLÈS

Entendons-nous, fille d'Aristippos. Certes, c'est une erreur d'affirmer qu'il fait nuit, au moment où Hélios nous éclaire, et encore que Kalliklès est un oiseau, ou Antisthénès une nymphe de nos bois sacrés. L'expérience nous enseigne le contraire, et j'ai foi aux enseignements de l'expérience. Mais, dès qu'il est question des doctrines des philosophes, l'erreur ne se peut plus distinguer de la Vérité. Pourquoi Parménidès se tromperait-il? La vérité qu'il propose n'est pas celle de Kalliklès, qui n'est pas celle de Platon; ce n'est pas à dire que les unes et les autres ne soient des vérités. Pourquoi des vérités, différentes entre elles, parfois même opposées, ne pourraient-elles exister en même temps? Nous voyons bien qu'elles sont, en même temps, défendues par ceux qui les proposent. Protagoras, qui fut mon premier maître, avait coutume de dire : l'homme est la mesure de toutes choses. Cette belle et profonde maxime me semble digne d'être gravée en lettres d'or sur le fronton du temple

d'Athéna. Lorsque Platon soutient que la Vérité existe et
qu'elle est belle, et qu'elle est, comme la Beauté, fille de la
Justice, je réponds : Ami, tu as rêvé un beau rêve ; je ne dis
pas que tu te trompes, je ne dis pas non plus que tu veux
me tromper, mais, de grâce, n'aie pas cette prétention de
m'imposer des vérités qui t'appartiennent en propre, permets que je conserve des vérités qui me sont chères ; elles
sont des vérités pour moi, si différentes soient-elles de celles
que tu soutiens. Si tu le permets, nous les mettrons en
présence ; peut-être se feront-elles valoir réciproquement,
en raison de leur opposition même ? et, si Athéna nous
est secourable, le Discours rencontrera, chemin faisant, des
pensées très neuves et très belles dont notre âme se ré-
jouira. De quels progrès, Aréta, la philosophie ne serait-elle
pas capable, si les philosophes discutaient, non plus pour se
convaincre, mais uniquement pour opposer des idées ! On
jouerait aux idées comme les enfants jouent aux dés et aux
osselets. Ce serait charmant. Pourquoi en effet les idées de
Platon seraient-elles plus vraies que celles que je défends ?
Il est un homme, je suis un homme aussi. J'admire son
génie, mais si l'intelligence que les dieux m'ont donnée me
suffit pour me conduire, pourquoi Platon s'imposerait-il à
mon âme comme un guide nécessaire ? Si tu étais venue hier
au jardin d'Akadémos, après avoir entendu l'éloquent discours de cet hôte divin que Platon a ramené de Sicile, et
encore les paroles vigoureuses et hardies d'Eudoxos, tu aurais
compris combien diverses et opposées sont les vérités qui
peuvent éclore dans l'âme des philosophes ; tu saurais avec
quelle force et quel saisissant relief elles se présentent
devant ceux qui les écoutent quand ceux-là qui les affir-

ment s'appellent Aglaophamos, Eudoxos ou Platon ! La sagesse, vois-tu, ma chère enfant, n'est pas de repousser orgueilleusement les idées de nos adversaires. C'est une sottise que de prétendre à l'infaillibilité. Il faut comprendre les opinions des autres et les accepter en esprit. Cela nous permet d'étendre notre vie intellectuelle, et nos adversaires deviennent nos amis. Nous aimons leur génie, dont nous proclamons la beauté, et nous ne voulons plus être envieux. Plus de disputes, plus de haines, plus de mépris pour ceux qui pensent autrement que nous, mais seulement des discussions souriantes où les idées se croisent, s'opposent, se font valoir par leurs oppositions. C'est la sagesse, Aréta, c'est ma sagesse. On me méprise à Athènes, on m'appelle sophiste, je suis un citoyen que les magistrats, amis de l'ordre, feraient bien d'exiler de la cité. Voilà ce que l'on dit, Aréta ; personne ne veut comprendre que mon âme ingénue est celle d'un enfant qui s'amuse au jeu des idées, de tous les jeux le plus innocent et le plus beau. On ne pardonne pas à Kalliklès d'être un sage.

ARÉTA

Un sage ! Platon dirait peut-être, ô Kalliklès, que tu ne peux être un sage qu'à cette condition que la sagesse n'existe pas.

KALLIKLÈS

C'est de la sagesse de Kalliklès qu'il s'agit, non pas de celle de Platon, ma chère enfant. Ton père avait coutume de dire qu'un homme avisé accommodait à soi les choses afin d'en tirer le parti le meilleur : cette maxime me plaît quoiqu'elle ne représente pas, à mon sens, la sagesse tout

entière. Il n'est pas toujours aisé d'accommoder les choses
à son âme. Je préfère rester moi-même en présence des
choses qui passent et trouver ma joie à les regarder passer. Il n'est pas de spectacle plus attrayant pour un fils
d'Athéna, et la vie de l'homme, considérée du point de vue
le plus élevé où la pensée puisse atteindre, n'est qu'un
spectacle. Nous sommes sur la terre non pas pour y jouer
un rôle sérieux, comme le prétendent orgueilleusement les
philosophes, mais simplement pour y jouer comme jouent
les enfants au sortir de l'école.

ARÉTA

Mais il se peut, ami très cher, que le spectacle nous
attriste.

KALLIKLÈS

Comment pourrait-il nous attrister, Aréta, si nous savons
que le spectacle n'est qu'un jeu. Il n'est pas autre chose
pour moi : de là ma bonne humeur constante et ma gaieté.
La vue des choses et des idées qui passent m'a aidé à supporter les prétendues misères de la vie. Si les douleurs ont
atteint mon corps, elles n'ont jamais, du moins, attaqué mon
âme, dont la seule préoccupation est de jouer. Les philosophes ne me pardonnent pas d'être gai. On ne peut être
philosophe si l'on n'a pas, comme Antisthénès, le visage
morose, ou si l'on ne cherche pas, comme l'exige Platon,
un but sérieux à la vie. Il ne suffit pas de vivre sa vie, il
faut se demander à quoi cela sert de vivre. Et comme ils ne
trouvent pas toujours une réponse qui les contente à cette
question indiscrète que leur pose leur âme, on les voit errer
par les rues d'Athènes, avec un visage pâle et un air lugubre,

Mais si tu les interroges sur la doctrine de Kalliklès, ils te diront : celui-là n'est pas philosophe, puisqu'il est gai. Kurios lui-même, il était encore mon disciple, me demandait, un jour sans doute où son âme était triste, les raisons de ma gaieté : « Vois, disait-il, notre corps est accablé de douleurs et notre âme vit souvent dans l'angoisse. Nous ne savons ni pourquoi nous sommes, ni quelle peut être l'utilité des choses que nous faisons en ce monde ; il semble que nous soyons le jouet de toutes sortes d'illusions, comme si les dieux nous avaient condamnés en naissant à jouer, pendant notre vie, un jeu de dupes. Il n'y a qu'une chose dont nous ne pouvons douter, c'est la souffrance. Elle sait nous frapper par des arguments invincibles. Cependant, tu es gai, maître, tu ne cesses pas de sourire. »

Je ne vois pas, lui répondis-je, qu'il soit nécessaire de s'attrister. Je préfère le sourire aux larmes. Tu seras gai, toi aussi, le jour où tu comprendras que les apparences ne sont que des illusions. Dès lors, elles ne se joueront plus de ton âme ; au contraire, elles deviendront pour elle un jouet précieux, continuellement renouvelé. Est-il rien de plus amusant que de regarder les choses qui passent ? Quand Eudoxos réfute les arguments de Platon sur l'immortalité de l'âme, mon âme est en joie ; quand Aglaophamos se propose de faire mourir tous les hommes qui refuseront d'obéir aux ordres qu'il leur impose au nom de son dieu, j'assiste à un spectacle inattendu, et d'autant plus intéressant, et je remercie les dieux d'avoir créé des âmes capables de forger de telles chimères. Autant de penseurs, Aréta, autant de miroirs de l'univers. Je n'ai qu'un regret, c'est que les penseurs soient si rares. Je sais bien qu'on prétend que les systèmes qui ont le plus de partisans sont, plus que les autres, rapprochés de la Vérité. Cela prouve simplement qu'il est des âmes crédules auxquelles impose davantage le génie de tel philosophe. Elles ne sont pas persuadées, elles sont vaincues; si elles avaient été plus elles-mêmes, indépendantes et fières de leurs pensées propres, elles n'auraient jamais consenti à se laisser séduire par les arguments de Sokratès ou de Platon. C'est contre ces philosophes que mon humeur s'élève; je veux des esprits indépendants, je veux apprendre aux âmes à secouer le joug des philosophies. Je ne reconnais pour l'âme qu'une maîtresse adorable et qu'il faut suivre, à laquelle nous devons tous un culte, c'est la Beauté. Égayons notre âme de toutes les images qui passent, et d'où qu'elles viennent, que ce soit la nature qui les suscite à nos yeux, ou le génie des philosophes; suivons-les, dans ces jeux divers où elles se complaisent, d'un esprit curieux, mais réservons notre amour pour les plus belles, pour celles que les artistes, ces divins forgeurs d'illusions aimables, assemblent avec soin en vue de nous procurer la joie! L'Art est l'unique ouvrier du bonheur des hommes. Chanter la Beauté, la présenter aux hommes sous tous ses aspects, c'est jouir de la Beauté, c'est vivre d'une vie vraiment heureuse et libre.

ARÉTA

Penserais-tu, ami très cher, que beaucoup d'hommes sont en état d'aimer la Beauté comme il convient et de lui vouer un culte?

KALLIKLÈS

Ils sont très peu, par Zeus-Père, même dans la Hellas.

Qu'importe leur petit nombre? On ne doit se préoccuper que des Eupatrides et des Aristes; ceux-là seuls sont des hommes et vivent; les autres, la foule stupide, gorgée de viandes et alourdie de vin épais, ne vit pas, fille d'Aristippos, elle végète : il faut la laisser aux plaisirs qui la séduisent. Le charme de la Beauté tient essentiellement à ce que quelques hommes seulement peuvent l'apprécier et en jouir. Ce sont les mêmes, Aréta, qui se plaisent à observer le vol capricieux des nuages dans les vastes plaines de l'Éther. As-tu jamais observé les nuages, fille d'Aristippos?

ARÉTA

Jamais, Kalliklès. J'ignorais, jusqu'à ce jour, qu'il existât une science des nuages.

KALLIKLÈS

Ce n'est pas une science, c'est un art, analogue à l'art des aruspices, mais plus sûr. Les aruspices prédisent l'avenir en interprétant le vol des oiseaux : ils ne se trompent pas toujours. La Pythie, à moitié suffoquée par les vapeurs lourdes qui s'élèvent de son antre, profère quelques sons rauques, auxquels ceux qui l'écoutent finissent par trouver un sens; mais l'homme qui se plaît à interroger les nuages ne s'inquiète nullement de ce que l'avenir lui réserve. L'avenir sera ce qu'il sera; il ne faut pas que l'orgueil humain, comme le disait hier l'hôte de Platon, se dresse, en face de la toute-puissance des dieux, dans l'espoir de leur dérober leurs secrets. Par contre, le passé nous appartient en propre. Si nous savons nous représenter et traduire à notre âme les spectacles divers que forment dans le ciel les nuages assemklès, nous le verrons aussitôt, ce passé, ressusciter et revivre sous la forme d'images très belles. On dirait que l'immense éther, par la volonté des dieux, est devenu le miroir de la terre.

Aréta, ma très belle, Platon est heureux quand ses disciples le nomment le père des Idées. C'est peut-être parce que, s'il faut l'en croire, le père des Idées, c'est le Bien. Un jour, on donnera à Kalliklès le nom d'*Assembleur de nuages*.

ARÉTA

Mais ce nom, Kalliklès, appartient en propre à Zeus-Père, roi des dieux.

KALLIKLÈS

Il appartiendra aussi à Kalliklès, ma chère enfant, le jour où les hommes voudront le louer comme il le mérite.

Autrefois, au temps de ma jeunesse, il m'arrivait de monter, avant que ne tombât la nuit, les degrés de l'Akropolis. Là, commodément assis aux pieds de la statue d'Athéna, les yeux tournés vers le couchant, je contemplais le ciel. Quel spectacle ! Hélios, le grand enchanteur, fait les frais de la fête ! Diversement colorés, les nuages glissent, les uns lentement et avec majesté, d'autres plus rapides. Ils se mêlent librement, s'entrecroisent, se déforment et se transforment sans cesse, uniquement préoccupés, semble-t-il, de jouer, devant les dieux qui les observent, l'histoire si variée et si changeante des actions humaines.

C'est d'abord, à l'horizon, un point incandescent d'un rouge vif : la torche allume l'incendie. Peu à peu, l'incendie gagne et se propage : le ciel tout entier est embrasé. Regarde

avec attention, Aréta, avec une attention dont rien ne pourra
te distraire, ni les rumeurs de la ville, ni les désirs qui s'in-
sinuent dans le cœur des jeunes filles; regarde, et tes yeux
recevront leur récompense. Tu verras des tours et des rem-
parts qui s'écroulent, des guerriers éperdus cherchant vainement à fuir; la flamme ne tarde pas à les saisir, ils sont
enveloppés, ils disparaissent dans le gouffre de feu ! Tu as
devant les yeux les ruines d'Ilion !

Le lendemain, le spectacle change, et le décor. Il est autre,
il n'est pas moins beau. Examine ce gros nuage qui se dé-
place lentement. N'est-il pas vrai que tu as devant les yeux
l'île de Salamine ? Comment pourrais-tu en douter ? Les
dieux l'ont dessinée très exactement, pour que tu puisses
plus facilement la reconnaître. Tu pourrais désigner, les uns
après les autres, tous ses promontoires et tous ses golfes.
Au-dessus de la grande île, le golfe d'Éleusis pénètre profondément dans les terres; à gauche s'étend le golfe de
Mégare. Regarde avec plus d'attention encore s'il est possible. Qu'est-ce donc que tous ces points blancs mobiles
rangés des deux côtés du détroit ? Ce sont des trirèmes évi-
demment, ne vois-tu pas que ce sont des trirèmes ? Celles
qui sont au-dessous, qui entourent l'île de Psyttalia et qui
s'étendent au loin dans la mer jusqu'à l'entrée du port du
Pirée, ce sont les vaisseaux plats et lourds des Perses: au
Nord sont les nôtres. Admirablement rangés en ordre de
combat, ils attendent, immobiles. Ils sont moins nombreux
mais plus légers et, sans doute, plus rapides. La bataille est
engagée. Obéissant aux bras nerveux des rameurs, les trirèmes agiles, comme des coursiers qui se cabrent, s'élancent
sur les flots. Quel spectacle ! Vois, les navires s'abordent,

ils semblent se ruer les uns sur les autres, ils se pénètrent ; si nos oreilles pouvaient entendre, ainsi que nos yeux peuvent voir, les cris des blessés arriveraient jusqu'à nous et le heurt des vaisseaux qui coulent, fracassés, dans la mer profonde. Victoire ! la flotte ennemie s'enfuit dispersée. Athéna, la déesse guerrière, a protégé ses fils ; le golfe de Salamine est rouge de sang !

Comment te décrire, Aréta, tous les spectacles qu'il m'a été donné de contempler quand j'étudiais le jeu des nuages ? J'ai assisté au combat de Méléagros contre les Kurètes, j'ai vu les courses de char ordonnées par Danaos pour le mariage de ses filles, j'ai vu Égistès et Klytemnestra frappés par Orestès ; j'ai vu, vivantes sous mes yeux, les phases diverses de l'histoire du passé, dans tous ses actes importants, jouées dans le ciel profond par des nuages qui se poursuivent, se choquent et se dispersent aussitôt, cédant la place à d'autres qui viennent, de l'extrême horizon, comme d'obéissants acteurs chargés par les dieux de représenter un nouveau drame !

ARÉTA

Si nous redescendions sur la terre, ami très cher ; ne crains-tu pas qu'il n'y ait quelque danger pour nous à nous élever si haut ?

KALLIKLÈS

Aucun danger, Aréta ; d'ailleurs nous n'avons pas quitté le sol. Les pensées des hommes et les actions qui en résultent n'ont pas plus de consistance ni de réalité que les beaux nuages dorés par Hélios qui s'assemblent un moment dans les plaines de l'Éther. C'est en vain que les philosophes

s'appliquent à chercher le stable sous l'instable, sous ce
qui change ce qui ne change pas. S'ils étaient capables de
réfléchir à autre chose qu'à la belle ordonnance de leur doctrine, ils verraient, sans nul doute, combien leurs pauvres
arrangements de mots reflètent incomplètement la Grande
Nature toujours si complexe et si diverse. Mais ils ont des
yeux et ne savent pas regarder, persuadés qu'ils sont qu'ils
tiennent dans leurs mains la vérité captive. Quelle folie ! La
Nature se rit de vos efforts, ô sages ! Cet ordre et cette harmonie que vous voulez lui imposer vous appartiennent en
propre. Votre génie ne fera pas que les nuages ne flottent
dans le ciel. La Nature est variée, toujours différente d'elle-
même, elle est libre ; ne cherchez pas à la soumettre. Cette
variété est un amusement pour les yeux, amusez vos yeux
en la contemplant. Si, parmi les fantômes qui passent, il en
est qui soient une fidèle image de la beauté que vous aimez,
saisissez-les au passage, fixez-les, si les dieux vous ont
donné le génie créateur, dans le marbre ou dans l'airain,
en des strophes ailées ou dans un beau discours. Que
les autres s'évanouissent à jamais. Où vont-ils ? Vont-ils
quelque part ? Nous n'en savons rien, nous ne pourrons
jamais le savoir. C'est aux dieux qu'il appartient de conduire les choses, et non pas aux hommes. C'est pure sottise que de se quereller au nom d'une vérité que l'on
cherche et qui nous leurre toujours. Que nous importe la
vérité éternelle ? Il est des vérités qui durent un siècle,
d'autres quelques années seulement. Je ne veux pas d'une
vérité qui durerait plus que moi. Pourquoi cette prétention
de savoir de science certaine ? Nous ne savons jamais qu'à
demi, nous ne comprenons jamais qu'à demi. Serions-nous

plus heureux si nous connaissions les raisons des choses, j'en doute. Chacune des vérités d'expérience qu'il a été donné à mon intelligence de constater a été suivie pour mon âme d'une déception.

Il y a des jours où je ne suis pas éloigné de penser que la Nature, si vieille pourtant, est encore en voie de formation. Peut-être a-t-elle un dessein caché et, comme l'affirme Platon, travaille-t-elle en vue d'une fin? Elle semble s'agiter au hasard comme si elle cherchait à s'engager dans une voie difficile. On dirait qu'elle aspire à être de plus en plus. Mais chacun des éléments travaille pour sa propre fin, non en vue de l'harmonie de l'ensemble. Ce n'est pas un ordre qui résulte de cet effort incessant, mais un désordre. Chacun pour soi! De tous côtés poussent des branches gourmandes, au hasard! Que sortira-t-il de ce prodigieux labeur? Sera-ce le cosmos chanté par les poètes, sera-ce la raison? Il est permis de le rêver, et moi aussi j'ai fait ce rêve; mais qui oserait prendre un tel rêve pour la réalité? Peut-être que la terre sera morte avant d'avoir conquis la sagesse!

Nous sommes les fils de la grande Nature, Aréta; nous aussi nous nous agitons en vain et nous cherchons en vain notre voie. Par nos désirs insensés, par nos pensées incohérentes, par nos actes, tantôt commandés par une raison imbécile et ignorante de ses règles, par des passions qui nous mènent, alors que nous imaginons avec orgueil qu'il dépend de nous de les maîtriser, enfin par toutes les activités de notre âme, nous contribuons au désordre universel, et nous nous rendons malheureux à la recherche d'une harmonie qui n'existe peut-être nulle part. Nous sommes, Aréta, les bourreaux de notre âme. Les dieux pourtant nous l'ont donnée, non pas pour que nous cherchions à dérober leurs secrets, mais pour jouir du spectacle des choses, qui nous content de si belles fables, et encore, afin de rendre à la Beauté, que ce soit celle que nous présente la Nature, ou celle que les arts ont créée, le culte qui lui est dû.

ARÉTA

Il n'est pas sans doute interdit à l'homme d'amuser son âme à la contemplation des nuages qui se poursuivent dans le ciel. Je veux encore qu'il rende un culte à la Beauté, s'il est vrai, comme tu l'affirmes, que la Beauté mérite d'être aimée. Mais sommes-nous sur la terre uniquement pour conquérir la Beauté, ou pour amuser notre âme? J'en doute, ami très cher. Que serait la vie de nos cités, si tous les citoyens voulaient être appelés de ce nom d'*Assembleur de nuages* que tu disputais tout à l'heure au père des dieux? Les artisans, eux aussi, sont des hommes, et les laboureurs. Le rôle qu'ils jouent me paraît utile; peut-être n'est-il pas moins beau que le rôle de l'artiste ou du philosophe? Je crains que tu ne les dédaignes plus qu'il ne convient, ô Kalliklès.

KALLIKLÈS

Je ne les méprise pas, fille d'Aristippos; je ne suis pas de ceux qui prennent plaisir à leurs souffrances. Si j'étais le maître à Athènes, j'appliquerais tous mes soins à les rendre heureux. Leur rôle est utile; je leur ai de la reconnaissance de ce qu'ils font à ma place une besogne que je ne voudrais pas faire. Mais leur âme vulgaire est amie des plaisirs vulgaires; elle ne sait pas s'élever jusqu'à la contemplation de

ce qui est beau. Les dieux ont voulu, ma chère enfant, qu'il
existât, sur la terre, des serviteurs et des maîtres. Aux
esclaves il appartient d'obéir, aux maîtres de commander.

ARÉTA

Es-tu bien sûr, Kalliklès, que les esclaves n'ont pas une
âme? Ne sont-ils pas, comme nous, capables de sentir, de
penser, de vouloir, d'aimer ou de haïr?

KALLIKLÈS

Sans doute, ma chère enfant; mais prends garde, je te
prie, que leurs goûts ne sont pas les nôtres : ils n'aiment
pas ce que nous aimons. De tous les esclaves de l'Attique,
Damon est peut-être le seul qui s'intéresse au jeu des idées.
Les autres obéissent toutes les fois qu'ils ne peuvent pas ne
pas obéir : ils sont menteurs, paresseux et ivrognes, au
demeurant moins malheureux que la plupart des philosophes qui poursuivent le bonheur. Ils ne méritent d'être
plaints que si des maîtres cruels leur imposent des labeurs
au-dessus de leurs forces.

Il n'y a pas, d'ailleurs, que les esclaves, Aréta, qui ne
vivent pas de la vie supérieure. Combien d'hommes, parmi
les citoyens, ne savent même pas s'ils ont une âme. Ils vont,
chargés d'honneurs parfois; magistrats ou stratèges, ils
remplissent, par habitude, leurs fonctions, vivent sans s'en
apercevoir, et finissent par mourir sans s'être jamais
demandé pourquoi ils ont vécu. Penses-tu qu'il existe
beaucoup d'hommes, dans la Hellas ou chez les barbares,
qui aient une idée à peu près exacte de la doctrine de Platon? Peut-être sont-ils cent? peut-être cinquante? C'est que,

fille d'Aristippos, l'immense majorité des hommes ne s'inquiète pas de tous ces grands problèmes que les philosophes agitent. Les pensées d'un Platon ou d'un Antisthénès n'arrivent pas jusqu'à leur âme. Ils vivent au jour le jour, ils se plient à des coutumes, à des usages; ils font, comme des machines, ce qu'on leur a appris à faire. Ce sont toujours les mêmes mots, les mêmes gestes, les mêmes attitudes qui leur imposent et qui les gouvernent. Au moment de mourir, ils ne savent pas encore pourquoi ils ont vécu. Des désirs les poussent tantôt, ou des instincts. Ce sont encore des sentiments et des passions dont ils ne connaissent pas l'origine, qui les entraînent; parfois des idées qu'ils ne peuvent comprendre. Ils vont, faisant leur besogne comme des acteurs appelés à jouer leur rôle dans un drame dont le plan, l'intrigue et le dénouement resteraient hors de leur portée. Semblables à ces nuages dont je parlais, qui glissent dans les plaines de l'Éther, ils forment des assemblages, s'agitent un moment, puis s'évanouissent. D'autres les remplacent; il faut qu'il y ait toujours des personnages en scène, afin d'amuser l'âme curieuse des Immortels.

Tout n'est qu'illusion, sur la terre, et que prestiges. Prendre la vie au sérieux, vouer un culte à la justice, ainsi que le recommande Platon dans ses discours ou dans ses livres, c'est vouloir être dupe. Je ne veux pas, je ne veux plus être dupe. Combien je regrette, Aréta, les belles années de ma jeunesse! Je les ai si sottement employées à méditer les enseignements des prêtres et les systèmes des philosophes. On m'avait dit : tu mépriseras les joies du monde, et, naïvement, je les méprisais. On m'avait dit : l'amour est, de toutes les maladies de l'âme, la plus funeste, et je

me gardais de lever les yeux sur une courtisane ou sur un
éphèbe. Que de temps perdu dans le commerce des prêtres
ou des philosophes! Mais le passé est irrévocable et mes
regrets sont vains. Maintenant, je ne sais plus qu'amuser
mon âme au spectacle des choses et des hommes. J'aime
toujours la Beauté, mais je n'ai plus de courage pour la
conquérir. Hélas! la Beauté se détourne et s'enfuit à
l'approche du vieux Kalliklès!

Par tous les dieux! qu'as-tu, fille d'Aristippos? Tu serres
les lèvres, tu fais des efforts pour ne pas rire. Mon attitude
serait-elle risible, ou mes paroles? Voici maintenant que ton
rire éclate. Sais-tu que tu es encore plus belle quand tu ris?

ARÉTA

Je ne devrais pas, je ne voudrais pas rire; c'est malgré
moi que je ris.

KALLIKLÈS

Je ne t'adresse aucun reproche. Ris, ma chère enfant.
Vois! ton rire fait sourire Platon, et je crois, dieux bons,
qu'Antisthénès lui-même sourit. Zeus-Père m'est témoin
que, jusqu'à ce jour, je ne l'avais vu sourire. Voici que ton
rire gagne les disciples de Platon, tout le monde rit ou
sourit, Éros lui-même est souriant, moi seul je ne ris pas.
Je rirais peut-être, Aréta, si je savais pourquoi tu ris.

ARÉTA

Pardonne-moi, ami très cher; je suis maintenant honteuse d'avoir ri.

KALLIKLÈS

Pourquoi serais-tu honteuse, ma chère enfant? Tu es

jeune, tu es belle et tu ris : ce sont, n'est-il pas vrai, les regrets du vieux Kalliklès qui te font rire? Quoi de plus naturel? Plus tard, quand tes cheveux commenceront à blanchir, tu regretteras peut-être aussi d'avoir maladroitement laissé s'échapper les joies que t'offrait la vie ; ta main, aisément, aurait pu les atteindre, mais elles s'en sont allées pour ne plus revenir.

ARÉTA

Serais-tu irrité contre moi, ami très cher?

KALLIKLÈS

Irrité! Ai-je donc le visage d'un homme irrité? Mon âme est joyeuse comme de coutume. Elle voudrait t'adresser une prière.

ARÉTA

Une prière?

KALLIKLÈS

Oui, une prière que tu exauceras, fille d'Aristippos, parce que tu es belle entre toutes les femmes. N'interdis pas aux vieillards, le vieux Kalliklès t'en supplie, d'aimer la Beauté. Seuls peut-être ils l'apprécient à sa valeur, comme le don le plus précieux que les Immortels puissent faire aux hommes : ils savent aimer avec bonté. Le culte que j'ai voué à la Beauté est toute ma philosophie, Aréta, et toute ma sagesse. Il est des jours où je me persuade que la Grande Nature ne travaille qu'afin de réaliser la Beauté ; il est vrai qu'elle ne s'en doute pas. Et je me dis alors que, le plus de chances que l'homme puisse avoir de résoudre le problème de la vie, c'est d'aimer la Beauté! Il me semble

qu'en aimant tout ce qui est beau, l'homme suit à la fois la
Nature et sa nature. Nous cherchons tous le bonheur et la
joie, la paix de l'âme, et nous ne les trouvons jamais que
dans la contemplation du beau. Tout le reste n'est rien : ce
sont des fantômes qui passent et qui s'évanouissent après
avoir amusé un moment les yeux de ceux qui, souriants,
les regardent passer. C'est pour cette raison que je combats
de toutes mes forces les arguments de Platon et que je
prends la défense des artistes. Les joies qui nous viennent
de l'Art agrandissent notre âme. Elles la délivrent de ces
sentiments communs ou bas, féroces quelquefois, qui
accompagnent le plus souvent l'amour des richesses ou
l'orgueil de commander aux hommes. Celui qui crée de la
beauté n'a que du dédain pour tout ce qui n'est pas la
Beauté. C'est dans le commerce des artistes, Aréta, que j'ai
appris à aimer la vie, qui est encore belle à vivre, même
pour les vieillards, tant que leur cœur reste jeune et qu'ils
savent aimer.

ARÉTA

Aimer la Beauté ! Mais quelle beauté, ami très cher, convient-il d'aimer de préférence ? La beauté d'un poème n'est
pas la beauté d'un temple, ni la beauté d'un temple n'est
comparable à cette beauté de la femme que tu regrettes de
ne plus pouvoir conquérir. A ne considérer que la beauté
des femmes, oserais-tu dire que la grâce nonchalante des
Milésiennes qui séduit les fils d'Hellen ne diffère pas de la
beauté sévère de ces filles de Péloponèse, dont mon père a
si souvent loué la noblesse des attitudes et la fierté du
regard ? D'autres femmes, en d'autres contrées, sont belles

sans doute, mais autrement. Qu'est-ce donc que la Beauté, ô Kalliklès? En existe-t-il une seule espèce, ou plusieurs? Et encore : la beauté créée par la nature est-elle cette même beauté que la fantaisie des artistes se plaît à nous représenter? Autant de problèmes, autant de difficultés! Le Discours les résoudra, je l'espère; sinon comment pourrait-il prétendre à persuader notre âme? Je voudrais savoir ce qu'est la Beauté, ami, avant de lui faire don de mon amour.

KALLIKLÈS

Tu voudrais savoir, mais s'il n'est pas possible de savoir, comment pourras-tu savoir? Tu me demandes de te définir la Beauté comme si la Beauté pouvait être définie. Il est inutile de connaître la Beauté, fille d'Aristippos, pour l'aimer, et il suffit de l'aimer pour être heureux.

Définir la Beauté! Mais tu n'as pas réfléchi sans doute, au moment où tu opposais au Discours cette difficulté, qu'elle était de celles où ne peut atteindre le génie des hommes. Les dieux eux-mêmes, Aréla, seraient impuissants à définir la Beauté. Ne souris pas, ne t'imagine pas que je plaisante. Ni Hermès le subtil, ni la sage Athéna ne sauraient te donner les raisons de la Beauté. Je sais bien que Platon ne manquerait pas de te démontrer que la Beauté est, comme la Vérité, fille de la Justice, et que seule la Beauté vraie et juste mérite notre amour. Je suis moins habile que Platon. Quel que soit mon désir de te persuader, je ne puis pas, après avoir dit que la Vérité et la Justice n'existent pas, te démontrer, maintenant, que la Beauté existe, et qu'elle est vraie, et qu'elle est selon la Justice. Je n'aime pas à me contredire dans la même journée.

Peut-être serais-je en droit de te reprocher de n'avoir pas
prêté au Discours toute l'attention qu'il mérite?

ARÉTA

Ce reproche serait injuste, ô Kalliklès! j'ai suivi le Discours d'une âme attentive.

KALLIKLÈS

Prends garde! Le Discours n'affirmait-il pas, il n'y a qu'un
moment, que toutes les choses, sur la terre, ne sont qu'illusions et que prestiges?

ARÉTA

Certes, ami très cher, et cette parole est hardie.

KALLIKLÈS

Examine-la de nouveau, je t'en prie, ma chère enfant,
avec une bienveillante curiosité.

Après avoir démontré que tout n'est qu'illusions et que
prestiges, le Discours n'est-il pas obligé de reconnaître que
la Beauté elle-même est illusoire?

ARÉTA

Sans doute, Kalliklès. Mais comment pourrons-nous aimer
la Beauté si elle n'existe pas?

KALLIKLÈS

C'est ici que le vieux Kalliklès réclame pour le Discours
toute l'attention d'Aréta, la sage fille d'Aristippos. Je n'ai
pas dit que la Beauté n'existait pas, j'ai dit qu'elle était

L. PRAT. — *L'art et la beauté.* 7

illusoire. Les illusions belles existent, du moins pour ceux qui les admirent, qui les contemplent et qui les aiment. Le cœur de l'homme est la mesure du beau, de même que son esprit est la mesure du vrai. Souviens-toi de ces nuages, dont je parlais naguère, qu'Hélios éclaire, en automne, avant que la nuit n'envahisse la terre. Ils s'assemblent capricieusement dans les vastes plaines de l'Éther, se poursuivent, se mêlent et disparaissent. Il en est de même de tout ce qui est. Les choses sont des apparences qui s'agitent un instant devant nos yeux et qui passent. Parmi ces images variées à l'infini, les unes plus que les autres savent séduire le cœur de ceux qui les regardent passer. Les âmes des hommes sont diverses, diverses aussi les beautés qu'ils poursuivent et qu'ils aiment. A vrai dire, la Beauté n'est pas, mais des beautés existent : la beauté qui séduit l'âme de Platon n'est pas toujours celle qui séduira l'âme de Kalliklès. Platon dira sans doute que la vieille courtisane Archéanassa est belle malgré ses rides, et Platon dira vrai ; son cœur est le seul juge de la beauté d'Archéanassa.

PLATON

Il me semble inutile, ami très cher…

KALLIKLÈS

De grâce, Platon, médite en silence, je te prie, les reproches que tu veux sans doute adresser au Discours. N'oublie pas que tu as fait abandon de tes droits de chorège. (*à Aréta.*) La plupart des hommes, ma chère enfant, ne savent reconnaître qu'une seule espèce de beauté : celle qui les a une première fois séduits. Ils dédaignent toutes les

autres et se privent ainsi d'un grand nombre de joies. Leur
âme est étroite. L'âme de l'artiste, au contraire, est vaste.
Elle admire toutes les beautés, elle les aime tour à tour. Un
artiste ne te dira sans doute pas pourquoi telle chose est
belle, ou tel cheval, ou tel homme, mais son âme est émue
en présence de toutes les beautés, quelles qu'elles soient,
qui s'offrent à ses regards. Son âme jouit à la fois de la
beauté du poème et de la beauté du temple, de la beauté
d'un paysage et de la beauté de la courtisane qui passe. Son
âme vit dans un enchantement continuel. Quand elle ne
crée pas de la beauté, elle est ravie par toutes les beautés
que la Nature lui présente. Bien plus, poussée par un secret
instinct, elle va au-devant de la Beauté. Elle est, pour ainsi
parler, toujours en quête d'une beauté nouvelle, d'autant
plus séduisante qu'elle différera davantage de ces beautés qu'il lui a été jusqu'alors donné de contempler. Elle
apprécie, tour à tour, la grâce endormie des Milésiennes,
les nobles attitudes des filles du Péloponèse et encore l'élégance de ces vierges pâles de la Thrace, dont les yeux ont la
couleur des mers. Mais les femmes sont rares, qui réalisent
pleinement leur beauté propre. Tu es de ce nombre, Aréta,
les dieux t'ont fait don de la beauté souveraine, et les vieillards s'inclinent à ton passage, disant : elle est belle comme
Athéna, la vierge guerrière qui protège la cité. D'autres,
les unes un peu plus, les autres moins, approchent de leur
type de beauté. Agathona, qui fut mon amie, a toujours eu
la taille épaisse, mais ses yeux sont grands et profonds
comme ceux d'Héra, épouse de Zeus. D'autres, les plus
nombreuses, hélas! s'en éloignent tout à fait; et, si je parlais
de la beauté des hommes, je serais obligé d'avouer que

Kalliklès n'est pas beau. Je le regrette, mais je n'y puis rien. Ainsi l'ont décidé sans doute les Immortels !

ARÉTA

O Kalliklès, tu dois aux Immortels une reconnaissance infinie. S'ils t'ont refusé la beauté du corps, ils t'ont donné, ce qui est préférable et plus rare, une âme joyeuse de vivre. Je comprends que les Athéniens aiment ton esprit souriant et gai. Mais cet esprit embrasse tant de vérités à la fois qu'il ne sait pas en choisir une, afin de l'isoler et de l'aimer d'un amour exclusif. Toutes lui semblent belles et dignes de son choix. Tu es amoureux de toutes ces apparences que ton art subtil, ô magicien, enchanteur, assembleur de nuages ! comme tu te nommes toi-même, suscite tour à tour. Ton discours joue avec la variété des phénomènes, il est séduisant à l'égal de toutes ces beautés qu'il réfléchit ; mais ces beautés sont illusoires ! S'il m'étonne toujours, si je l'admire quelquefois, je ne puis pas dire, ô Kalliklès, qu'il ait encore persuadé mon cœur.

KALLIKLÈS

L'étonnement, Aréta, est le commencement de la sagesse. Je ne sais si ce sont des reproches ou des éloges que tu as voulu m'adresser, mais je crains que tu ne subisses encore, quoique tu t'en défendes, le charme de l'enseignement de Platon. Il est, lui aussi, plus que moi peut-être, un enchanteur. Et ses enchantements, autrefois, quand tu n'étais qu'une enfant, ont séduit ton âme.

ARÉTA

Mais je ne suis plus une enfant, ami très cher.

KALLIKLÈS

Tu es une femme, fille d'Aristippos, une jeune femme.
Platon t'a affirmé que l'harmonie des formes et la proportion
des lignes étaient la raison de la beauté des corps, et aussi
qu'une âme belle se reconnaissait à ce qu'elle était amoureuse de la Vérité et de la Justice; et ton cœur a été persuadé.
Il t'a démontré que sa doctrine était belle et tu as aimé sa
doctrine. S'il t'avait dit que le temple d'Aphrodita qui se
dresse sur les hauteurs de Korinthe était le plus beau des
temples, tu aurais préféré le temple d'Aphrodita au Parthénon. Quand il a proclamé que le plus beau des éphèbes
était Aster, et qu'il voudrait être le Ciel afin de pouvoir le
regarder avec autant d'yeux qu'il y a d'étoiles, n'as-tu pas
déclaré, avec tous les disciples, que le fils d'Ariston ne se
trompait jamais? Moi je viens délivrer ton âme et je te dis :
suis l'exemple de Kalliklès, il ne s'est jamais incliné devant
l'autorité d'un philosophe, ce philosophe fût-il Platon. Il ne
s'incline même pas devant l'autorité de Kalliklès, parce qu'il
ne s'en fait pas accroire sur l'infaillibilité de Kalliklès; son
âme ne prétend pas s'imposer aux choses; elle les poursuit et
joue avec elles. Elles sont changeantes, elles coulent sans
cesse, comme disait le vieil Hérakleitos; pourquoi l'âme de
Kalliklès ne coulerait-elle pas elle aussi?

Les philosophes, Aréta, sont les plus redoutables des
tyrans. Il ne leur suffit pas de vouloir régenter les âmes des
hommes, ils voudraient encore se soumettre la Nature et lui
imposer des lois. Mais la Grande Nature se rit de tous les
systèmes : elle ne sait pas obéir. Les prétendus sages nous
la représentent à travers leur sagesse comme un cosmos

ordonné par les dieux. Ces sages ont la vue courte. Artiste
inconsciente, la Nature crée au hasard, quelquefois des
œuvres qui méritent notre admiration, quelquefois des
monstres, le plus souvent des choses communes. On dirait
qu'elle cherche péniblement sa voie à tâtons comme font les
aveugles. Peut-être a-t-elle le désir obscur de s'élever à la
Beauté? Mais nous n'en savons rien ; nous ne connaissons
pas sa vie intérieure, il est probable qu'elle même ne la
connaît pas. Je l'ai étudiée longtemps, j'ai suivi curieuse-
ment ses formes changeantes; je ne crois pas qu'elle existe.
Elle se transforme, elle devient; peut-être est-elle en voie de
se faire? mais, tant qu'elle ne se sera pas réalisée complètement, elle ne sera pour nous, ses fils, que la mère illusoire de toutes les illusions. Tu vis, Aréta, tu t'agites et tu
parles, tu ris; tu adresses même des reproches au vieux
Kalliklès et, consciente de tes pensées et de tes actes, tu te
dis orgueilleusement : J'existe, je suis belle, peut-être
ajoutes-tu : je suis sage? Ton existence est celle des nuages
qui passent, ta beauté résistera quelques années à peine,
puis les rides viendront et la vieillesse, enfin la mort! Quant
à ta sagesse, elle consiste à prendre pour des réalités toutes
ces illusions de la vie, et c'est là ce qui empêche ton âme
d'être heureuse. Pauvre sagesse! Tu n'es qu'une œuvre
d'art, fille d'Aristippos, très rare et très belle sans doute,
mais dont la beauté durera moins que celle de la statue
d'Éros qui se dresse devant nous. Le chef-d'œuvre de Praxitélès traversera les siècles; les races à venir, à leur tour, se
laisseront séduire par le sourire moqueur de l'éphèbe divin,
et cependant il ne restera plus rien de la belle et sage Aréta!

Qu'as-tu, ma chère enfant? tes lèvres sont serrées, on

dirait que tu boudes. Se pourrait-il que mes paroles t'aient offensé ? Réponds-moi, je te prie.

ARÉTA

A quoi bon te répondre ; si je ne réponds pas que ton discours a persuadé mon âme, tu m'accuseras encore d'être l'esclave de Platon. Aréta ne veut être l'esclave de personne, Kalliklès.

KALLIKLÈS

Ne vois-tu pas que tous mes efforts tendent à délivrer ton âme ? Je la voudrais souriante et planant sur les choses, n'étant la dupe ni des mots, ni des raisonnements, ni des doctrines. De grâce, souris, mon enfant ; ton visage est moins beau quand il ne sourit pas.

Si j'étais, ainsi que tu l'affirmais naguère, un magicien très puissant ou un enchanteur, ou encore un de ces vieux prêtres chaldéens qui suscitent des prodiges, j'ordonnerais à la Nature de comparaître devant nous. Elle prendrait tour à tour, selon les moments du Discours, tantôt la forme séduisante d'une de ces naïades aux blonds cheveux qui habitent, si nous en croyons nos poètes, les sources fraîches de l'Ilissos, tantôt l'apparence d'un satyre aux pieds de bouc, ou d'un faune hirsute ; tantôt enfin, elle aurait l'aspect effrayant d'OEgéon, le vieillard immense qui court sur les mers, le vieillard aux cent bras et aux cent jambes !

Et la Nature dirait : « Je suis la Terre et le Ciel, je suis encore les flots qui se brisent les uns contre les autres dans la mer profonde ; je suis tout ce qui est, et pourtant je ne sais pas si je suis. Je suis tant de choses à la fois que je ne puis me connaître. Je suis les contrées sauvages de la Thessalie, hérissées de ronces, dont les seules bêtes fauves peuplent les solitudes, et aussi cette région heureuse que l'on peut voir du haut de l'Akropolis, et qui, baignée par la douce lumière d'Hélios, forme un concert divin dont l'âme des hommes saisit l'harmonie. Je suis la mère toujours féconde qui ne cesse jamais d'enfanter. Je produis tout : le beau et le laid, ce qui est commun et ce qui est rare. Je me retrouve dans le porc immonde et dans le poëte sublime. Il existe une parenté entre tous les êtres et toutes les choses puisque je suis la mère de tout ce qui est. Je me renouvelle sans cesse, je n'enfante que pour détruire. Il ne faut pas m'accuser de cruauté, puisque j'ignore moi-même comment je crée et pourquoi. J'obéis sans doute à des génies très mystérieux et très puissants. Je sens continuellement sourdre en moi des poussées de vie, mes flancs tressaillent et je crée au hasard ; mais je n'ai pas ce que les hommes appellent une âme. Pourtant les hommes sont mes fils et les hommes ont chacun leur âme. C'est en eux que je vis surtout, et par eux que je prends conscience de mes créations. C'est par leurs yeux que je peux me voir, par leur âme que je peux me connaître. Les visions que je prends de moi-même sont si diverses, et les pensées qui s'agitent dans toutes mes âmes sont si incohérentes, que je ne puis pas dire que je me vois ou que je me connais. Peut-être un jour viendra où l'ordre et l'harmonie régneront dans les âmes des hommes? Ce jour, j'aurai une âme et je me connaîtrai. Alors, si tu m'interroges, Kalliklès, je te dirai qui je suis : pour le moment je ne suis pas, je deviens. Je soupçonne que ceux-là se trompent qui me prêtent toutes sortes d'idées que je ne

puis avoir et de projets que j'ignore : il est prudent de ne
pas trop me prendre au sérieux. »

Ainsi parlerait la Grande Nature, Aréta, s'il lui était
donné de s'expliquer?

ARÉTA

Ne te semble-t-il pas, ami très cher, qu'elle parlerait
beaucoup pour nous dire qu'elle ne sait ni qui elle est, ni
même si elle existe?

KALLIKLÈS

Peut-être existera-t-elle un jour? C'est du moins ce que
nous croyons; c'est sans doute aussi ce qu'elle espère. Veux-
tu que nous l'interrogions de nouveau, Aréta? Nous lui
demanderons sur quoi ou sur qui elle fonde cet espoir de
posséder une âme grâce à laquelle elle prendrait conscience
de ses pensées et de ses actes?

ARÉTA

Nous devons l'interroger, Kalliklès, puisqu'elle consent
à nous répondre. Sous quelle forme, dis-moi, nous appa-
raîtra-t-elle maintenant?

KALLIKLÈS

Sous la forme, ô ma très chère, de la plus jeune des Océanides : celle-là même dont la bonté sut consoler Prométheus
lié sur le rocher par la colère des dieux.

Elle nous dira de douces paroles : « Les artistes divins
sont de tous mes fils ceux que je préfère. Ils m'aiment d'un
amour profond. C'est seulement quand je me vois par leurs
yeux que je me trouve belle : ils corrigent mes défauts, ils
s'appliquent à cacher mes laideurs; leur génie me trans-

forme et me donne la beauté. Des rochers de marbre que je produis et qui sont monstrueux, le ciseau des sculpteurs fait surgir comme par enchantement les temples et les statues qui chantent, sur la terre des fils d'Hellen, la gloire, la puissance et la beauté des dieux ! Je suis la plainte des vents qui hurlent, quand vient l'hiver, à travers les hautes branches des platanes, mais Orpheus est venu, il a inventé la grande lyre aux trois cordes qui, suspendue dans les airs, a transformé mes gémissements en une musique que les dieux et les hommes ne se lassent pas d'écouter ! Si j'ai produit les oiseaux chanteurs, vous avez créé la cithare aux doux accords et la flûte aux neuf trous, la flûte amoureuse des Lydiens, dont le chant est, pour vos sens, une caresse. Et les chansons, joyeuses le plus souvent, tristes quelquefois, car votre art subtil, ô musiciens, s'applique encore à chanter la douleur, égaient tour à tour notre âme ou la consolent. J'ai créé la parole qui balbutie, vous en avez fait la langue des dieux, la poésie qui est comme la musique de l'âme, et, de plus, vous avez inventé l'éloquence qui enchaîne les cœurs. J'ai créé la passion sexuelle, violente, brutale et laide ; votre génie, ô poètes, l'a transformée : elle est devenue le séduisant amour ! Que les artistes poursuivent leur tâche ; je deviens plus belle toutes les fois qu'ils créent de la beauté.

« J'espère qu'un jour viendra où, grâce à leurs efforts, la laideur disparaîtra du monde : il n'y aura plus que des choses belles et que de belles âmes pour les contempler. »

ARÉTA

Quel enthousiasme, ô Kalliklès ! Ton rêve est séduisant,

mais il n'est qu'un rêve. Je t'en prie, ami très cher, ne per-
dons pas complètement de vue la triste réalité. Tu ne sais
pas si la Nature existe et voici que tu imagines qu'elle se
prépare pour être belle. Pourtant la beauté n'est que l'excep-
tion : une infinité de choses, ou communes ou laides,
envahissent la terre. Si la laideur allait triompher, si la
beauté disparaissait à jamais? Ce ne serait pas impossible.
Puisque la Nature ignore qu'elle existe, peux-tu raisonna-
blement supposer qu'elle tend vers une fin et que cette fin
est la Beauté ?

KALLIKLÈS

Comme tu es sévère, fille d'Aristippos, pour la plus jeune
des Océanides : tu discutes contre elle comme si elle avait
étudié les doctrines des philosophes. Elle n'a pas appris la
dialectique, ma chère enfant. Je t'en prie, ne fais pas la
moue, ne te mets pas en colère; je conviens que mon rêve
n'est qu'un rêve; j'ignore ce que sera notre terre dans l'avenir. Peut-être, comme tu le crains, la laideur finira par
envahir le monde? Est-ce une raison pour ne pas aimer la
Beauté, ne devrions-nous pas au contraire l'aimer davantage, s'il est vrai qu'elle doit bientôt nous quitter? Si tout
n'est qu'illusions sur la terre, du moins les sensations sont
réelles au moment où nous les éprouvons. Quand mon âme
est en joie, je sais que Kalliklès est joyeux, et il l'est, Aréta
toutes les fois que ses yeux peuvent contempler une beauté.
Permets à mon cœur reconnaissant de louer, comme ils le
méritent, les artistes divins qui ont fait d'Athènes, la plus
noble et la plus belle des cités.

Que serait la cité que tu protèges, fille de Zeus, sans ses

poètes, ses musiciens, ses peintres, ses architectes, ses sculpteurs, j'ajouterai, si tu le veux bien, Aréta, ses orateurs et
ses sophistes que les philosophes dédaignent? Sans doute
quelque bourgade obscure, peuplée de géomores qui deman-
deraient péniblement à un sol avare leur maigre nour-
riture. Mais tu as donné à tes fils, Athéna, non pas seulement l'âme avisée et subtile, le courage et l'esprit d'aven-
tures, ô guerrière, grâce auquel se sont fondées ces colonies
puissantes qui ont apporté à la mère patrie le tribut de leurs
richesses, mais encore tu as accordé à quelques-uns, à ceux
que ton cœur aimait, le génie créateur! Ils sont venus vers
toi, les artistes divins, ils ont réalisé, pour te rendre plus
belle, leur rêve de beauté.

J'ai dit le génie de nos poètes, ils suffiraient à la gloire
de la cité. Je voudrais être poète moi-même pour louer,
dans la langue des dieux, nos musiciens et nos peintres,
nos architectes et nos sculpteurs. Hélas! je ne suis pas
poète, fille d'Aristippos, mais j'admire les artistes et je les
aime.

J'aime les musiciens, dont l'âme est souriante; j'aime
Phrynis, le joueur de lyre, et Timothéos, le cithariste, ce sont
des enfants joyeux : ils ne cessent pas de chanter. On dirait
qu'ils entendent au dedans d'eux-mêmes des mélodies nombreuses qui les charment et qu'ils traduisent aussitôt sur
la lyre ou sur la cithare, afin de charmer ceux qui les
écoutent. Nos peintres, tu le sais, Aréta, n'ont pas d'admi-
rateur plus fervent que Kalliklès. Ce matin encore, tu as pu
voir dans ma maison d'Athènes les grands vases de Korinthe
que Damon conserve avec un soin jaloux. Parrhasios et
Timantès les ont peints. Je t'ai montré Héraklès filant aux

pieds d'Omphala, les combats des centaures et la Bacchante
portée par une panthère marine, et tu as admiré l'une des
plus belles peintures de Zeuxis, la centauresse qui allaite ses
petits. Je l'ai achetée, il n'y a pas longtemps, au plus jeune
des fils d'Euphranor le Korinthien. Mais, si j'aime les musiciens et si j'admire les peintres, je leur préfère de beaucoup
les architectes et les sculpteurs. Nos temples sont des mer-
veilles, Aréta, ils couronnent tous nos promontoires; ils
sont, sur la terre, la digne demeure des Immortels, et le
Parthénon est le plus beau des temples!

Il s'élève sur l'Akropolis, afin qu'au moment où ils luttent
pour la gloire, tes fils, ô guerrière, puissent l'apercevoir de
la haute mer, comme l'image sacrée de la patrie! Et Phidias est venu embellir encore le chef-d'œuvre d'Iktinos. Il
a pris l'élégance de nos éphèbes, la grâce de nos jeunes
filles, la mâle prestance de nos guerriers, et il t'a fait hommage, ô très sainte, de toutes ces fleurs de beauté! Sur les
frises, sur les quatre-vingt-douze tablettes des métopes se
déroule, harmonieusement, la longue procession des personnages graves : les femmes qui portent les objets sacrés,
les magistrats qui précèdent les victimes, les vierges qui
accompagnent le Voile, enfin ces escadrons de chevaux qui
se cabrent et qui hennissent, les flancs pressés par les
jambes nerveuses de jeunes héros qui ressemblent à des
dieux! Et Phidias a fait plus encore. Afin de te montrer son
cœur uniquement épris de ta pure beauté, ô très pure, son
génie a créé ta beauté. Il a donné à ton noble visage une
expression de sérénité froide, quelque peu dédaigneuse;
et tous les hommes reconnaissent en toi la déesse vierge
que jamais ne pourront atteindre les flèches d'Éros. Et tu

portes, dans ta main droite, ô Pallas, la Victoire dont les ailes d'or semblent frissonner!

La déesse qui nous aime, fille d'Aristippos, ne voudra pas que la source de beauté tarisse. Phidias a eu pour continuateur Alkaménès; et Képhisodotos, l'émule d'Alkaménès, est le père de Praxitélès, l'un des plus grands, Platon dirait le plus grand de nos sculpteurs. Mais Platon se trompe. Mon ami Skopas, dont l'inépuisable génie crée toujours des chefs-d'œuvre, est plus grand que Phidias et que Praxitélès. Ceux-là seuls lui refuseront le premier rang qui n'ont pas vu ou n'ont pas su regarder l'Aphrodita Anadyoména qui se cache à Mélos, sous le portique du vieux sanctuaire de Poséidon. Après Skopas, d'autres viendront et d'autres encore. Pourquoi n'aurions-nous pas cette espérance? Athéna ne cesse pas de nous être secourable. A aucune époque, la sculpture ne fut plus florissante à Athènes; bien plus, nos artistes, trop nombreux, sont obligés d'émigrer. Ils s'en vont appelés par les cités voisines, et la beauté éclôt sous leurs pas. A Thèbes, à Mégare, à Korinthe, à Knide, dans les îles, dans nos colonies les plus lointaines, et jusque sur les côtes à demi-barbares de l'Asie partout où la renommée du nom d'Athènes a pu atteindre, on rend à la Beauté le culte qui lui est dû. Depuis bientôt dix ans, à Halikarnasse, Skopas et ses élèves travaillent à édifier le tombeau du roi Mausoléos.

ARÉTA

Tu es un ami précieux, Kalliklès; on ne dira jamais de toi que tu crains de louer tes amis.

KALLIKLÈS

C'est que Kalliklès est très fier d'être l'ami de Skopas.
Fille d'Aristippos, je fais toujours l'éloge de mes amis, à
moins qu'ils ne soient philosophes. Connais-tu Skopas?

ARÉTA

Je l'ai vu une fois, il y a longtemps, à Mégare ou à
Korinthe, je ne sais plus au juste. Il était petit, malingre, à
moitié chauve.

KALLIKLÈS

Il est maintenant chauve tout à fait; plus chauve que ne
l'était le vieux stratège Kômon. Mais il a sculpté l'Aphrodita
de Mélos, et j'ai eu cette joie, ma chère enfant, d'être le
premier à contempler le corps harmonieux de la déesse très
vénérable.

Il y a vingt ans, peut-être trente, — quelle tristesse que
de vieillir! Aréta, la mémoire nous abandonne, nous ne
savons plus compter les années, — un matin, où je me pré-
parais à quitter ma maison pour me rendre à l'Agora, un
matelot, venu du Pirée, m'apporta une lettre de Skopas :
« Ami, si tu veux connaître la beauté, suis le messager que
je t'envoie; viens à Mélos. Pour toi le premier, Skopas déta-
chera le voile qui la cache encore à tous les yeux. »

ARÉTA

Et tu as suivi le messager?

KALLIKLÈS

Je l'ai suivi, Aréta; comment ne l'aurais-je pas suivi? Le

lendemain, avant que ne tombât la nuit, j'arrivai à Mélos. Skopas était assis sur le rivage. Aussitôt qu'il m'eût embrassé : Viens, me dit-il, la déesse nous attend !

Sous le portique faisant face à la mer, se dressait la statue de la déesse. Skopas monta sur une échelle, le voile qui la recouvrait tomba et la beauté m'apparut. Jamais peut-être mon cœur n'a éprouvé d'émotion aussi vive. Aphrodita était comme baignée dans cette lumière très pure qui, en été, au moment du coucher d'Hélios, se répand sur la terre. Sur un socle de marbre de Paros où se jouent capricieusement des Tritons, des Néréides et des chevaux marins, elle s'élève, la très vénérable ! Ses yeux profonds regardent avec insistance la mer aux flots bleus qu'elle vient de quitter. Afin de retenir le péplos qui semble glisser sur les flancs, le bras droit descend le long de la hanche, et le bras gauche, harmonieusement arrondi, s'élève vers la tête ; la main, appuyée contre le front, dirige le regard. O déesse, tu es la beauté qui suscite l'amour ! Je restai sans paroles, saisi d'admiration. Et, debout sur l'échelle, Skopas jouissait de son triomphe. Tantôt ses doigts agiles semblaient courir sur le marbre, tantôt ils s'arrêtaient un moment comme pour caresser la statue. Le visage de l'artiste exprimait la joie profonde du créateur qui a réalisé l'œuvre qu'il avait rêvée ; ses yeux riaient.

Dès que je pus parler : « Elle est belle, ô Skopas, d'une beauté sévère et grave. Je la préfère à l'Aphrodita de Praxitélès, qui rend si orgueilleux les citoyens de Knide. J'aime ses traits nobles et fiers, le modelé ferme des épaules, les seins, si purement dessinés ; et ses flancs sont larges, ses flancs qui doivent porter les races des hommes. Mais, dis-

moi, Skopas, pourquoi la déesse tient-elle son regard fixé
sur la mer? Attendrait-elle quelqu'un? Alors, se rapprochant de moi, l'artiste divin me prit familièrement le bras,
et cette parole que je n'oublierai jamais sortit de sa bouche :
Ne vois-tu pas, ami, qu'elle espère l'Amour!

La parole de Skopas, Aréta, résume admirablement toute
ma philosophie : l'Art crée la Beauté, la Beauté appelle
l'amour, et c'est l'amour de la Beauté qui donne aux hommes
la joie véritable, le bonheur!

ARÉTA

L'amour a pour compagne habituelle la souffrance, ô
Kalliklès! Éros est le plus méchant des dieux!

KALLIKLÈS

Éros est un dieu très vénérable, il n'est pas beau de l'injurier, Aréta. Les hommes sont fous quand ils aiment, ils
demandent à la Beauté plus qu'elle ne peut donner, et
ensuite, déçus, ils accusent Éros. La Beauté pourtant est,
en elle-même, d'un prix inestimable, nous devrions nous
proclamer heureux de la contempler et d'en jouir. Mais
nous formons ce rêve de nous l'approprier, d'en faire notre
esclave. Bientôt, quand l'expérience nous apprend qu'elle
a glissé de nos bras, où nous pensions la tenir captive, nous
pleurons comme des enfants, et nous sommes très malheureux, à moins que nous ne devenions très méchants. Les
hommes, fille d'Aristippos, ne savent pas aimer : les sages
sont rares en amour.

ARÉTA

Serais-tu l'un de ces sages, ô Kalliklès?

KALLIKLÈS

Pourquoi non, ma chère enfant? Je suis vieux, j'ai vu de près les hommes et leurs folies, j'ai acquis, un peu tard peut-être, cette conviction que la plupart d'entre eux se font de l'amour une conception, fausse toujours, et basse le plus souvent.

ARÉTA

Qu'est-ce donc que l'amour, ami très cher?

KALLIKLÈS

L'amour, Aréta, ne veut pas qu'on le définisse. Je pourrais te dire, à l'exemple de Platon, qu'Éros est le fils de Poros et de Pénia, qu'il est pauvre comme sa mère, mais que, comme son père, il est entreprenant, audacieux, fertile en ruses, qu'il est à la fois magicien et sophiste; puis, prenant un air inspiré, je crierais, enflant la voix comme font nos acteurs tragiques : l'amour est la plus noble des passions, il exalte notre âme et la pousse à la conquête de la Beauté! Belles paroles! On croit, après les avoir entendues, qu'elles renferment un sens profond; aussitôt qu'on les presse, on s'aperçoit qu'elles n'étaient que du vent. Je ne veux pas te tromper, fille d'Aristippos.

L'homme est la mesure de l'amour, comme il est la mesure de la Vérité et de la Beauté. Autant d'hommes, autant de façons d'aimer. Les géomores à l'âme obtuse aiment autrement que les citoyens riches et de race noble,

autrement encore que les hoplites et que les matelots. Mais,
ni les uns ni les autres ne savent jouir de la beauté de la
femme. C'est que l'art d'aimer, Aréta, est de tous le plus
difficile.

Autrefois, à l'époque déjà lointaine où j'aimais à promener ma rêverie sur les bords fleuris de l'Ilissos, il m'arrivait, au printemps surtout, de rencontrer, auprès du
temple d'Artémis la chasseresse, des couples d'amoureux.
C'étaient, le plus souvent, des cultivateurs de nos bourgs.
Pauvres amoureux! Ils allaient côte à côte, la main dans la
main, imprimant à leurs bras un balancement monotone et
doux. Ils ne se disaient rien, ils ne se regardaient même
pas. L'homme souriait niaisement: la femme, craintive et
farouche, baissait la tête. Etaient-ils heureux ? J'en doute.
Peut-être ne se sont-ils jamais demandés s'ils éprouvaient de
la joie? J'aime à croire que, poussés l'un vers l'autre par un
démon dont ils ignorent la puissance, ils se joignaient uniquement afin de perpétuer leur race. Les hoplites et les
matelots confondent le plus souvent l'amour et la débauche;
ils ne sont pas les seuls à faire cette confusion. Les Eupatrides, et les marchands enrichis qui se font gloire d'imiter
les Eupatrides mettent leur orgueil à se ruiner pour des
hétaïres de Korinthe ou de Milet : ils se disent victimes
d'Éros, ils ne sont que des esclaves de courtisanes. J'ai
quelque peu fréquenté chez Laïs, à l'époque où ton père
l'aimait, et aussi chez Nééra la danseuse, et chez Bathyllis
la joueuse de flûte, et chez Glycéris la milésienne. Elles
étaient, parmi les hétaïres, les plus célèbres, je n'ose dire
les plus belles. Leurs amants étaient nombreux. Je les ai
vues tantôt souriantes, tantôt maussades et sur le point de

pleurer, capricieuses toujours, ingénieuses à faire souffrir les hommes, plus ingénieuses encore à se faire souffrir. On eût dit qu'elles avaient le sentiment vague que ces amants, qu'elles voyaient prêts à subir tous leurs caprices, étaient, pour cette raison, des êtres méprisables. Ces hommes, de leur côté, si fiers de leur titre de citoyen, ne subissaient pas sans honte le joug de ces étrangères, de ces affranchies. J'ai surpris, un jour, le bel Eutyphron, le chef illustre de la tribu des Cécropides, aux pieds de Nééra, implorant en vain un baiser ; le bel Eutyphron pleurait !

Le monde, ma chère enfant, n'étant qu'illusions, c'est une grande folie de prendre l'amour au sérieux. L'homme sage et prudent garde soigneusement la liberté de son âme, il ne veut être ni la dupe, ni l'esclave d'une femme. Il se dit qu'une femme jeune et belle est une œuvre d'art très précieuse ; c'est en artiste qu'il l'aimera, en artiste qu'il voudra cueillir sa beauté. Pourquoi serait-il jaloux, vaniteux ou cruel? La jalousie est une source intarissable de douleurs, la vanité un signe de sottise, et la cruauté est toujours laide. Pourquoi se demanderait-il à chaque instant s'il est aimé? L'important n'est-il pas de savoir que l'on aime, et surtout que c'est la beauté de la femme, et non la femme, qui mérite notre amour?

ARÉTA

J'ai suivi avec attention tes paroles, Kalliklès, et je me demande si ma pauvre intelligence de femme a pu en embrasser toute la portée. La distinction est subtile que le discours établit entre la beauté de la femme que l'homme,

afin d'être heureux, doit aimer comme on aime une œuvre
d'art, et la femme elle-même, qui n'est digne sans doute
que de son dédain, je n'ose dire de son mépris. Peu lui
importe que la femme ait une âme capable de comprendre,
un cœur capable de souffrir. Il aime en artiste, il recherche
la joie, il évite les souffrances, il cueille comme tu dis la
beauté, en passant, comme on cueille une fleur. Le jour où
les yeux bleus de Nééra cesseront de lui plaire, il reprochera
à Nééra d'avoir le nez trop court et s'en ira chez Glycéris.
Sans doute il ne la quittera pas sans lui faire un présent,
parce qu'il est honnête homme et citoyen d'Athènes, mais
il la quittera tout de même, sans se demander si Nééra ne
souffre pas d'être séparée de celui qu'elle n'a pas cessé
d'aimer. Nééra n'est plus rien pour lui; d'ailleurs il n'a
jamais pris Nééra au sérieux. Elle n'a été qu'une illusion,
cette illusion ne sait plus charmer son âme d'artiste. Maintenant, c'est Glycéris qu'il aime; il s'applique à la séduire
par de belles paroles; il la complimente sur ses qualités et
aussi sans doute sur ses défauts.

KALLIKLÈS

Surtout sur ses défauts, ô Aréta.

ARÉTA

Et cet amour durera jusqu'au moment où la beauté de
Bathyllis lui semblera plus séduisante encore que la beauté
de Glycéris. Il ira, l'artiste aimable, vivant sa vie joyeuse,
cueillant sur sa route des fleurs de beauté, jusqu'au jour où
la vieillesse venue, et ne pouvant plus conquérir la beauté
de la femme, il aimera des images belles, des vases peints,

des statues et encore des discours savamment ordonnés où
se combattent des arguments ingénieux et subtils ; il aimera
enfin les mélodies de nos musiciens et les drames de nos
poètes. Il sera l'ami de tous les artistes afin qu'aucune des
joies que l'Art procure ne puisse lui échapper. Il vivra
insouciant et mourra se flattant peut-être d'avoir vécu une
vie d'homme.

PLATON

Aréta, ô ma très chère...

KALLIKLÈS

De grâce, Platon, n'oublie pas ta promesse. C'est à Kalliklès qu'il appartient de répondre.

Voyons, mon enfant, réfléchis un peu, je te prie ; sois
raisonnable. Il n'y a qu'un moment, tu maudissais Éros et
tu l'appellais le plus cruel des dieux. Maintenant que Kalliklès s'est appliqué à te montrer que l'amour de la Beauté
peut être pour l'homme une source de joies très vives à la
condition d'éviter avec soin tout ce qui dans l'amour peut
être une cause de souffrances, ton âme se révolte ; encore un
peu tu me reprocherais d'avoir vécu une vie inutile, parce
que j'ai exercé mon esprit à éviter la douleur. Oserais-tu
soutenir que la douleur est un bien ?

Sans aucun doute, je quitterais Nééra le jour où ses yeux
cesseraient de me plaire, et j'irais demander à Glycéris la
joie que peut me donner sa beauté. Pourquoi cet acte te
semble-t-il blâmable ? Vaudrait-il mieux rester auprès de
Nééra sans l'aimer, souffrir par elle et la faire souffrir ? Ce
serait une pure sottise, ma chère enfant. Remarque que je
reconnais à Nééra le droit de me quitter si je ne lui plais

plus. Les femmes, tu ne l'ignores pas, Aréta, pensent qu'il
est très naturel d'user de ce droit. Pourquoi l'homme n'en
userait-il pas à son tour? Je dirais à Nééra: « Ne pleure
pas, femme, il n'est pas beau de pleurer. Ne joue pas devant
moi le rôle de Médéa la magicienne, je ne suis pas Jason, je
ne suis que Kalliklès. Et Kalliklès n'est pas le seul citoyen
d'Athènes; il en est de plus riches, il en est de plus beaux.
Essuie tes yeux, mets du fard sur tes joues, prépare-toi pour
de nouvelles conquêtes. Platon sera peut-être heureux de te
faire oublier Kalliklès, et le jour où Platon ne te plaira plus,
tu aura la ressource de plaire à Antisthénès. Tu vivras ainsi
tantôt conquérante, tantôt conquise, jusqu'au moment où
les rides viendront ; alors tu penseras à mourir, mais tu
souriras encore en revivant par le souvenir toutes les joies
du passé. Ton existence n'aura pas été vaine, ô Nééra. Plus
tard on dira de toi : cette femme a vécu heureuse, elle a
vécu une vie d'amour ! »

La vie serait bonne à vivre, fille d'Aristippos, cette vie
que nous ont donnée les dieux immortels ; il ne faudrait à
l'homme qu'un peu de sagesse pour gouverner son âme,
mais on dirait qu'il s'emploie de toutes ses forces à gâter
sa vie: il obéit à des préjugés absurdes, il s'impose des lois
ou des coutumes qu'il suit aveuglément, il ne sait pas jouir
simplement des joies de la vie: de ce qui pourrait être une
joie il fait une souffrance et, ensuite, comme il ne veut pas
se reconnaître pour l'auteur de ses maux, il accuse les
dieux !

J'aime la cité glorieuse où je suis né, je la voudrais florissante et belle, heureuse entre toutes, et je dis aux Athé-

niens : Aimez la Beauté, aimez-la de toute votre âme et vous connaîtrez la joie de vivre. Hélas ! les Athéniens ne veulent pas de mes conseils ; ils applaudissent à mes paroles, m'appellent en souriant le plus ingénieux et le plus subtil des sophistes, mais ils ne prennent jamais mes enseignements au sérieux.

ARÉTA

C'est peut-être parce que tu leur as dit souvent, ami très cher, qu'il ne fallait rien prendre au sérieux.

KALLIKLÈS

Il faut prendre au sérieux cette maxime, Aréta, qu'il ne faut rien prendre au sérieux. Et cette maxime résume toute ma doctrine. Elle n'est pas difficile à suivre, mais les Athéniens se méfient des sophistes et n'aiment pas Kalliklès. Ils n'ont jamais voulu, tu le sais, m'accorder la fonction d'épistate, je n'ai même jamais été élu prytane et, par le Grand Chien ! je ne suis pas éloigné de croire qu'ils ne me jugeraient pas digne de remplir la charge d'éphète.

ARÉTA

C'est que les éphètes, ô Kalliklès ! sont appelés à rendre la justice.

KALLIKLÈS

Du moins, les éphètes affirment qu'ils sont des magistrats très justes et très intègres. Peut-être, parmi les Athéniens, en est-il quelques-uns qui le croient ? Je ne suis pas du nombre, Aréta. D'ailleurs, ce n'est pas éphète que je voudrais être, ni prytane, ni même épistate, seul un roi serait

assez puissant pour faire d'Athènes la plus belle des cités,
et, des Athéniens, les plus heureux des hommes. Tu m'offrais,
au début du *Mystère*, Aréta, le sceptre et la couronne royale,
et tu ne te doutais pas, au moment où tu plaisantais, que
Kalliklès, qui n'est pas ambitieux pourtant, j'en atteste les
dieux immortels, s'est surpris bien souvent à dire, baissant
la voix : Si j'étais roi !

ARÉTA

Eh bien, si tu étais roi, que ferais-tu, ami très cher, pour
le bonheur de tes sujets ?

KALLIKLÈS

Si j'étais roi ! C'est un rêve, Aréta, n'oublie pas, je te prie,
que ce n'est qu'un rêve.

ARÉTA

Rêve ou réalité, n'est-ce pas tout un, si nous vivons dans
un monde illusoire ?

KALLIKLÈS

Je suis roi ! Venus des différentes régions de la Hellas, les
artistes les plus renommés sont assemblés dans la grande
salle du Prytanée. Devant eux, revêtu du manteau royal, le
sceptre fortement serré dans la main droite, le diadème sur
le front, Kalliklès, majestueux comme il sied à un roi, est
assis sur le trône. Et voici, j'imagine, quel serait son discours :

« Athéna, fille de Zeus-Père, a désigné Kalliklès
d'Athènes pour recueillir l'héritage de Kékrops, de Mélan-
thos et de Kodros. Autrefois, ces rois très vénérables, à

l'esprit avisé, à l'âme sage, se plaisaient à grouper autour d'eux, en qualité de conseillers et d'amis, les nobles Eupatrides. Ces réunions se tenaient sur l'Akropolis, près du foyer de la cité. Cela se passait en des temps très anciens. Aujourd'hui, c'est vous, artistes divins, qu'Athéna, la déesse très sage, regarde comme ses fils les meilleurs. C'est elle, la mère de la cité, qui, par ma voix, vous impose la charge de me venir en aide dans l'exercice du souverain pouvoir. Vous êtes plus que des hommes, ô créateurs! il n'est pas beau que vous obéissiez plus longtemps à des ordres que se plaît à vous imposer un politique dont je tairai le nom, un homme à l'âme médiocre, arrogante et jalouse, ignorante de la Beauté! Le règne des Kléons est fini, il plaît à Athéna que le règne des artistes commence. Choisissez avec soin, choisissez vous-mêmes les meilleurs d'entre vous. Ceux-là seront dignes de commander aux hommes qui sont plus que les autres des amants de la Beauté. Je veux que plus tard la Renommée aux cent voix raconte aux barbares d'Europe, d'Asie et d'Afrique la joie et la beauté d'Athènes sous le gouvernement des quarante! » Ainsi parlerait Kalliklès, ô Aréta!

ARÉTA

Des quarante! Pourquoi des quarante, ô Kalliklès?

KALLIKLÈS

Ce nombre t'étonne, ma chère enfant. Ce n'est pas, crois-le bien, sans avoir longtemps médité que mon âme s'est arrêtée à fixer à quarante le nombre des magistrats souverains. Prends garde que la décade est le plus parfait des nombres. Les prêtres d'Apollon le proclament tel et leur doctrine n'est pas méprisable. J'ai entendu dire aussi que des sages indiens regardaient la décade comme enveloppant à la fois l'être et le non-être. Elle est, affirment-ils, comme une image de la vie qui se meut dans le devenir, à égale distance de l'être qui est et du non-être qui n'est pas. Remarque encore, Aréta, que la double dyade, ou tétrade, est, après la décade, le nombre le plus parfait. Pythagoras et, après lui, Philolaos, son disciple, l'honoraient comme le symbole de l'éternelle nature. Produit de la décade multipliée par la tétrade le nombre quarante participe à la fois de la perfection de ses deux facteurs. Il méritait d'être choisi, Aréta ; la déesse, je l'espère, approuverait mon choix.

ARÉTA

Pourquoi ne l'approuverait-t-elle pas, Kalliklès ?

KALLIKLÈS

Les ouvriers de beauté, fille d'Aristippos, ont le droit de commander dans la cité belle. Plus de tyrans, plus de prytanes et plus d'archontes : à leur place, des poètes, des musiciens, des architectes ; des sculpteurs, des orateurs, des sophistes. Peut-être serait-il équitable d'élire aussi quelques savants et quelques philosophes ?

ARÉTA

Des philosophes dans la cité de Kalliklès !

KALLIKLÈS

Sans doute, Aréta, des philosophes. Je les maltraite parfois, mais, au fond, je les aime. Jamais je n'ai songé à les reconduire, couronnés de bandelettes, jusqu'au delà des portes. Je sais bien qu'ils perdent trop souvent de vue le monde où nous vivons, ils vivent leurs rêves. Mais si leurs rêves sont beaux, ils sont aussi à leur manière des ouvriers de beauté et je leur fais une place dans la cité belle. Tu as dit que Platon était un grand artiste ; par Zeus-Père, je me suis gardé de te contredire, ô Aréta !

ARÉTA

Il n'y a pas que les philosophes qui vivent leurs rêves, Kalliklès. Autant d'hommes, disais-tu naguère, autant de mesures de Vérité et de Beauté. Ne pourrait-il arriver que les quarante passassent leur temps à disputer entre eux, comme ont fait de tout temps les philosophes, sur les conditions du bonheur des hommes. Pas plus que nos philosophes ils ne parviendraient à s'entendre. Peut-être alors t'apercevrais-tu que le bonheur n'existe que dans ta fantaisie ?

KALLIKLÈS

Permets que je continue, ma chère enfant. Les artistes que j'aime ne gouverneraient pas à la façon de nos prytanes ou de nos archontes ; ils ne rechercheraient ni les richesses, ni les honneurs. Uniquement exaltées par la passion de conquérir des joies nouvelles, leurs âmes ne cesseraient de s'accorder dans les actes comme dans les pensées.

Ils diraient, les prêtres de la Beauté :

« Plus de tristesses, hommes, plus de lamentations, plus d'ennuis. Nous venons vous enseigner le bonheur. De toutes les vertus, la gaieté est la plus belle. Les dieux aiment les visages souriants. Vivez dans la joie ! Demain, des joueuses de flûte arriveront de Milet, et de jeunes Korinthiennes, à

la démarche gracieuse, formeront, devant le temple d'Artémis, des chœurs de danse dont la musique nouvelle fut
réglée par Léokaris de Lesbos au caressant génie. Sur le
théâtre d'Iakkhos vous verrez se développer des drames
de nos poètes, plus tragiques que ne le sont les drames
d'Œschylès ; sur l'Agora ou dans le Prytanée vous enten-
drez des orateurs plus éloquents que ne l'étaient Alkibiadès ou Lysias. Si par hasard votre âme est curieuse de
sagesse, il ne vous est pas interdit de vous asseoir parmi
les philosophes et de discuter, sous le platane d'Akadémos
ou sous le portique d'Apollon, les problèmes qu'on ne
résout pas. Devant vos yeux s'épanouissent les formes les
plus diverses de la beauté ; soyez heureux, hommes d'Athènes, jouissez longuement de la beauté que votre cœur préfère et honorez les dieux qui vous ont donné de vivre dans
la Hellas. C'est la plus belle des contrées qu'Hélios éclaire :
les flots de la mer bleue viennent baigner ses rives, les
hommes y respirent cet air subtil qui tient l'âme en éveil,
en quête de bonheur. Vivez, hommes, la vie harmonieuse
et divine que nos soins vous préparent, et vous serez plus
que des hommes, vous serez semblables aux dieux immortels ! »

ARÉTA

Mais, Kalliklès...

KALLIKLÈS

Attends encore, ma chère enfant. Surtout ne me regarde
pas avec ces yeux étonnés. J'ai toute ma raison. Je sais bien
que les prêtres de la Beauté n'existent pas ailleurs que dans
ma fantaisie. Si je rêve tout haut mon rêve, je me rends

compte que ce n'est qu'un rêve. Je crois seulement qu'il est
de ceux que la toute-puissance d'un roi pourrait réaliser. —
Mais je ne suis pas tout-puissant, et je le regrette. Combien
de fois me suis-je surpris à dire : Est-ce donc si difficile
d'aimer la Beauté et d'être heureux ? Pourquoi les hommes
se donnent-ils tant de mal pour se faire souffrir, alors qu'il
serait simple de vivre ingénument une vie belle. Je voudrais être roi à Athènes afin d'y décréter le bonheur !

ARÉTA

Il n'est au pouvoir de personne, pas même d'un dieu, de
tarir la source des douleurs humaines. Malgré ton décret
royal, les hommes, je le crains, ô mon très cher, ne cesseraient pas de souffrir. Je ne suis qu'une femme, qu'une jeune
femme, comme tu le disais naguère en souriant ; je n'essaierai pas de te démontrer qu'on ne conduit pas les hommes
au bonheur en leur enseignant, surtout en leur imposant
l'amour de la Beauté, mais je pense que ton rêve est le plus
fou des rêves. Mon père, autrefois, m'a appris à ne pas me
laisser séduire, comme il disait, par les attraits de la Beauté.
Aristippos discute volontiers sur la Beauté et sur l'Amour,
les jours où son humeur est triste, où son âme lassée dédaigne les plaisirs. Il te dirait, s'il était près de nous, faisant valoir sa pensée par des arguments ingénieux qui
t'embarrasseraient peut-être : « Les artistes dont on envie la
gloire vivent toujours avec la douleur pour compagne. Leur
âme est trop exigeante, Kallikès, elle ne sait pas se con-
tenter des biens qu'elle possède, elle n'est jamais satisfaite
de la beauté qu'elle a su conquérir ; elle s'élance inquiète à
la poursuite d'une beauté nouvelle, plus belle et plus rare.

L'artiste subit le supplice de Tantalos ; plus il est grand, plus vives seront ses souffrances et ses angoisses. Son génie lui laisse entrevoir la beauté parfaite, mais ne lui permet pas de la saisir. Cette impuissance, qu'il constate à chaque instant, de réaliser son rêve de beauté, fait de lui le plus malheureux des hommes ! »

KALLIKLÈS

Par Zeus-Père, Aréta, ton père calomnie les artistes.

ARÉTA

Il les aime, ami très cher, ils ne voudrait pas les calomnier. Il s'appliquerait à te prouver que les artistes ne sauraient être, pour la cité, des magistrats prudents et avisés, capables de la protéger contre ses ennemis du dehors et du dedans. Hélas ! la cité d'Athéna serait sur le point de mourir le jour où, par la volonté de Kalliklès, les artistes les plus célèbres de la Hellas deviendraient ses maîtres souverains. Qu'ils suivent les inspirations de leur génie, qu'ils créent, comme tu dis, de la beauté, et nous viendrons, empressés, leur apporter le tribut de notre admiration, nous leur tresserons des couronnes, nous les comparerons même aux dieux immortels, mais qu'ils laissent à d'autres le soin de veiller jalousement sur la cité. Oublierais-tu, Kalliklès, que le dogue macédonien gronde menaçant à nos portes, ou bien penserais-tu peut-être que le cithariste Léokaris saurait, par ses chants, endormir sa colère, ainsi qu'Orpheus, autrefois, à ce que raconte la fable, endormit aux doux accords de sa lyre la cruauté de Kerberos gardien des portes de l'Hadès ? Philippos est un barbare, il ne dai-

gnerait pas lever les yeux sur le Parthénon pour en
admirer la noblesse et la sévère beauté, le jour où, à la tête
de ses hoplites et de ses cavaliers, il foulerait en maître le
sol d'Athènes.

KALLIKLÈS

Fasse Athéna, la déesse guerrière, que ce jour ne se lève
jamais! Que son égide nous protège en souvenir de ceux
dont la vaillance, autrefois, sut vaincre les armées innombrables de Xercès, roi des Perses!

ARÉTA

La déesse nous protégera, ami très cher, elle ne voudra
pas que la cité qu'elle aime soit conquise par les barbares.
Le peuple, si ce rêve se réalisait, que ta fantaisie s'est plu
à créer, ne tarderait pas à se révolter contre ses maîtres;
peut être encore que pour punir le roi de sa folie, il le con-
damnerait à mourir.

KALLIKLÈS

Que dis-tu, ma chère enfant?

ARÉTA

C'est toujours mon père qui parle, ô Kalliklès! mais je ne
voudrais pas que sa prédiction funeste troublât la quiétude
de ton esprit. Pourtant, les Athéniens, — nous sommes
assemblés sous le platane d'Akadémos pour en perpétuer la
mémoire, — ont condamné à boire la ciguë le sage Sokratès.
Tu n'es pas un sage, mais les libres citoyens d'Athènes te
feraient mourir tout de même, si tu voulais les obliger,
pour être heureux, à aimer la Beauté. Ils n'aiment pas la

Beauté, ami, ils ne consentiront jamais à être heureux par
force. Les fêtes que tu leur offrirais ne tarderaient pas à les
ennuyer. Bientôt ils t'adresseraient de mortelles injures,
t'accusant de dilapider le trésor sans utilité pour la patrie,
qui, par ta faute, resterait sans défense devant les menaces
des barbares armés. Très nombreux, ils seraient les plus
forts ; ils t'enfermeraient dans la prison où tu attendrais
patiemment que l'esclave t'apportât la coupe qui contient le
poison. Alors, ainsi que la plus jeune des Océanides, dont
tu as évoqué l'image, consolait Prométheus, Aréta, en
souvenir de ton amitié, viendrait de Mégare, et, appuyée
contre le lit où tu achèverais de mourir, te ferait entendre
de douces et consolantes paroles.

KALLIKLÈS

Et je mourrais content, Aréta, puisqu'il me serait donné,
une dernière fois, de contempler la beauté !

M'autorises-tu à te dire, fille d'Aristippos, que tu n'as pas
attendu, pour le critiquer, de comprendre mon rêve ?

ARÉTA

C'est que je ne suis qu'une femme.

KALLIKLÈS

Sans doute, ma chère enfant ; mais tu es intelligente et
belle ; je te demande d'être bonne aussi. Pourquoi ne pas
écouter jusqu'au bout le vieux Kalliklès qui t'aime ? Je
connais des éphèbes qui, fiers de leur beauté et confiants
en leur sagesse, méprisent l'expérience des vieillards ; ils
les appellent entre eux des radoteurs. Tu ne voudrais pas

leur ressembler, Aréta? Ne rougis pas, je t'en prie. C'est une
prière que je t'adresse et non pas un reproche. Je te demande
comme une grâce d'écouter avec attention mes paroles.

ARÉTA

Je t'écoute, ami très cher.

KALLIKLÈS

J'ai longtemps vécu à Athènes, j'ai vu de près les hommes
du peuple; j'ai interrogé des esclaves et des affranchis, des
géomores, des démiurges, des marchands. Il m'est arrivé
parfois de discuter avec des hoplites ou des matelots. Les
uns et les autres dédaignent la Beauté et méconnaissent les
artistes; ils ne pensent guère qu'à conquérir des joies grossières et passent, indifférents, devant les chefs-d'œuvre de
l'art. Le bonheur délicat que le génie des quarante voudrait
offrir aux amants de la pure beauté ne convient pas à leur
âme ignorante. Si les dieux nous ont créés pour aimer la
Beauté, ils ont été créés, eux, pour accomplir les basses
besognes de l'humanité, pour permettre aux êtres supérieurs
de vivre une vie supérieure. Ils sont, par nature, des instruments et des esclaves. Les dieux n'ont pas voulu leur assi-
gner un autre rôle sur la terre. Depuis longtemps nos pères
leur ont appris l'obéissance; ils sont résignés à leur sort, il
n'est pas à craindre qu'ils pensent jamais à se révolter contre
des maîtres très puissants et très bons.

Les artistes ne sont pas cruels. Pourquoi imposeraient-ils
aux esclaves des souffrances inutiles? Sans doute les plaisirs
impurs qu'ils recherchent sont méprisables, mais ils les
préfèrent à ceux que nous aimons. On les leur donnerait en

récompense des durs labeurs qui leur seraient imposés. Chaque année, à des jours fixés par la loi, à l'entrée de l'été, quand fleurissent les asphodèles et que les cigales font entendre leur première chanson, et encore, au moment des vendanges, le peuple des esclaves serait en liesse. Les maîtres de la cité les convieraient à des festins; il leur serait permis de se gorger de viandes et de s'enivrer de vin épais. Sois assurée, Aréta, que, dans leur ivresse, ils glorifieraient le nom de leurs bienfaiteurs. Le lendemain tout rentrerait dans l'ordre, chacun reprendrait sa besogne accoutumée.

ARÉTA

Ne serait-il pas à craindre que nos maîtres d'aujourd'hui, les archontes, les prytanes, les stratèges, n'excitassent la foule des esclaves à se révolter contre les artistes souverains? Les stratèges, Kalliklès, sont habitués à commander, ils sont ambitieux, et tu peux être assuré qu'ils regarderaient comme leur droit de reconquérir, par la force ou par la ruse, les dignités dont ils se diraient injustement dépouillés par les artistes.

KALLIKLÈS

Certes, ils sont ambitieux, Aréta. Ils deviendraient bientôt pour les maîtres de la cité des ennemis redoutables. Ils se vengeraient cruellement, le jour où ils pourraient imposer à la Hellas des ordres qui seraient obéis. Mais ce jour ne se lèvera jamais, ma chère fille. Les artistes seront toujours protégés par l'égide redoutable de la déesse qu'ils aiment et qui les aime, et encore par leur génie plus fertile en ruses que celui d'Odysseus.

Loin des yeux de la foule, enfermés dans un palais dont

le génie de Skopas — tu n'ignores pas, Aréta, que le plus
grand de nos sculpteurs est aussi le plus ingénieux de nos
architectes — aurait fait une citadelle, les artistes pourraient
impunément braver la haine de tous ceux qui voudraient
commander à leur place. Bientôt même, grâce à l'éclat de
leur génie, les maîtres de la cité apparaîtraient aux yeux de
tous comme des êtres très redoutables. On craindrait leur
colère comme l'on craint la colère des dieux. Prends garde,
fille d'Aristippos, à cette maxime : La force dont on dispose
n'est pas autre chose que la crainte que l'on inspire.

Hérodotos, dans je ne sais quel livre de son Histoire,
raconte ce fait curieux et digne d'être médité :

Au delà des frontières de l'immense royaume des Perses
fleurit un puissant empire gouverné par des prêtres. Jamais
personne n'osa contester leur autorité. Les dieux dont ils
sont issus leur ont donné cette puissance terrible de fou-
droyer par le regard tous ceux contre qui s'est allumée leur
colère. Imagine maintenant, ma chère enfant, que nos
prêtres, quand ils parlent au peuple, dans les temples des
dieux, que nos magistrats, quand ils appliquent les lois, que
nos maîtres d'école enfin, au moment où ils informent
l'âme des enfants si facile à modeler, ne se lassent pas
d'affirmer que quelques-uns des artistes souverains ont
découvert le secret d'anéantir la terre. Ils sont venus,
diraient-ils, enseigner aux hommes les joies de la vie, mais
si les hommes, dans leur stupide méchanceté, refusent le
bonheur qui leur est offert, alors, les magiciens, qui savent
les secrets des choses, se mettront à l'œuvre, et, suscité par
leur art, le feu qui semble attendre leurs ordres dans les
entrailles de la terre s'élèvera à la surface et dévorera tout.

Si cette croyance était fortement établie dans la Hellas, lequel de nos stratèges oserait contester l'autorité des artistes souverains, lequel de nos archontes? Ils courberaient la tête, ils auraient peur jusqu'au moment où ils finiraient par se résigner à vivre la vie heureuse.

ARÉTA

Mais si cependant les artistes n'avaient découvert aucun secret.

KALLIKLÈS

Peu importe, fille d'Aristippos; l'homme est un être crédule, ce qui est mystérieux l'attire et fascine son âme. Nous aimons tous les histoires merveilleuses. Ce qui nous plaît le plus dans les oracles de la Pythie, ce qui fait que nous redoutons la terrible devineresse, c'est que les paroles qu'elle prononce du haut de son trépied, alors qu'elle est enveloppée tout entière par les fumées qui s'échappent de l'antre, sont toujours inintelligibles. Dès qu'elle a parlé, dès que nous n'avons pas compris, nous ne doutons plus que ce ne soit Apollon porte-lyre qui nous avertit par sa bouche. D'ailleurs les prêtres sont là qui traduisent les oracles. La question n'est pas de savoir, Aréta, si les magistrats souverains ont conquis, grâce à leur génie, le pouvoir d'anéantir la terre, mais s'il est possible de convaincre les hommes que leurs maîtres ont ce pouvoir. Il suffit de connaître un peu les hommes pour savoir que rien n'est plus facile que de faire entrer et de maintenir dans leur âme une telle conviction. Nous aussi nous montrerions des prodiges à la foule étonnée. Pourquoi, à des époques choisies, la grande statue de bronze d'Athéna ne ferait-elle pas entendre au peuple des paroles menaçantes? Penses-tu qu'un homme se rencontrât, dans la cité, assez audacieux pour désobéir à des ordres qui lui seraient imposés par la fille de Zeus-Père? Bientôt la Hellas tout entière serait soumise, les prêtres de la Beauté imposeraient la joie aux hommes par la terreur.

ARÉTA

Mais la crainte d'une mort prochaine, ô Kalliklès, gâterait les joies de la vie. Comment être heureux si l'on n'est pas sûr du lendemain? Les hommes vivraient dans une angoisse perpétuelle. Ne pourrait-il arriver que l'un de ceux qui auraient le pouvoir d'anéantir le monde, si la connaissance des secrets de la Nature pouvait le leur donner, ne fût tenté d'en user? Son âme serait gagnée, je suppose, par cette folie de la destruction. Songe donc, ami, il ferait ce que personne n'a fait avant lui, ce que personne après lui ne pourrait faire !

KALLIKLÈS

Une telle folie n'est pas à prévoir, Aréta ; les prêtres de la beauté sont des sages ; il convient de ne pas l'oublier. Ils n'useraient de leur puissance que dans les cas où leur vie serait menacée. Mais personne ne serait assez hardi pour entrer en révolte contre leur autorité. Ne vas pas croire, d'ailleurs, que la crainte de la mort empêcherait les hommes de se livrer aux joies de la vie. Le tyran de Sicile, Dionysos, que Platon a connu, aimait, comme délassement, à écouter les plaintes des malheureux enfermés dans les Latomies pour y mourir. Bien des fois il fut, dit-on, surpris d'entendre des condamnés déclarer à haute voix qu'ils mourraient heureux, s'il leur était donné d'éprouver une fois encore celle des jouissances que préférait leur âme. C'est que la peur de mourir, Aréta, est comme un aiguillon qui nous excite à jouir de la vie. Les joies nous paraissent d'autant plus désirables que nous sommes davantage exposés à les perdre. Je m'imagine souvent que si les hommes acquéraient la certitude que le monde dût finir dans quelques jours, on verrait l'amour éclater de toutes parts avec une sorte de frénésie. Mais, je le répète, les artistes préposés au gouvernement de la cité belle ne seraient pas tentés par cette folie de détruire un monde où régnerait le bonheur. Peut-être d'ailleurs n'auraient-ils découvert aucun secret ? Ils souriraient d'un beau sourire, eux, les initiés, en se disant qu'ils ont imposé la vie heureuse aux hommes à l'aide d'un mensonge. Nous obligeons les hommes à être heureux, diraient-ils, par la crainte où ils sont de perdre le bonheur.

Tu baisses la tête, Aréta, on dirait que tu réfléchis profondément ; chercherais-tu une nouvelle difficulté à opposer à mon rêve ?

J'écoute, ami, j'attends avant de te répondre que tu aies fini de nous conter ton rêve.

Tu n'attendras pas longtemps, fille d'Aristippos ; bientôt le rêveur s'éveillera. Il ne sera plus roi, hélas ! ni tout-puissant à Athènes. Mais pendant que je rêve encore, ô ma très belle, autorise-moi à te dire que l'amour de la Beauté, tel que je le conçois, ne ressemble en rien à ce culte que les pieds-poudreux de nos bourgs et un bon nombre, je l'avoue,

des citoyens d'Athènes ont voué à l'Aphrodita Pandémos.
Le vieux Kalliklès n'a jamais fait l'éloge de la débauche. Le
débauché n'aime pas la Beauté ; il n'aime que ses plaisirs
honteux qui usent ses sens, qui flétrissent son cœur. Les
jours où son âme est lasse, comme tu dis, il blasphème
contre la Beauté, qu'il n'a jamais su comprendre, qu'il était
indigne de conquérir !

L'artiste, lui, est toujours en adoration devant elle, et
quand il la contemple, et quand il la crée. Pour cette raison, Aréta, il ne se peut pas que l'artiste, j'entends le véritable artiste, se regarde comme le plus malheureux des
hommes. D'où lui viendrait la souffrance ? Puisque sa vie
est selon la Beauté, il savourera orgueilleusement la joie de
vivre. Ganymédos, l'éphèbe aux blonds cheveux, a versé
dans sa coupe une goutte de ce nectar qui empêche les dieux
de mourir, et il aspire à la vie divine, il tend à l'immortalité ! Il est puissant, il est riche, il est beau. Son âme s'eni-
vre des joies les plus rares que son génie a su découvrir. Du
haut de son palais, il aperçoit, dans les bas fonds, la foule
rampante des esclaves qui, soumis aveuglément à des habitudes, à des préjugés, à des passions qu'il entretient chez
eux, se résigne à vivre obscurément à la façon des animaux
ou des plantes ; puis, au-dessus de ce troupeau humain, il
reconnaît ces hommes qui, ne pouvant encore prétendre au
titre d'ouvriers de beauté, s'élèvent néanmoins, d'un effort
constant, à la vie supérieure. Son génie souriant les conduit
au bonheur.

L'artiste, sans doute, n'est pas un dieu, Aréta ; il n'attein-
dra pas de longtemps encore la perfection souveraine ; souvent même, il lui arrive de ne pouvoir réaliser pleinement

cette beauté que son génie lui laisse, par moments, entrevoir. Qu'importe ? Le découragement n'aura jamais aucune prise sur son âme altière. Je connais les plus grands de nos artistes, j'ai vécu leur vie; ils m'ont appris que la poursuite de la Beauté pour la Beauté n'est jamais une fatigue ou une souffrance. L'espérance les soutient, l'enthousiasme gonfle leur poitrine ; ils vont toujours de l'avant, confiants en leur génie, à la conquête de la Beauté !

De quel droit un homme, cet homme fût-il Platon, leur interdirait-il une si noble espérance. Ils veulent la Beauté, ils la veulent de toute leur âme ; ils finiront par la posséder tout entière !

Je résume mon rêve, fille d'Aristippos. La Nature n'existe pas encore, elle aspire à être, elle fait effort pour être et pour se connaître de plus en plus. C'est grâce aux artistes souverains qu'elle se connaîtra un jour. Ils sont les maîtres, les sages, ceux qui cherchent la raison des choses ; et la raison des choses est la beauté où elles tendent. Ce sont eux, Aréta, et non pas les philosophes, qui édifieront la cité belle, en laquelle, abandonnant à jamais les querelles mesquines, les dissentiments, les discordes, les haines et les guerres, qui sont des laideurs, les citoyens, conduits par la sagesse des ouvriers de beauté, vivront la vie belle. Aussitôt que leur seront révélées les lois secrètes qui président à l'éclosion de la Beauté, les artistes s'élèveront au-dessus des hommes, comme les hommes s'élèvent maintenant au-dessus des animaux. Ils seront presque des dieux ! Immortels comme les dieux, j'imagine qu'ils auront, comme eux, en partage, l'éternelle jeunesse. N'est-il pas beau, Aréta, de penser que, parmi les hommes, quelques-uns, à l'heure présente, sont peut-être des candidats à la divinité ?

Quant au bétail humain, je veux dire la foule immense des esclaves, elle travaillera craintive et résignée, heureuse peut-être de subir les ordres de ces êtres humains très beaux et très puissants, et qu'elle adorera sans doute, ainsi que nous adorons maintenant les dieux immortels.

Tel est, Aréta, le rêve de ma vieillesse. Il m'a consolé de la laideur des choses et de la méchanceté des hommes. Je sais que ce n'est qu'un rêve. Je ne suis pas philosophe ; je n'ai pas, comme Platon, ou comme Antisthénès, la prétention de découvrir la Vérité. Mon rêve ne vise pas à persuader ceux qui le suivent en ses capricieux détours ; il voulait seulement te séduire, ma chère enfant, parce que tu es belle et que je t'aime. Je crains fort, hélas ! qu'il n'ait pas atteint le but. Pourtant, je t'en supplie, sois bonne ; n'examine pas mon rêve avec l'humeur arrogante et agressive d'un philosophe. Les diverses parties qui en forment la trame légère ne sont pas, j'en conviens, liées entre elles aussi étroitement que l'exigerait la logique. Mon rêve, Aréta, est une œuvre de fantaisie autant que de raison. Je ne veux pas dire qu'il soit, plus que ne le serait une argumentation dialectique, éloigné de la Vérité qui, dans tous les cas, reste hors de notre atteinte. Je me défie de la raison des philosophes, fille d'Aristippos ; elle est trop raisonneuse pour qu'elle soit raisonnable.

Je suis prêt maintenant à t'écouter. Que ton âme, ma chère enfant, se montre bienveillante pour le rêve de Kalliklès qui est ton ami et qui est vieux !

ARÉTA

Tu n'as pas répondu à cette question, Kalliklès : l'âme de
Sokratès a-t-elle disparu à jamais ou bien est-elle encore
vivante, vivra-t-elle éternellement?

KALLIKLÈS

Mais le discours tout entier, ma chère enfant, tend à cette
conclusion que, guidés, dans leur marche en avant, par le
génie bienfaisant des sages qui sont les artistes souverains,
les hommes feront, un jour, la conquête de la Beauté à la
fois et d'un bonheur qui ne finira pas. N'aurais-tu pas
compris mes paroles, Aréta?

ARÉTA

Tu as parlé de la Beauté, de l'Amour et des joies réservées
à ceux qui sauront aimer la Beauté; tu as dit aussi quelques
mots de la vie immortelle, Je n'ose affirmer que j'ai toujours compris le sens de tes paroles, mais je sais bien que
tu as oublié Sokratès. Cela n'est pas beau, ami très cher,
puisque Sokratès était ton ami.

KALLIKLÈS

Tu exiges donc de moi, fille d'Aristippos, que je te dé-
montre que l'âme de Sokratès n'a pas cessé de vivre. Quelle
récompense me donneras-tu si je fais cette démonstration?

ARÉTA

Si la démonstration paraît concluante à Platon...

KALLIKLÈS

J'espère du moins qu'elle ne lui déplaira pas.

ARÉTA

Et si je la juge bonne aussi, je te dirai que je t'aime,
ô Kalliklès !

KALLIKLÈS

Voyons, ma chère enfant, posons le problème exactement, comme disent les géomètres qui se préparent pour le
combat : Oserons-nous soutenir que tous les hommes ont
une âme et qu'elle est immortelle?

ARÉTA

Platon soutiendrait cette thèse, mais Kalliklès...

KALLIKLÈS

Par Zeus, père des dieux et des hommes, Kalliklès prendra
garde de ne pas la soutenir ; sinon tu reprocherais bientôt
au Discours de radoter comme une vielle femme qui ne sait
plus le soir ce qu'elle a dit le matin.

ARÉTA

Je t'en prie, Kalliklès, réponds à la question.

KALLIKLÈS

Comme tu es impatiente, Aréta. Platon ne t'a-t-il pas
enseigné que la patience est une vertu du philosophe?
N'es-tu pas philosophe? Ne fais pas la moue, ne fronce pas
les sourcils ; tu as beau prendre un air irrité, tu ne ressem
bleras jamais à Zeus Olympios. Ecoute ma démonstration :

La plupart des hommes ne vivent pas comme il convien-
drait à des hommes. Ils mangent et digèrent, font de la politique ou du négoce, parfois de la politique et du négoce en

même temps, ils recherchent par-dessus tout les richesses et les honneurs, mais ils oublient de vivre. Ils vont, conduits par leurs désirs, poussés par leurs passions vers une fin qu'ils n'essaient pas de prévoir. Jamais ils ne font retour sur eux-mêmes pour s'interroger et, comme dit Platon, pour se regarder penser et vouloir. Même quand ils ont peur de l'Hadès, ils n'éprouvent pas le besoin de se demander s'ils ont une âme? Ils ne recherchent ni comment, ni pourquoi ils existent; ils ne savent même pas au juste ce que c'est que d'exister. Ce sont des apparences d'hommes, des fantômes qui s'agitent un moment pour bientôt s'évanouir. Comment leur âme pourrait-elle être immortelle s'ils n'ont pas d'âme?

ARÉTA.

Mais, ami très cher, si tout, dans le monde, c'est ce que tu as affirmé, n'est qu'un jeu d'illusions, la vie de ceux qui pensent et qui réfléchissent, fiers de leur prétendue sagesse et pleins de mépris pour l'ignorance du vulgaire, n'est-elle pas, elle aussi, une illusion?

KALLIKLÈS

C'est une illusion, ô ma très belle, de penser que quelque chose de réel existe dans le monde où nous vivons, mais affirmer que tout ce que nous voyons n'est qu'un ensemble d'illusions qui jouent et qui se jouent de nous, c'est constater une vérité. Pourtant, il n'est pas interdit de croire que ces mouvantes apparences qui forment le tissu de notre vie actuelle tendent vers une réalité qui est en voie de se faire. La vérité n'est pas maintenant, qui sait si elle n'est pas en marche? Et ce sont les plus sages d'entre les hommes, ceux qui ont une âme, et qui le savent, qui guident les efforts obscurs de la Grande Nature, cherchant à se trouver, désirant être et se connaître. Ceux-là font œuvre d'homme, Aréta; ce sont les génies créateurs qui laissent sur la terre un trace lumineuse de leur passage. Ils ont une âme et une âme immortelle, car leur souvenir ne périra jamais. Les hommes conserveront jalousement, comme un dépôt sacré, leurs pensées, leurs œuvres, leurs enseignements qu'ils se transmettront d'âge en âge. C'est cela, Aréta, que j'appelle leur âme immortelle. Et maintenant ne dirons-nous pas de Sokratès qu'il avait une âme?

ARÉTA

Nous le dirons, Kalliklès. Platon se fâcherait peut-être si nous refusions de reconnaître une âme à Sokratès?

KALLIKLÈS

Et ce serait à bon droit. Certes, il avait une âme, le grand artiste, que des hommes sans âme ont condamné à mourir. Mais ton âme, ô Sokratès, n'a pas cessé de vivre. Si ta doctrine n'est pas la Vérité, du moins elle est belle. J'avoue que de tous les hommes près desquels j'ai vécu, plus que Gorgias et que Protagoras, plus que Platon lui-même, tu étais habile dans l'art de persuader et de séduire ceux qui t'écoutaient. Platon est, en ce moment, le plus grand de tes disciples. Il enseigne aux hommes la doctrine que ton génie a créée, je crois aussi qu'il propose parfois aux éphèbes qui l'entourent dans le jardin d'Akadémos, des vérités que tu n'approuverais pas tout entières, et des idées que tu combattrais en souriant. Je ne puis cependant refuser de convenir que c'est ta pensée qui revit dans la sienne, et ton ironie et ta maïeutique. Comme toi, Platon se propose, ô Sokratès, de rendre ceux qui l'écoutent plus justes qu'ils ne sont et meilleurs.

Et maintenant, Aréta, permets que je me tourne vers celui que tu as si souvent appelé du nom de maître et que je lui dise :

Fils d'Ariston, je n'irai pas chercher loin la solution de la difficulté que tu m'as donnée à résoudre : Existe-t-il un bosquet dans lequel le rossignol des Muses chante, encore à présent, sa divine chanson ?

Je réponds : le rossignol est toujours vivant, ami très cher, il n'a pas cessé de chanter, il chante dans ton âme ! Sokratès t'a transmis son génie, et son âme revit dans la tienne. Plus tard, après ta mort, quand les ignorants parlant de toi, ô Platon, diront que ton âme s'est dissipée comme se dissipe, au gré du vent, la fumée légère qui s'élève de l'âtre, tu auras confié ton âme tout entière à ton disciple le meilleur qui la confiera, à son tour, à ceux qui viendront après lui, afin de continuer ton œuvre ! Ainsi est immortelle, Aréta, l'âme des artistes aimés des dieux.

Quant à tous ces hommes, si nombreux, qui n'ont pas d'âme, qui n'ont apporté à la cité, ni une pensée nouvelle, ni une œuvre nouvelle de beauté, ils ne peuvent exister qu'à titre d'instruments des âmes supérieures. Ces instruments disparaîtront dès qu'ils seront devenus inutiles. Pourquoi serait-il donné à de tels hommes de revivre, eux qui n'ont pas, à proprement parler, vécu ?

———————

L'AME DE SOKRATÈS

PLATON

Quelle sera notre réponse, fille d'Aristippos, au discours
de Kalliklès? Il a parlé longtemps, sinon dans l'espoir de
convaincre ton esprit, du moins afin de séduire ton âme.
Diras-tu qu'elles sont belles et rares, ces idées que son éloquence ingénieuse et subtile s'est appliquée à défendre sous
le platane d'Akadémos?

ARÉTA

Je ne sais que répondre, maître, je suis toute troublée.

PLATON

Pourquoi donc, ma chère enfant?

ARÉTA

Dans ce monde illusoire où la fantaisie de notre ami se
meut si aisément, je suis comme perdue. Ce n'est pas que le
Discours, autant que j'ai pu le comprendre, ait su me persuader, — je voudrais au contraire lui adresser des reproches,
beaucoup de reproches, — mais, je suis honteuse de l'avouer,
Platon, je ne sais pas par où commencer. C'est en vain que

je cherche, depuis un moment, le fil conducteur qui me per-
mettrait de sortir du labyrinthe où l'art de cet enchanteur a
réussi à m'enfermer. Ne vas pas croire, ô chorège, que je
veuille me dérober au devoir d'apprécier ce rêve de beauté
et d'amour de la beauté que Kalliklès vient de rêver devant
nous. Je parlerai, mais plus tard, aussitôt que j'aurai mis un
peu d'ordre dans mes idées qui flottent maintenant semblables à ces nuages que notre ami a pris pour le symbole
de sa sagesse. Je t'adresse cette prière, maître très cher,
dis-nous tout d'abord ce que tu penses de la doctrine de
Kalliklès, ou, si tu le préfères, et s'il y consent, qu'Antisthénès, le premier, entre dans la carrière et se mesure avec
le plus redoutable des sophistes.

PLATON

Entends-tu, mon vieil ami, ce que dit Aréta? Ne penses-tu
pas qu'il serait beau de lui obéir? As-tu écouté les paroles
de Kalliklès?

ANTISTHÉNÈS

J'ai écouté, Platon, mais je n'ai rien entendu.

PLATON

Voilà qui est merveilleux, ami très cher.

KALLIKLÈS

Peut-être es-tu encore aujourd'hui, Antisthénès, dans le
bienheureux état d'ataraxie?

ANTISTHÉNÈS

Mieux eût valu pour moi, Kalliklès, me perdre, comme

tu dis, dans la contemplation du cosmos divin, que de m'appliquer à suivre les capricieuses images que tu as suscitées à nos yeux. Tu as parlé longtemps, tu as agencé des paroles, mais, par Zeus tout-puissant! tu n'as rien dit. Ce ne sont que des mots qui passent devant nous; ils s'agitent un moment et se poursuivent, puis disparaissent et font place à d'autres qui disparaîtront à leur tour sans qu'on sache pourquoi ils étaient apparus. C'est en vain que l'on chercherait une pensée raisonnable dans ce discours: ou si, par hasard, le sophiste, sans y prendre garde, nous en présente quelqu'une, il se dérobe aussitôt et, retirant de la main gauche ce qu'il nous a donné de la main droite, il nous avertit en souriant de ne pas prendre au sérieux ses paroles. Combien de fois ne l'avons-nous pas entendu dire: n'oubliez pas surtout que ceci n'est qu'un rêve? Raconte à loisir, ô Kalliklès, tes rêves d'art, d'amour et de beauté; mais, de grâce, ne me contrains pas à en disputer avec toi, ou du moins consens à me dire ce que c'est que l'Art, ce que c'est que l'Amour, ce que c'est que la Beauté. Si tu te refuses à les définir, ma raison m'interdit de te suivre dans ton discours. On ne dispute pas sur des illusions, on les écarte. Les illusions sont en dehors de l'ordre des choses établi par l'éternelle sagesse des Immortels!

KALLIKLÈS

Je puis maintenant m'écrier comme Philoktétès dans l'île de Lemnos: ô le plus abandonné des mortels! Quelle malencontreuse idée, Platon, t'a poussé à interroger le roi des cyniques! De lui-même, il n'eût jamais songé à intervenir

dans le débat et, ma fantaisie aidant, j'aurais pu penser
qu'il approuvait ma sagesse. Elle n'est pas, autant qu'il le
croit, éloignée de celle qu'il professe avec orgueil. Or, voici
qu'il affirme à présent que j'ai longtemps parlé pour ne rien
dire. Antisthénès, orgueilleux Antisthénès, ami très cher,
depuis longtemps les philosophes d'Athènes, et même d'ailleurs, m'ont discrètement laissé entendre qu'ils ne faisaient
pas grand cas des opinions que mon esprit se plaisait à
opposer à leurs systèmes, mais jamais aucun d'eux, ni
Platon, ni Sokratès lui-même, ne m'ont jeté, ainsi que tu
viens de le faire, ô cynique, leur mépris à la face. S'il est
beau d'être dans le secret des dieux, — je ne doute pas que
tu ne connaisses leurs secrets les plus cachés, — peut-être
as-tu le tort d'en abuser pour humilier un vieillard qui n'a
jamais fait grand mal à personne?

ANTISTHÉNÈS

T'attendais-tu à des compliments de ma part ou à des
éloges pour des idées que tu ne comprends pas toi-même
puisque tu les contredis en les énonçant? Maintenant que
tu es vieux, oublierais-tu qu'autrefois, au temps de ta jeunesse, dans ta maison, devant tes amis, Khéréphon, Gorgias
et Polos, tu as essayé, mais vainement, d'humilier l'âme du
maître des maîtres, cette âme incomparable en qui toute
sagesse résidait? « Lorsque je vois un vieillard qui s'occupe
de philosophie, je le tiens digne du fouet. » C'est par ces
paroles que tu as insulté Sokratès, ô sophiste. Sa sagesse,
disais-tu, n'était qu'un appareil d'extravagances et de puéri-
lités. Plus de quarante années se sont écoulées depuis lors,
et mon âme n'a pas oublié!

KALLIKLÈS

Mieux eût valu, Antisthénès, ne pas réveiller aujourd'hui, sous le platane, ce souvenir qui attriste mon cœur.

PLATON

Tu es sévère, Antisthénès.

ANTISTHÉNÈS

Je ne suis que juste.

PLATON

Les dieux, ami très cher, exigent des vieillards plus que la justice : l'indulgence et la bonté. Tu devrais te souvenir qu'à l'époque du procès, Kalliklès a eu le courage de se dire le familier et l'ami de Sokratès.

KALLIKLÈS

Je te remercie, Platon. Autrefois, je l'avoue, j'ai mal agi à l'égard de ton vieux maître. Son aspect était si humble, son manteau d'étoffe si commune, que, grisé peut-être par les éloges de Gorgias, je m'étais aisément figuré qu'il était permis à un jeune homme riche et qui se croyait puissant d'en user librement à l'égard d'un homme de naissance inférieure. Comment ma fatuité d'Eupatride aurait-elle pu apprécier sainement le merveilleux génie du père de la philosophie? Plus tard j'ai compris mon erreur, j'ai regretté ma conduite.

PLATON

Ce sont là, comme dit le poète, des choses qu'il est sage

de confier au fleuve de l'oubli. Le passé, amis très chers, est irrévocable.

Antisthénès, permets à mon amitié de t'adresser un nouveau reproche : tu ne rends pas justice aux mérites du discours de Kalliklès. Il a parlé longtemps, il a dit de fort belles choses ; notamment sur l'Art et les artistes et sur son ami le sculpteur Skopas qu'il a dignement loué.

ANTISTHÉNÈS

Voilà que tu fais, ô Platon ! l'éloge de Kalliklès !

PLATON

C'est qu'il mérite d'être loué, ô mon très cher !

La doctrine de Kalliklès est celle de l'illusion universelle. Elle ressemble de très près à la doctrine que le ténébreux Hérakleitos a proposée avant lui. Elle est loin d'être méprisable. En vrai disciple de Gorgias, Kalliklès l'a défendue devant nous avec un art très subtil. Nous devons lui rendre cette justice qu'il a fait de son mieux pour conquérir l'âme de la fille d'Aristippos. Son rêve, Antisthénès, est une belle invention de poète. Quoi de plus ingénieux que de présenter les hommes et les choses comme des apparences qui se poursuivent et qui jouent ! Elles donnent aux dieux qui les suivent d'un regard amusé, et aussi à quelques-uns d'entre les hommes, à ceux dont le génie s'applique à les observer, une représentation de la vie d'autant plus intéressante qu'elle change sans cesse. Tu chercherais longtemps, dans les dithyrambes de Pindaros, avant d'y rencontrer une fantaisie aussi belle.

ANTISTHÉNÈS

J'aime mieux ne pas te répondre, Platon.

PLATON

Ne réponds pas, mais, je t'en supplie, ne te mets pas en colère. As-tu oublié que notre maître vénéré se plaisait aux badinages de l'esprit? Ne sommes-nous pas assemblés sous le platane afin de célébrer sa mémoire? Prends garde aussi que d'autres raisons m'inclinent fortement à examiner avec bienveillance le discours de Kalliklès. Je voudrais lui prouver d'abord que tous les philosophes n'ont pas l'humeur agressive et arrogante, et lui dire en outre que je lui suis reconnaissant pour une pensée qu'il a tout à l'heure exprimée devant nous.

ANTISTHÉNÈS

Tu n'as plus qu'à nous déclarer, ô Platon! que tu es devenu le disciple de Protagoras et de Gorgias.

PLATON

Je suis toujours, Antisthénès, le disciple de Sokratès. Je suis assuré que mon vieux maître ne désavoue pas mes paroles, si son âme, ainsi que je le crois, peut les entendre.

Kalliklès, tu m'as causé une grande joie! Tu as pensé qu'en attendant le jour où il lui serait donné de vivre de la vie qui ne finira pas, l'âme de Sokratès avait résolu d'habiter en mon âme.

ARÉTA

Se peut-il, ô Platon! que tu aies pris au sérieux cette

pensée de notre Kalliklès? Croirais-tu, vraiment, que l'âme
de ton maître revit en ton âme?

PLATON

Je n'ose pas dire que j'en sois entièrement persuadé. J'ai
connu Sokratès, il aimait beaucoup à rester lui-même.
Peut-être n'eût-il pas été flatté, quand il vivait, d'apprendre
que son âme, après sa mort, viendrait demander asile à
mon âme. Sois convaincue, Aréta, que si Sokratès revit en
moi, c'est parce qu'il n'a pas pu revivre en lui-même.

ARÉTA

Je persiste à croire que tu plaisantes, Platon.

PLATON

Regarde-moi, comme dirait Kalliklès, ai-je l'air de plaisanter, fille d'Aristippos? Je dirai presque, Kalliklès, que
ton idée m'a séduit à ce point que j'en arrive à me persuader
que c'est l'âme de Sokratès qui parlera par ma bouche et
que c'est elle maintenant qui se propose d'examiner le rêve
que ta fantaisie s'est amusée à former.

KALLIKLÈS

Pourrais-tu me dire, Platon, si l'âme de Sokratès doit se
montrer sévère pour la rêverie du vieux sophiste?

PLATON

Je l'ignore ami, le Discours sans doute nous l'apprendra
bientôt. Consens-tu à ce que l'âme de Sokratès t'interroge,
voudras-tu lui répondre?

KALLIKLÈS

Par tous les dieux, j'y consens, Platon, et de grand cœur. Mais, de grâce, si tu as quelque influence sur l'âme de ton vieux maître, ce dont je ne doute pas, puisque depuis longtemps déjà vous vivez en commun, dis-lui, je te prie, d'oublier le Kalliklès d'autrefois et de se montrer bienveillante pour le Kalliklès d'aujourd'hui.

PLATON

Elle-même va te répondre :

« Reçois tous mes compliments, ô Kalliklès. Tu ne ressembles plus au jeune homme que j'ai connu autrefois. En ce temps, tu méprisais un vieillard qui usait les dernières années de sa vie à ressasser des problèmes qui se refusent à toute solution. Ces enfantillages, disais-tu, le rendraient incapable de veiller sur ses affaires. Il ne saurait même pas se défendre, quelques vils et méprisables que fussent ses accusateurs, et les juges riraient de ses pauvres raisonnements, le jour où, conduit devant eux, il serait appelé à se disculper. Tu t'exprimais avec beaucoup de hardiesse et de franchise, et tes paroles étaient éclatantes comme le son d'une trompette guerrière. Voici que je te retrouve aujourd'hui sous le platane d'Akadémos discutant avec des philosophes et quelque peu philosophe toi-même. »

KALLIKLÈS

Pourtant je t'en laisse juge, âme de Sokratès, ne dois-tu pas reconnaître que les prédictions que j'ai faites autrefois se sont réalisées ? Des hommes t'ont accusé et tu n'as pas su te défendre.

PLATON

« J'ai soutenu devant eux, comme j'avais soutenu devant toi, qu'il est plus laid de commettre une injustice que de la subir. A présent encore, si les dieux me rendaient la vie, si je comparaissais de nouveau devant mes juges, j'affirmerais, sans aucune crainte de me tromper, que ceux qui me condamnent sont plus à plaindre que je ne le suis, eux qui me condamnent injustement...

« Pardonne-moi, je te prie, Kalliklès, je ne voulais pas te parler du procès; je voulais seulement t'interroger. »

KALLIKLÈS

Parle, ô Sokratès, je te répondrai, si je le puis.

PLATON

« O Kalliklès, comme la plupart des hommes, tu regrettes maintenant les écarts de langage et les intempérances de pensée qui réjouissaient ton âme au temps où elle était jeune, alors que ton corps, gonflé de sève, t'invitait à rechercher la volupté, à remplir tous ses désirs à mesure qu'ils s'élevaient en lui. »

KALLIKLÈS

Je regrette surtout ma jeunesse qui s'est enfuie. Hélas ? quelle tristesse de vieillir ! Je me croyais encore jeune quand l'expérience m'a démontré que je ne l'étais plus. Mais, de grâce, laissons dormir en paix le Kalliklès d'autrefois. Il n'est pas, ce me semble, nécessaire que le discours s'amuse à opposer Kalliklès à Kalliklès.

PLATON

« C'est que le Discours, ô mon très cher, voudrait louer, comme il le mérite, le Kalliklès d'aujourd'hui.

« L'autre aimait les richesses et les honneurs ; il avait voué un culte à la force brutale ; il dédaignait la philosophie et méprisait les philosophes. Il eût préféré à l'amitié de Skopas l'amitié d'un archonte ou d'un stratège tout-puissants. Maintenant, comme si le commerce des hommes et l'expérience de la vie avaient démontré au Kalliklès qui est devant nous que toutes ces choses qu'il aimait tant n'étaient que des laideurs indignes de séduire le cœur d'un homme, notre ami nous révèle une âme toute nouvelle, purifiée par la contemplation et par l'amour de la pure Beauté. Nous le voyons discuter avec des philosophes, s'appliquant à leur démontrer que les artistes sont plus que des hommes, eux dont le génie conçoit la Beauté et parfois la réalise. Cette beauté a réjoui ta vieillesse, ô Kalliklès, elle t'a consolée des souffrances de la vie.

« Pourtant, si tu aimes la Beauté, tu n'oses pas affirmer qu'elle soit, dans le monde illusoire où nous vivons, autre chose qu'une illusion plus agréable que les autres, et que, pour cette raison, nous devons rechercher de préférence. Ton amour pour la Beauté est tel que ton cœur se révolte contre ton intelligence, car c'est ton cœur qui a fait ce rêve : Peut-être un jour viendra où la Beauté sera réelle : les artistes divins découvriront les lois secrètes qui provoquent son éclosion et qui l'amènent à son parfait épanouissement, et la cité belle sera créée où les hommes, dignes de comprendre la Beauté et de l'aimer, seront heureux de vivre.

Tel est, ô Kalliklès, si j'ai compris tes paroles, le rêve qui a
séduit ton âme. Je dis que c'est un beau rêve, mais j'ajoute
aussitôt que si tu avais confié ton rêve à ce Kalliklès que
j'ai connu autrefois et qui, fier de sa jeunesse, méprisait les
amoureux de la Vérité et de la Sagesse, il n'eût pas manqué
de te dire, ô mon très cher, que seul un vieillard extrava-
gant pouvait imaginer de telles choses. Ce n'est pas sans
inquiétude que je me demande quelle serait la réponse que
tu pourrais lui faire. »

KALLIKLÈS

Moi, je me demande avec inquiétude où tu veux me conduire.

PLATON

« Suivons le Discours, ô mon très cher ! c'est lui qui nous
conduira. »

KALLIKLÈS

Je suis prêt à le suivre, à moins que le chemin qu'il suivra
lui-même ne soit trop hérissé de ronces.

PLATON

« Ne disais-tu pas, il n'y a qu'un moment, à la fille d'Aristippos, que, selon toi, une démonstration, si profonde parût-
elle, ne démontrait jamais que l'ingéniosité d'esprit du philosophe qui la proposait, qu'un autre philosophe se pourrait
rencontrer plus ingénieux encore, qui démontrerait que cette
démonstration était sans valeur. Tu concluais superbement
pour rendre hommage à ton maître Gorgias, que toutes les
thèses pouvaient se démontrer et que, par conséquent,
nous n'étions jamais assurés de nous trouver en présence

d'une vérité. Pourquoi fais-tu cette moue ? Ce sont là tes paroles, Kalliklès, il ne serait pas beau de ta part de ne pas en convenir ? »

KALLIKLÈS

Mais j'en conviens ! Pourquoi refuserais-je d'en convenir ? Oui, je l'ai dit et je le répéterais volontiers pour peu que cela te fût agréable, ô Platon ! et je ne me repens pas de l'avoir dit.

PLATON

Ce n'est pas Platon qui parle, mais Sokratès ; il ne faudrait pas l'oublier, ô mon très cher !

KALLIKLÈS

Par Zeus-Père, j'étais sur le point de l'oublier.

PLATON

Écoute ces paroles de mon maître :

« Puisque tu fais si peu de cas de toutes les démonstrations, il sera juste que nous dédaignions aussi celle que tu as mise en avant dans le Discours, alors que tu voulais nous persuader que, seule, la Beauté était digne de notre amour. Nous dirons qu'elle est sans valeur et nous nous refuserons à en tenir compte. »

KALLIKLÈS

Mais je n'ai rien prétendu démontrer. Je vous ai raconté un rêve que j'ai fait ; il a séduit mon âme, j'espérais qu'il pourrait séduire encore une âme de jeune femme.

PLATON

« Ce n'est donc pas par des arguments que tu t'es appliqué à séduire l'âme d'Aréta, fille d'Aristippos ? »

KALLIKLÈS

Nous dirons simplement que c'est par des paroles, si tu le permets, âme de Sokratès.

PLATON

« Je préférerais dire, ô mon très cher, par des paroles arrangées avec art et disposées de manière à séduire une âme. »

KALLIKLÈS

Sans doute.

PLATON

« Écoute avec attention : si tes paroles n'avaient pas su convaincre cette âme qu'elles se proposaient de conquérir, te serait-il encore permis d'affirmer qu'elles étaient capables de la séduire ? »

KALLIKLÈS

Que me demandes-tu maintenant ? Par Athéna, je ne comprends pas la question.

PLATON

« En d'autres termes, penses-tu que des paroles formant des phrases harmonieuses mais qui n'offriraient aucun sens sont de nature à séduire une âme ? »

KALLIKLÈS

Non certes, à moins que ce ne soit peut-être une âme de
musicien.

PLATON

« C'est donc, ô Kalliklès, que tu te proposais, par le discours, de faire entrer la persuasion dans l'âme de celle que
tu voulais séduire. »

KALLIKLÈS

Mais c'est en la séduisant que je la persuadais.

PLATON

« A moins que ce ne fût en la persuadant que tu la sédui-
sais. »

KALLIKLÈS

Disons, si tu le veux, que la persuasion et la séduction
marchaient du même pas, en se donnant la main. Par tous
les dieux, ne cherche pas à m'embarrasser plus longtemps
au moyen de ces subtilités.

PLATON

« Se peut-il, ô Kalliklès ! que toi, l'esprit le plus subtil que
la Hellas ait enfanté, tu me reproches d'être subtil ? Écoute-
moi sans te fâcher. Alors que tu as décidé de persuader et de
séduire l'âme d'Aréta, parce qu'elle est belle et que tu l'aimes,
tu lui as exposé de ton mieux des idées qui t'avaient séduit
et persuadé toi-même. Bien plus, tu as quelque peu tourné
en dérision, discrètement sans doute, en Athénien, les idées
et peut-être les personnes de ceux, qu'à tort ou à raison tu

regardais comme des rivaux dans cette conquête que tu
voulais faire. »

KALLIKLÈS

C'était sans méchanceté, Sokratès, et simplement par jeu.

PLATON

« Je le sais, ô mon très cher, c'est aussi en manière de jeu
que je t'adresse ce reproche. Il n'en est pas moins vrai que
comme un vaillant stratège en présence d'une citadelle qu'il
essaie de forcer, tu t'es servi de toutes les armes à ta dispo-
sition. Ces armes, Kalliklès, ne sont autre chose que des
arguments. Refuserais-tu d'en convenir ? »

KALLIKLÈS

Il faut bien que j'en convienne, tu ne me laisserais pas
un moment de répit, si je refusais d'en convenir. Mais, par
Athéna, il faut aussi que tu avoues qu'Antisthénès m'a
accusé à tort d'avoir longtemps parlé pour ne rien dire.

PLATON

« Peut-être voulait-il exprimer par ces mots que les
arguments que tu nous présentais lui semblaient sans
valeur ? »

ANTISTHÉNÈS

Arguments de sophiste ou de rhéteur à peine suffisants
pour flatter une foule !

KALLIKLÈS

J'aime encore mieux ton silence que tes paroles, Antisthénès. Je n'oserais dire que tes paroles soient d'argent.

mais, par le Grand Chien, ton silence est d'or. Dis-moi, âme de Sokratès, penserais-tu aussi que les arguments dont je me suis servi ne soient pas de nature à persuader ou à séduire une âme ?

PLATON

« Il faudrait les peser avec soin, avec la balance de Minos, le grand juge. »

KALLIKLÈS

Penses-tu vraiment que ce soit nécessaire, ô Sokratès ?

PLATON

« Je le pense très certainement. Il me semble en effet que ces arguments qui te persuadent maintenant ne t'auraient pas persuadé autrefois. Si le Kalliklès de ta jeunesse reparaissait devant toi, ce qui n'est pas impossible s'il faut en croire les prêtres égyptiens, tu serais, je le crains, ami très cher, fort embarrassé pour lui répondre. Il est donc utile que nous examinions lequel a raison des deux Kalliklès. »

KALLIKLÈS

C'est la seconde fois que tu dis ces paroles, ô Sokratès !

PLATON

« Je ne les crois pas sans importance. Examinons-les tous deux avec soin. Je suppose que le Kalliklès que j'ai connu, l'ami de Gorgias et de Polos, vienne s'asseoir sous le platane, à côté de la fille d'Aristippos qu'il aimerait aussi sans doute puisque tu l'aimes. Il te dirait :

« Tu me conseilles, ô mon fils ! d'aimer les artistes et aussi « la beauté que leur génie conçoit. Puisque tu me conseilles

« de l'aimer, tu dois la connaître. Quelle est son essence ?
« comment pourrais-je savoir que c'est elle qui est devant
« moi et non pas autre chose qu'il serait préférable de ne
« pas aimer ? »

« Toi, tu resterais sans réponse. Comment répondrais-tu,
puisque tu déclares que tu ne sais pas définir la Beauté ? »

KALLIKLÈS

Si la science ne définit pas la Beauté, âme de Sokratès ?
le cœur du moins la devine, et c'est le cœur qui aime, et non
pas la raison orgueilleuse de son savoir.

PLATON

« Fort bien. Oserais-tu soutenir que ton cœur ne s'est
jamais trompé ? »

KALLIKLÈS

Je n'ai pas la prétention de croire qu'il est infaillible. Seul
Aglaophamos à ce privilège de ne jamais se tromper.

PLATON

« Imagine, ô mon très cher, que, t'adressant à ton double
plus jeune, tu lui disses ces mots :

« Regarde la fille d'Aristippos assise près de toi : vois ses
« grands yeux brillants, ses traits nobles et purs. Dis-moi
« si jamais il t'a été donné de contempler une beauté plus
« parfaite ? » Quel serait ton étonnement, ô Kalliklès ! si
Kalliklès te répondait : Tu te trompes, ô mon fils, Aréta
n'est pas belle ? »

KALLIKLÈS

Cette réponse ne manquerait pas de m'étonner, Sokratès.

Le Kalliklès que tu as connu ne méprisait pas la Beauté,
autant du moins qu'il m'en souvienne. Mais si un autre
que Kalliklès me faisait cette réponse, un homme quelconque
que je n'aurais aucune raison de ménager, je lui dirais :
Je ne t'ordonne pas, ami d'aimer la beauté que j'aime ; aime
la beauté qui a su te plaire, quelle qu'elle soit, et tu seras
heureux.

PLATON

« C'est alors que ton double, ô Kalliklès ! triompherait
aisément de ta doctrine. Il me semble l'entendre t'insulter
comme il m'insultait autrefois :

« Quelle sottise est la tienne, dirait-il, ô mon fils ! de
« rêver une cité belle, où les artistes créateurs de beauté
« seront tout-puissants. Il faut vraiment que tu sois tombé
« en enfance pour soutenir sérieusement une pareille opi-
« nion. Qu'est-ce donc que cette beauté que tu poursuis
« maintenant et dont on ne peut jouir que par imagination
« puisqu'elle n'est qu'illusoire ? Se peut-il que tu la préfères
« à ces joies réelles qu'un homme intelligent et de race
« noble sait se procurer ? Ce qui est bon, ce n'est pas
« d'aimer de belles statues, ou de beaux temples, ou même
« de belles filles que l'on contemple de loin, ce sont là de
« purs enfantillages, dignes tout au plus de ce Sokratès
« que les Athéniens ont puni autrefois pour avoir défendu
« des idées qui n'étaient pas de beaucoup plus folles que
« les tiennes. Ce qui est beau et bon et désirable, ce sont
« les jeux de la guerre, les pillages des villes, la puissance
« de réduire des races entières en esclavage. Ce que je
« recherche, ce que j'aime, c'est l'adoration des foules, le

« pouvoir d'assouvir toutes mes passions. Ce n'est pas l'ar-
« tiste qui est plus qu'un homme, c'est celui qui peut tout
« briser et tout détruire. C'est le dompteur des choses et
« des hommes ! »

« De quel droit lui dirais-tu qu'il se trompe, ô Kalliklès !
et que la beauté qu'il aime n'est pas digne d'être aimée ? Tu
ne réponds pas ?

« Tu ne peux pas répondre. Lequel a raison des deux Kalliklès, lequel a tort, s'il est vrai que nous vivons, ainsi que tu
l'affirmais il n'y a qu'un moment, dans un monde illusoire ?
Qui décidera entre vous deux, à quel titre, de quel droit ? —
La force peut-être ? — Mais sans contredit, il est plus fort
que tu ne l'es ; il est plus entreprenant et plus jeune, et son
âme est complètement dégagée de tout scrupule ! Sois convaincu que la foule des hommes viendra, comme un troupeau docile, se ranger près de lui, prête à obéir, domptée
par son cœur superbe et hardi. Le Kalliklès que j'ai connu
autrefois ne respectait guère que la force. La violence,
disait-il souvent, traine après elle la loi qui la légitime. Il
ne rêvait pas, ô mon très cher ! il n'aimait pas ceux qui
passent la vie à rêver: il n'aurait pu s'empêcher de te
mépriser. Pourtant, puisque tu es issu de lui, et comme il ne
se peut pas que vous n'ayez encore tous deux des qualités
communes, il eût, je l'espère du moins, conservé quelque
amitié pour toi. Il t'exhorterait, par de douces paroles, à
rentrer dans la bonne voie. Il te dirait :

« Tes rêves, ô mon fils ! finiront par te faire une maison
« déserte. Il ne faut pas rêver, il faut agir, il faut vivre.
« Lutter, vaincre, triompher, c'est la vie, la seule vie digne
« d'être vécue, la vie heureuse ! Crois-moi, vieillard, ta place

« n'est pas au milieu des philosophes. Pourquoi te préoc-
« cuper maintenant de rendre les hommes plus heureux ou
« meilleurs? Ce n'est pas ton affaire ; c'est l'affaire des
« dieux. Préoccupe-toi plutôt de ton propre bonheur, ne
« perds plus ton temps à poursuivre la beauté alors que tu
« n'es plus en âge d'être amoureux. Fréquente chez les
« puissants, applique toute la subtilité de ton esprit à ne
« pas leur déplaire : ce sont eux qui dispensent les honneurs
« et les richesses. Propose-toi pour exemple, ô mon fils,
« ceux d'entre les hommes qui ont du bien et du crédit,
« tout le reste n'est qu'extravagance et qu'enfantillage. Et
« si tu peux t'emparer du pouvoir souverain, n'hésite pas :
« les plus puissants d'entre les hommes sont aussi les plus
« heureux. Mais confier à des artistes cette puissance que tu
« aurais conquise, quelle folie ! Leur âme futile et légère ne
« se complaît que dans le rêve ; ils ne sauraient que faire
« du pouvoir, eux qui ne sont même pas capables de se con-
« duire dans la vie avec habileté. Les artistes ne sont bons
« que pour chanter les louanges d'un tyran ou d'un roi ! »

« C'est ainsi que parlerait, j'imagine, le Kalliklès d'autrefois au Kalliklès d'aujourd'hui, et tu ne saurais lui répondre. Tu ne pourrais pas lui dire pour quelle raison tu
mets maintenant les artistes au-dessus des autres hommes.
Sans doute tu les appelles des créateurs de beauté, mais
ils ne sont après tout que des amuseurs, des forgeurs
d'illusions, puisque la beauté est, selon toi, illusoire. Ce
n'est pas la beauté que tu aimes, ô Kalliklès ! Comment
l'aimerais-tu, si tu ne sais ce qu'elle est? C'est une décevante
image que tu poursuis et qui s'enfuit toujours à ton
approche. »

ARÉTA

Tu ne réponds pas? Tu baisses la tête, ami très cher; on dirait une victime que le sacrificateur a désignée pour être immolée devant l'autel.

Kalliklès, éloquent Kalliklès, serais-tu devenu muet? Il est vrai que l'âme de Sokratès n'a pas été clémente pour toi.

KALLIKLÈS

Aréta, méchante Aréta, pourquoi ris-tu? L'âme de Sokratès! Tu sais bien, fille d'Aristippos, que l'âme de Sokratès n'est pas intervenue dans le débat. C'est Platon seul que je dois accuser. Il s'est montré cruel, plus cruel encore qu'Antisthénès. Une fois de plus j'ai été victime de sa dialectique. O Platon! philosophe plus sophiste que le plus adroit des sophistes, comme tu m'as trompé! J'écoutais avec complaisance tes éloges, et tout à coup, à l'improviste, une pluie de reproches s'est abattue sur ma tête! — Par tous les dieux, ces reproches, dans ton discours, je me les adressais à moi-même, de telle sorte que je ne sais plus au juste, maintenant, si c'est contre toi que je dois me fâcher ou contre moi. Je reste surpris, à demi hébété, ne sachant que répondre, craintif comme un enfant pris en faute, que son père vient de punir. Pourtant, tu n'es pas mon père, ô Platon! et je ne suis pas un enfant.

PLATON

O mon très cher! ce n'est pas l'âme de Sokratès qui adresse à Kalliklès des reproches, c'est Kalliklès. Par Zeus-Père, tu as dit ce que je voulais te faire dire. Sois assuré que

l'âme de mon maître vénéré est maintenant dans la société
des dieux immortels. Si elle s'intéresse encore, comme je me
plais à l'espérer, à la discussion des grands problèmes, elle
ne peut y prendre aucune part. Tu as connu le génie de
Sokratès ; il eût trouvé d'autres arguments et de meilleurs,
lui, l'accoucheur d'âmes, pour te démontrer que ce rêve que
ta fantaisie a formé n'est qu'un de ces fantômes qui nous
séduisent quand nous les apercevons d'un peu loin, mais
qui s'évanouissent aussitôt que nous ouvrons les mains
pour les saisir. Hélas ! je ne suis pas Sokratès, je ne suis que
Platon, et je n'espère pas que le Discours t'ait persuadé. Mais
il serait injuste de prétendre que je n'ai voulu t'adresser
que des reproches. Je te loue de toute mon âme pour avoir
dit que les artistes méritaient une place à part dans la cité.
J'affirme avec toi que rien n'est plus beau pour l'âme de
l'homme que d'aimer ce qui est beau. Mais la Beauté n'est
pas une illusion, elle est la plus réelle des idées de notre
âme et la plus belle puisqu'elle est l'idée de la beauté. Elle
est souverainement aimable. Je vois bien que toi aussi
tu l'aimes ; pourtant, tu n'as pas su la reconnaître dans ton
âme, et, comme tu ne sais ce qu'elle est, tu nies qu'elle
existe et tu essaies de nous séduire par des mots et par des
images. Nous ne voulons pas être séduits, ô mon très
cher !

ANTISTHENÈS

Nous voulons des définitions et des preuves.

KALLIKLÈS

Aréta, ma chère enfant, me laisseras-tu accabler sans
essayer de me défendre un peu ? Vois comme ils m'ont mal-

traité tous les deux, Platon plus encore qu'Antisthénès.
Autrefois, Aréta, tu avais de l'amitié pour moi ; ce matin
encore tu m'as dit que tu m'aimais.

ARÉTA

Tu m'es toujours très cher, Kalliklès. Mais comment
pourrais-je te défendre, si j'approuve la plupart des reproches que t'adresse Platon ?

KALLIKLÈS

Personne ne viendra donc à mon secours. De grâce, fille
d'Aristippos, épargne-moi, je suis vieux.

Ce serait aimable à toi de demander à Platon de nous
définir ce qu'il appelle l'Art et la Beauté, afin que nous
puissions à notre tour examiner sa doctrine.

ARÉTA

Pourquoi ne t'adresses-tu pas directement au chorège ?
Il est près de moi et sans doute il entend tes paroles. O
Kalliklès ! as-tu cessé d'aimer ton ami ?

KALLIKLÈS

Je le devrais peut-être, mais je ne le puis pas ; il faut
bien que je continue à l'aimer puisqu'il est notre chorège.
J'aime mieux lui faire la réponse que fit hier à Eudoxos de
Knide, qui l'avait gravement offensé, le divin Aglaophamos.
Moi aussi je tendrai mes bras vers Platon et je lui dirai :
Fils d'Ariston, tu t'es montré méchant à l'égard de Kalliklès
mais Kalliklès te pardonne !

LE RÊVE DE PLATON

Le moment n'est pas de plaisanter, ô mon très cher!

Le Discours, dans sa marche en avant, se propose de nous révéler des vérités nouvelles; il est juste que nous le suivions d'une âme attentive et sérieuse. Il nous a fait, Aréta, une grande promesse; il s'est engagé, peut-être imprudemment, à nous dire ce qu'est l'Art et ce qu'est la Beauté.

Et maintenant, écoutez, amis très chers, un rêve à la place d'un autre rêve.

Un rêve? Mais, sage Platon, il ne l'est pas permis de rêver. Oublierais-tu déjà que tu es un philosophe? Nous attendons de toi de belles vérités et non pas des fictions. Apporte-nous des preuves capables de nous convaincre, sinon je n'hésiterai pas à t'appeler, toi aussi, ouvrier d'illusions et sophiste.

Des preuves! je te donnerai celles, ô Kalliklès! qui ont su

persuader mon âme ; je ne saurais t'en donner d'autres.
Écoute :

Pendant plus d'une année, vous le savez, amis. j'ai vécu
à Saïs, la ville sainte des prêtres égyptiens. La Renommée
attribuait à ces sages la connaissance de secrets précieux.
Mon âme ardente, inquiète et désireuse d'apprendre, m'avait
conduit vers eux. Je ne tardai pas à lier amitié avec Pathénéith, le grand prêtre de la déesse Neith. Il était, à cette
époque, très avancé en âge. Le peuple le vénérait pour sa
sagesse et sa profonde connaissance du cœur des hommes.
Il vivait, depuis des années, de la vie contemplative, parlant
rarement : il n'aimait pas à être troublé pendant qu'il médi-
tait. A la tombée de la nuit, au moment où les astres s'allu-
ment dans le pur éther, Pathénéith montait avec ses disciples sur la terrasse du temple. Là, accoudés sur des lits
dont les roseaux du Nil formaient la trame grossière, nous
méditions, silencieux, suivant du regard les chœurs de
danse variés que forment les astres dans les vastes plaines
d'Ouranos.

Une nuit, — je n'oublierai jamais, ô mes très chers ! la
troublante émotion qui envahit mon âme, — j'eus cette
audace, moi, un étranger, de rompre le silence. C'était une
nuit d'été très calme, très pure ; j'étais jeune alors. heureux
de vivre et la nature, en ce moment, me paraissait encore
plus belle que de coutume. La brise, qui soufflait de la
mer, apportait jusqu'à nous le parfum des lauriers roses.
C'était une joie de respirer. Tout à coup, comme transporté
d'allégresse, je m'écriai :

« Comme la nature est belle, ô maître vénéré ! que de

grâces ne devons-nous pas rendre aux dieux immortels de ce qu'ils ont créé un monde si divers et si beau ! »

Pathénéith tourna lentement vers moi sa face auguste, et ces paroles que je ne saurais oublier s'échappèrent, comme à regret, de ses lèvres habituées au silence :

« Quelle erreur, quelle erreur monstrueuse tu nourris dans ton âme, ô Platon ! Par Isis la déesse à jamais féconde, cette chose que tu appelles la nature n'est pas belle, et l'homme, lui non plus, n'est pas beau, et il n'est pas heureux. Des siècles ont passé, et des siècles, et encore des siècles, depuis que la Beauté s'est enfuie de la terre : les hommes l'ont chassée ! Les hommes pourtant n'ont pas cessé de l'aimer, mais c'est en vain qu'ils cherchent des paroles magiques pour la rappeler parmi eux. Ni des philtres ne seront découverts, ni des enchantements qui pourraient, de nouveau, la faire éclore : elle est partie pour toujours ! »

Pathénéith se tut. Ses disciples et moi nous le contemplions, étonnés, préoccupés de trouver un sens à ces redoutables paroles, quand, tout à coup, comme si la toute-puissance d'un dieu contraignait le grand prêtre à parler, sa voix reprit :

« Il était juste, il était bon, souverainement ! Son intelligence qui ne se trompe jamais avait conçu l'œuvre, et l'œuvre était belle et son cœur l'avait aimée parce qu'elle était belle. On ne saurait imaginer un monde plus harmonieux et plus beau. Ensuite il créa l'homme, et l'homme était plus beau que le monde, parce qu'il avait la raison en même temps que la beauté ! Il savait pourquoi les choses belles sont belles ; il comprenait la beauté de la création divine et

il l'aimait. Et l'homme ignorait le mal, il ignorait l'injustice :
il était beau, il était heureux. Sa joie était celle qui ne finit
pas. C'était pour l'homme que le Dieu avait créé le monde,
et l'homme ne pouvait pas l'ignorer. Pourtant, dieux justes,
il s'est révolté contre le Dieu, il a voulu détrôner le Dieu !
Hélas ! il n'a pu que détruire l'œuvre divine. La Laideur,
les Crimes et les Haines ont envahi la terre, et la Beauté
s'est enfuie, emmenant le bonheur avec elle. Depuis lors,
misérable entre tous les êtres, l'homme poursuit obscurément la Beauté qui le fuit. Ce n'est pas le monde que tu as
devant les yeux, ce sont les ruines du monde que le Dieu
a créé et que la folie humaine a détruit. »

Ainsi parla Pathénéith. Il refusa malgré nos supplications
de nous expliquer ses paroles, et, comme j'insistais encore,
il se leva lentement sans rien dire et regagna sa cellule, sans
doute pour y méditer en paix.

KALLIKLÈS

Que les dieux égyptiens accordent à ce grand prêtre une
méditation heureuse et féconde. Il a peut-être dit de fort
belles choses, mais, par le Grand Chien, je n'ai rien compris
à son discours. Le sage Pathénéith me semble encore plus
ténébreux que notre Hérakleitos. Les oracles de la Pythie
ne sont pas plus incompréhensibles ; j'oserai dire que quelques-uns d'entre eux me semblent moins obscurs. Quel
homme étrange tu es, ô Platon ! tu nous promets une définition de l'Art et tu nous donnes un oracle ! C'est trop, ami
très cher, ou c'est trop peu, selon le cas. Ma faible intelligence ne me permet pas d'apercevoir le rapport qu'il peut
y avoir entre une définition exacte et les paroles de Pathé-

néith qui était sage peut-être, mais qui n'était pas clair dans son discours.

PLATON

Des années ont passé; l'homme encore jeune qui écoutait sur la terrasse du temple de Neith le grand prêtre égyptien est devenu un vieillard avant d'avoir pu dégager, des obscurités qui les enveloppaient, ces vérités très précieuses tombées des lèvres de Pathénéith. J'ai longtemps erré dans les ténèbres, les quelques vérités que mon âme avait su conquérir n'étaient pas la Vérité. Maintenant, au moment où j'arrive au terme de ma course, cette conviction ardente s'élève en moi : les dieux bienfaisants m'ont accordé cette grâce de soulever un coin du voile qui nous cache leur véritable nature. J'ai vu, j'ai compris. J'ai compris que les hommes ne connaissaient pas les dieux, et aussi qu'ils ne connaissaient pas les hommes. Me suis-je trompé? La vérité que j'ai cru découvrir n'est-elle qu'une erreur plus séduisante encore que celles qui, autrefois, avaient séduit mon âme? vous en jugerez, amis très chers. Quelle que soit la force de ma conviction, je n'oserai jamais prétendre que cette vérité que j'aime est la Vérité. Celui qui sait qu'il s'est déjà trompé doit reconnaître qu'il est capable de se tromper encore.

KALLIKLÈS

Et cette doctrine nouvelle que tu nous veux enseigner nous dira ce qu'est l'Art, ce qu'est la Beauté?

PLATON

Je l'espère, ami. Mais, de grâce, ne sois pas impatient; le

Discours prendra peut-être quelques détours, avant d'arriver
au but.

KALLIKLÈS

Par tous les dieux, Platon, je te suivrai d'une âme attentive.

Quel sérieux ! Ton visage n'est pas enjoué d'habitude,
mais, en ce moment, tu as l'air exactement du prêtre d'A-
pollon quand il invoque le dieu.

PLATON

C'est peut-être que je me prépare, amis, à vous parler du
Dieu.

Pathénéith, le vieillard austère, ne s'est pas trompé. Le
dieu bon ne peut être l'auteur du mal ; et le mal règne dans
le monde. Sans doute, il est des jours, pendant la jeunesse
surtout, quand notre âme exaltée et débordante d'énergie
nous empêche de sentir que nous avons un corps misérable,
il est des jours, ô mes très chers ! où nous ne voyons pas
le mal. Ce sont les jours heureux où nous goûtons pleinement la joie de vivre. C'est pour cette raison peut-être que
les éphèbes sourient, et certains hommes, quand les vieillards affirment que les dieux ont fait à l'homme un triste
présent en lui donnant la vie. Puis, les années viennent,
apportant chacune ses souffrances et ses misères. Nous
prenons des choses et des hommes une expérience plus
exacte et plus complète. Dès que nous avons compris
que l'injustice sur la terre règne en maîtresse souveraine, dès que nous avons vu avec quelle ardeur les
hommes s'appliquent à se faire souffrir les uns les autres,

dès que nous connaissons l'âme, telle qu'elle est, ignorante et perverse, alourdie par des passions : la vanité, l'ambition, la jalousie, l'envie, la colère, la luxure, et cet amour que chantent les poètes, qui ressemble de si près à de la haine, alors, témoins de tant de sottises, de tant de misères et de tant de méchancetés, nous faisons un retour sur nous mêmes et nous affirmons hautement : il n'est pas vrai, dieux justes, que la nature soit belle et bonne, puisqu'elle oppose tant de résistance à la réalisation du bonheur et de la beauté; il ne se peut pas, dieux bons, que vous ayez créé ce monde si misérable, ou bien c'est à tort que les hommes vous appellent des dieux : vous n'êtes que de mauvais génies, des créateurs de mal, et vous vous réjouissez sans doute à la vue de toutes ces souffrances qui nous accablent!!

Les hommes accusent les dieux parce qu'ils ne prennent pas des dieux une notion exacte; ils n'accusent pas l'homme, qu'ils devraient accuser, parce qu'ils ne comprennent pas l'homme. Ils pèchent par ignorance plutôt que par méchanceté, eux si méchants pourtant! Ils rusent avec le mal, ils s'appliquent à esquiver la douleur, même quand elle vient en réparation d'une injustice qu'ils ont commise. Hélas! ils se consolent des maux qu'ils subissent par l'espérance toujours caressée d'une vie meilleure en laquelle ils commettraient des injustices sans en subir le juste châtiment. Mais cette espérance qui les soutient n'est qu'un leurre. Elle est toujours déçue nécessairement. Tôt ou tard le mal dont nous sommes les auteurs revient sur nous et nous frappe. Quelle que soit notre habileté, nous finissons toujours par être vaincus.

Pauvre habileté! Que vaut l'ambition des hommes? Que valent ces richesses qu'ils amassent, et ces honneurs dont ils sont si fiers? La vie en est-elle moins précaire et moins misérable? La richesse ou les honneurs ont-ils jamais empêché un homme de souffrir? Il faut que notre âme ait le courage de regarder le mal en face et, le rudoyant, comme il convient à une âme généreuse, lui dise brutalement : « Je sais que tu me conduis à ma perte, ô mal! mais je ne sais pas d'où tu viens et j'ignore qui tu es. Je voudrais pourtant te connaître. »

Le problème du mal, ô mes très chers! devrait être, pour les hommes, le grand problème je dirais presque l'unique problème à résoudre. Ce n'est qu'après l'avoir résolu que nous pourrons savoir ce qu'est la vie et si elle vaut la peine d'être vécue. Mais de tous les problèmes, il est aussi celui que les hommes, les sages eux-mêmes, se sont presque toujours refusés à examiner.

KALLIKLÈS

Je ne voudrais pas t'interrompre, ô chorège! pourtant autorise-moi à te dire que je ne sais pas encore en quel lieu tu veux nous mener. Tu nous avais promis de nous dire ce qu'est l'Art et ce qu'est la Beauté et voici que le discours se propose à présent de définir le mal.

PLATON

Ne sois pas impatient, Kalliklès, et fais crédit au Discours. Espérons qu'il tiendra sa promesse et laissons-le libre de suivre la voie qu'il s'est tracée. Peut-être n'en est-il pas de meilleure?

ARÉTA

O Kalliklès ! je t'en prie, n'interromps pas le chorège. Ce n'est pas trop de toute notre attention pour suivre le Discours.

PLATON

Le Démiurge, Kalliklès, est exempt d'envie : il est bon, il est juste, il est beau. Il ne se peut pas qu'il soit l'auteur du mal. Le monde où nous vivons n'est pas son œuvre ; nous n'avons plus devant les yeux que les ruines du monde qu'il a créé.

Hélas ! nos yeux, obscurcis maintenant, seraient éblouis par la contemplation de la pure lumière. Nous ne savons plus regarder. Quelles que soient sa vigueur et son élévation, notre fantaisie est impuissante à s'élever jusqu'à l'image de l'ordre établi par le Divin. Comment serait-il possible à une âme d'homme de le figurer et de le décrire ? Nous ignorons la Vérité, nous cherchons la Justice ; la beauté que nous aimons est à la beauté véritable ce que la lumière fumeuse de nos lampes est à l'éclat des rayons qui émanent d'Hélios. A peine sommes-nous capables, quand, faisant un retour sur nous-mêmes, nous essayons de découvrir les aspirations les plus intimes de notre âme, de comprendre que nous sommes des êtres déchus de notre première splendeur.

L'œuvre du Dieu était la Vérité, la Justice, la Beauté. Il calcula des rapports, il imagina des formes, il combina des idées. Aussitôt qu'il eut embrassé l'ensemble de l'œuvre que son esprit concevait, elle lui apparut telle qu'elle était, une et diverse à la fois, harmonieuse. Et le Dieu se réjouit dans

son cœur, se disant que sa conception était belle et digne de
durer à travers les siècles. Et il réalisa son idée; il lui
donna la vie. Il ne se peut pas, ô mes très chers! que la
création ne fût pas la Beauté même, la Vérité, l'Harmonie,
puisqu'elle était la création du Dieu juste. Toutes ces formes
que sa toute-puissance rendait vivantes étaient les idées
de son âme projetées au dehors afin qu'il pût plus aisément en contempler l'image. Et chacune des choses avait
sa beauté propre, mais s'harmonisait avec la beauté de
toutes les autres.

Il décida, le Démiurge au cœur bon, que le monde serait
corporel, visible et tangible. Comme, en l'absence du feu,
rien ne peut exister de visible ni de tangible, il créa le feu,
le feu qui éclaire, source de vie, et les flammes d'Hélios
s'allumèrent sous le regard bienveillant du Dieu. Il convenait d'autre part au créateur que le monde fût un solide, et
comme rien de solide ne saurait être en l'absence de terre,
c'est de terre qu'il forma le corps de l'univers habitable.
Enfin, entre le feu et la terre, il disposa l'eau et l'air, aussitôt que sa sagesse eut reconnu que l'existence de l'eau et
de l'air étaient nécessaires pour que la création fût achevée.
C'est de telle manière, j'imagine, et de telles espèces de
corps, au nombre de quatre, qu'a été formé le premier univers plein de proportion et d'harmonie. Il était l'ordre des
choses conçu par l'intelligence du Dieu, établi par sa volonté
toute-puissante. Mais, je me rends compte, amis très chers,
que ces images sont aussi loin que possible de la vérité
qu'elles voudraient représenter. Je ne suis qu'un homme,
ignorant comme tous les hommes ; il faudrait être un dieu
pour parler comme il convient de la création du Dieu. Ni la

terre n'était ce que nous la voyons aujourd'hui, inhabitable dans la plupart des régions, hérissée de ronces, recouverte en grande partie de forêts impénétrables, défigurée par des montagnes abruptes, tourmentées, et si tristes! comme si elles avaient été les témoins de drames terribles en des temps éloignés dont le souvenir n'a pu arriver jusqu'à nous. Ni les eaux de la mer qui séparent les contrées de la terre n'étaient, sans aucun doute, ennemies, comme elles sont à présent le plus souvent, de la race des hommes, et l'air était plus subtil et la flamme d'Hélios plus pure.

KALLIKLÈS

C'est fort bien, Platon, mais nous diras-tu comment et avec quoi le Démiurge a créé les éléments qui lui ont servi à constituer le monde?

PLATON

Comment te le dirai-je, ami, si je l'ignore?

KALLIKLÈS

Tu seras toujours le même homme, ô mon très cher !

PLATON

Que veux-tu dire? Je ne comprends pas.

KALLIKLÈS

Ceci tout simplement. Tu proposes à ceux qui t'écoutent des affirmations étonnantes, telles, que tu es le seul, parmi les philosophes, à en proposer de si étranges ; et, sitôt qu'on te prie de les justifier, ton front se rembrunit et tu fais aveu d'ignorance. Tu es tout prêt à te fâcher si l'on insiste.

Tu n'as même pas l'air de te douter que celui qui affirme
comme vraie une chose dont il ne peut prouver la vérité
n'affirme que des mots.

PLATON

Vaudrait-il mieux, Kalliklès, te dire que je sais, alors que
je ne sais pas ?

KALLIKLÈS

Peut-être serait-il préférable et plus prudent de ne pas
affirmer que le Démiurge a créé un monde parfait, ni même
qu'il existe un démiurge, puisque tu ne peux dire d'où sont
sortis ces éléments divers que le dieu a combinés de manière
à constituer le premier univers ?

PLATON

Je sais que le Démiurge a créé, ou du moins je le crois, et
il est beau de le croire. Je crois aussi qu'il existe parce que
je le conçois comme un être juste, beau et bon au delà de
toute expression humaine. La conception que mon intelligence prend de sa nature divine répond à ce besoin de Justice, de Vérité et de Beauté que je découvre en mon âme
quand je réfléchis et que je m'interroge seul, en présence de
mes pensées. Je crois qu'il a créé un monde parfaitement
beau et bon, et, en face des ruines de ce monde, selon le
mot de Pathèneith, je fais effort pour imaginer un monde
de beauté. Mais quand tu me demandes comment le Dieu a
créé les éléments qu'il a disposés ensuite avec un art souverain, je ne puis plus te répondre, Kalliklès. Je ne sais si je
suis le même homme, mais je sais que je suis un homme, et

qu'il est des problèmes que l'homme ne peut résoudre. Celui que tu agites en ce moment est du nombre, ô Kalliklès! et c'est sans me fâcher que je déclare qu'il faut laisser au Dieu le secret du Dieu.

Je te connais, ami, depuis longtemps. Tu es un adversaire redoutable; je crains que tu ne t'appliques à me tendre un piège. Si je te répondais que le Dieu a fait jaillir du néant les éléments constitutifs du monde, tu me dirais en souriant comme tu sais sourire quand tu combats : Ton Démiurge, ô Platon ! est vraiment le plus puissant des démiurges puisqu'il sait faire sortir du rien la Justice, la Vérité et la Beauté. Si j'affirmais, d'autre part, que le Démiurge n'a fait que mettre en ordre des éléments épars qui existaient en même temps que lui, ton sourire deviendrait plus malicieux encore et tu m'accablerais, triomphant, avec cette réponse : Est-ce donc là ton Démiurge, ô Platon, sa puissance est vraiment fort limitée! C'est un arrangeur de matériaux, un maçon habile, tout au plus un architecte qui connaît assez exactement les figures géométriques ; de grâce ne nous dis pas qu'il est dieu, ni qu'il a créé. — Je ne suis qu'un homme, Kalliklès, et j'ignore le secret du Dieu.

KALLIKLÈS

Dans un livre dont tu connais l'auteur, cette dernière thèse, que le Démiurge est l'architecte du monde, est proposée à l'attention des philosophes comme très ingénieuse et très belle. Je veux parler du *Timaios*, Platon. Je me suis laissé dire que, dans ce dialogue, le pythagoricien de Lokres, ton vieux maître, soutenait avec subtilité des idées chères à notre chorège.

PLATON

Tu te trompes, Kalliklès : ce sont ses propres idées que défend Timaios, non pas les miennes. Je n'ai aucune peine à reconnaître que sa doctrine m'a paru, comme tu dis, ingénieuse et belle, parfois éloignée, parfois rapprochée de la vérité : digne, en tout cas, d'être conservée dans la mémoire des hommes. J'avoue encore que j'ai été séduit autrefois par les *Nombres* de Pythagoras. Je regarde toujours ce sage comme l'un des plus grands qui aient apparu sur la terre. Mais il y a loin, ami très cher, des *Nombres* de Pythagoras aux *Idées* de Platon, du moins aux *Idées* telles que je les conçois maintenant. Elles sont, ô Kalliklès ! les idées du dieu. Le Démiurge n'est pas seulement l'architecte de l'Univers, il en est le créateur. Ce sont les idées de son intelligence que la volonté toute-puissante du Dieu a projetées au dehors. Aussitôt réalisées, elles sont devenues des choses concrètes que des yeux pouvaient voir et que des mains pouvaient toucher.

KALLIKLÈS

Dans les idées du Démiurge, ô Platon, je ne reconnais plus les *Idées*.

ARÉTA

Je t'en supplie, Kalliklès, n'interromps plus le chorège. Et toi, maître, continue ; c'est perdre notre temps que de répondre à Kalliklès.

PLATON

Le Démiurge au cœur bon, dont l'intelligence est la mesure du vrai, dont la volonté ne connaît pas les obstacles, le Démiurge a créé le monde. Cependant il est dieu, il est parfait, il ne saurait avoir de besoins. Ce n'est pas pour lui qu'il a créé. La création, si belle qu'on la suppose, ne saurait augmenter la perfection du Dieu. Un être parfait ne peut devenir plus parfait. Ce n'est pas, d'une autre part, pour être craint ou adoré qu'il a créé le monde, c'est par amour pour sa créature, pour les plus belles d'entre ses créatures, belles et raisonnables à la fois, je veux dire aptes à comprendre, dans le détail aussi bien que dans l'ensemble, l'harmonie de cette nature fille de l'intelligence et de l'amour du Dieu. Le Démiurge a créé le monde pour l'homme, pour l'homme qu'il aimait et dont il voulait être aimé. Et il donna le monde à l'homme afin qu'il y régnât en maître souverain.

Aussitôt la vie commença, une vie heureuse que je ne saurais vous décrire, ô mes très chers ! L'intelligence des hommes savait alors, sans aucun risque d'erreur, reconnaître la Vérité, — l'erreur n'existait pas, — et leur cœur aimait la pure beauté, aucune place ne pouvait être réservée à la laideur dans la création du Dieu.

Je me plais à penser que le Démiurge au cœur bon, aussitôt que les hommes eurent ouvert à la pure lumière leurs yeux étonnés et ravis, leur fit entendre, du haut de ces plaines de l'Éther que les poètes regardent comme sa véritable demeure sinon les paroles que je vais dire, qui ne sont, hélas ! que les paroles d'un homme, du moins des paroles d'amour tout à fait dignes de la majesté du Dieu.

« Hommes chers à mon cœur, toutes ces fleurs écloses sous vos pas, ces parfums, ces harmonies, cette terre qui s'étend au loin, ces eaux qui l'enveloppent comme une douce caresse, cet air subtil que vous respirez et qui vous fait vivre, ce soleil qui, du haut du ciel, répand sur vous et sur la Nature sa vivifiante lumière, toutes ces choses que je viens d'énoncer, toutes celles aussi dont je ne parle pas et que vous voyez resplendir : ce monde que mon esprit a conçu et que ma volonté a créé, je le remets en vos mains ! Voici les lois ! Elles maintiennent en équilibre les diverses parties de l'ensemble. Tant que leur stabilité sera assurée, l'harmonie de l'Univers ne peut être rompue. Je vous ai donné l'intelligence qui comprend, le cœur qui aime, la volonté qui décide, et je vous dis : le Cosmos est à vous. A votre intelligence, à votre amour, à votre volonté, il appartient de conserver dans sa beauté la création de votre dieu. Vous savez les lois et comment elles soutiennent le monde. Obéissez aux lois ; elles vous obéiront, à leur tour, comme des esclaves dociles qui se dévouent au bonheur de leurs maîtres. Elles sont, au même titre que vous, les filles de mon intelligence, ô mes fils ! Elles sont à la fois la raison de la beauté du monde et de votre propre beauté !

« Et maintenant, vivez, hommes chers à mon cœur, vivez la vie heureuse ; jouissez d'un bonheur dont votre âme ne peut pas se lasser ! En chacune de vos âmes j'ai suscité un génie qui lui est propre. Chacune a son intelligence, chacune sa beauté et son amour, qui ne ressemble pas, absolument, à l'intelligence, à la beauté et à l'amour des autres. Une œuvre ne peut être belle qu'à la condition qu'elle soit une et diverse à la fois ; c'est pourquoi je vous ai donné, hommes, à chacun selon son génie propre, le pouvoir de varier à l'infini les formes de la beauté des choses.

La source de la beauté, ô mes fils ! est celle qui ne tarit jamais !

« Vivre, pour vous, c'est jouer ! Jouez votre vie, hommes ; combinez des sons, des lignes ou des couleurs. Soyez musiciens ou peintres, sculpteurs ou architectes ; jouez le plus beau de tous les jeux, qui est de contempler la Beauté ou de la créer. Assemblez avec soin des phrases harmonieuses. Je vous ai appris l'art de former des mots, grâce auxquels vous pouvez vous communiquer vos désirs, vos joies, vos pensées. Vous êtes artistes, vous êtes poètes, vous êtes des créateurs de beauté ! Fils du Démiurge, vous êtes tous semblables à des dieux !

« Pourtant, vous n'êtes pas des dieux ; vous êtes une création du Dieu, ne l'oubliez pas, ô mes fils ! Vous êtes des hommes parfaits, mais enfin vous n'êtes que des hommes. Les hommes doivent obéir au Dieu qui est leur père, mais les hommes peuvent aussi refuser d'obéir. Je n'ai pas voulu les contraindre à l'obéissance. »

Ainsi parla le Dieu, Kalliklès. Les hommes auraient pu découvrir qu'il y avait dans sa voix un accent de tristesse, s'ils avaient su ce qu'était la tristesse.

KALLIKLÈS

Quel rêve étonnant tu as forgé, ô chorège ! Par tous les dieux, je n'oserais pas assurer que le Démiurge soit l'auteur de ce monde parfaitement beau que ta fantaisie s'est appliquée à nous décrire, mais tu es certainement, Platon, l'auteur du Démiurge. Grâces soient rendues au fils d'Ariston qui vient de créer le créateur. Ne crois pas que je veuille

être injuste pour le vieux grand prêtre, serviteur de la déesse
Neïth. Son génie avait obscurément entrevu le mystère
auguste de l'éclosion des choses et des hommes ; mais, à toi
seul, ami, reviendra la gloire de l'avoir révélé !

PLATON

Ne cesseras-tu donc jamais de plaisanter, ô sophiste?

KALLIKLÈS

Je ne plaisante pas, sage Platon ; ce sont des éloges que
je t'adresse. J'admire ton rêve hardi et d'une rare beauté.
Une fois de plus, je te proclame le plus grand des poètes
que la Hellas ait enfantés. Pourtant, du moins, je le crains
fort, Eudoxos, ton ancien disciple, eût été surpris et irrité
par une telle révélation ; il t'aurait vivement reproché
d'abandonner la science, et même la philosophie, pour
t'égarer dans un rêve, sans plus de souci de la logique, que
tu aimais autrefois. Peut-être même t'eût-il injurié, oubliant
que tu as été son maître et que nous l'avons choisi pour
notre chorège.

ARÉTA

Je veux croire que tu te trompes, Kalliklès.

KALLIKLÈS

Je ne me trompe pas, fille d'Aristippos. Je m'explique que
tu veuilles défendre le géomètre de Knide. Il est jeune et son
mâle visage n'est pas sans beauté. Platon te dira, s'il le juge
à propos, pourquoi son disciple d'autrefois méprise aujour-
d'hui les doctrines des philosophes. Sache cependant qu'il
se propose de délivrer l'intelligence des hommes. Elle se

traîne, dit-il, alourdie par des fables très anciennes et très
obscures que des prêtres lui présentent comme dignes d'être
vénérées, que chantent les poëtes, et que commentent les
philosophes sans toujours les éclaircir. Moi, je ne suis qu'un
sophiste et je comprends les rêves, ceux que je fais et aussi
ceux que l'on me raconte. Plus ils s'éloignent de la réalité,
plus je les admire ; mais Eudoxos n'est pas un sophiste, il
prétend au titre de savant, il voudrait même être appelé le
père de la Science.

Platon, ami très cher, je ne reconnais plus ton visage.
Penserais-tu que Kalliklès a voulu t'offenser ?

ARÊTA

Es-tu malade, maître, ou bien fatigué ?

PLATON

Ni fatigué, ni malade, ma chère fille : je suis triste. Mon
âme est triste, le meilleur d'elle-même va mourir. Vois ! ce
rêve, que j'ai si longtemps médité dans le silence, n'est,
pour Kalliklès, qu'un sujet de raillerie. Au moment où je
veux agiter devant des cœurs d'hommes le plus terrifiant
des problèmes qui puisse angoisser une âme d'homme, Kalliklès sourit et s'amuse comme un enfant ; Arêta sourit,
elle aussi, et Antisthénès sourirait, s'il ne dédaignait de
sourire. C'est pourtant le drame de l'humanité que je voulais représenter à vos yeux : la naissance et la ruine de cet
univers que le démiurge au cœur exempt d'envie a créé
pour la joie des hommes et que les hommes, dans leur sottise, dans leur orgueil ont détruit. Mes paroles, hélas ! ne
laisseront pas plus de traces sur la terre que n'en laisse,

dans les plaines de l'Éther, le vol rapide de l'hirondelle.
Aréta, ma chère enfant, les hommes écoutent, mais n'entendent pas; la Vérité n'a pas encore trouvé le chemin de
leur âme.

ARÉTA

Je ne suis qu'une femme et tu es, Platon, le plus sage
d'entre les hommes et le meilleur. Il n'est pas toujours
donné à mon intelligence d'atteindre à ces hauteurs où
plane ta pensée. Les problèmes que je voudrais résoudre
sont sans doute de ceux que dédaignerait ton vigoureux
génie, mais je ne souris jamais quand tu parles : j'écoute,
je m'applique à suivre le Discours. Je serais désolée,
maître, si tu nous regardais maintenant comme indignes
d'être initiés au mystère de la chute de ce premier monde
que le démiurge a créé. Pourquoi ton âme serait-elle si
triste? Par Athéna, la déesse que j'aime, il est indigne de
Platon de laisser le découragement s'insinuer dans son
cœur. Vois ces éphèbes qui nous entourent! Depuis un
moment, depuis que tu parles, ils se sont peu à peu rapprochés de nous. Ils t'aiment, ami, et te respectent comme
si tu étais leur père. Sois assuré qu'ils ne laisseront tomber
aucune de tes paroles. Tu es, pour eux, celui qui apporte la
bonne nouvelle ; ils se regardent peut-être comme ceux que
les dieux ont désignés pour la transmettre aux hommes!

KALLIKLÈS

Comment aurais-je pu prévoir, dieux bons, que le sourire
de Kalliklès fût interprété comme une offense par le chorège?

PLATON

J'ai eu tort, ami très cher. Pardonne-moi. Je devrais savoir que nos convictions, quelle que soit leur force, ne s'imposent que rarement à l'intelligence de ceux qui nous écoutent, et je te connais depuis si longtemps, ô Kalliklès! que mon âme devrait être à l'épreuve de ton sourire.

KALLIKLÈS

M'autorises-tu à examiner ton hypothèse? Je te promets de l'étudier aussi sérieusement que le pourrait faire Antisthénès. Je prendrai garde de ne pas sourire.

PLATON

Je t'en prie, Kalliklès.

KALLIKLÈS

Il n'y a qu'un moment, ô chorège! tu t'es amusé à mettre en opposition le Kalliklès d'autrefois et le Kalliklès d'aujourd'hui. Pendant que tu parlais, Aréta ne s'est pas contentée de sourire, elle a ri très fort à mes dépens. Je ne suis pas le seul pourtant dont les opinions se soient modifiées, et je me demande si ton maître Sokratès voudrait t'appeler encore son disciple. Dans tes dialogues, tu lui prêtes des pensées qui doivent l'étonner quelque peu s'il lui est donné de les connaître; elles ont pourtant encore une certaine parenté avec la doctrine qu'il enseignait; mais ce que tu nous a dit il n'y a qu'un moment s'éloigne le plus possible, Platon, de tout ce que ton maître t'avait appris.

Que de fois je t'ai entendu affirmer qu'il existe au delà du monde visible où nous vivons un monde intelligible dont l'âme des hommes, quand elle fait un retour sur elle-

même et s'interroge sur sa nature et sur sa cause, retrouve
une vague réminiscence ! Ce monde, tu l'appelles le monde
des Idées et tu le décris avec un art parfait. Les Idées sont,
dis-tu, les prototypes des âmes et même de toutes les choses
qui naissent et se développent, puis périclitent et meurent.
Mais, tandis que les hommes, les animaux et les choses
changent sur notre terre, les *Idées* restent immuables. Elles
sont les exemplaires de vérité et de beauté que tout ami de
la sagesse doit contempler durant sa vie. Le jour où la mort
délivrera son âme de toutes ses attaches terrestres, purifiée
par la souffrance, elle retrouvera ses ailes et s'envolera vers
sa véritable patrie. C'est là ce que tu nous enseignais autrefois, ô chorège ! Ceux-là même que ton discours ne persua-
dait pas, admiraient, subissant le charme de tes paroles, la
noblesse de ton génie. Voici que tu renies maintenant ces
Idées qui t'avaient valu tant d'admirateurs et de disciples !

PLATON

Platon est toujours Platon, ô mon très cher ! il ne renie
pas les *Idées*, mais il ne lui suffit pas de les poser comme les
prototypes des choses ; il voudrait dire leur nature, expliquer leur rôle. Prends garde, je te prie, Kalliklès, que le
Démiurge, alors qu'il a créé le monde et les hommes maîtres du monde, n'a fait que réaliser les idées de son âme.
Et ces idées restent toujours immuables et parfaites dans
l'entendement du dieu. Mais ces idées, dès qu'elles ont été
réalisées, sont devenues des hommes, des animaux et des
choses. Le Dieu a voulu, dans sa sagesse et dans sa
bonté, que les hommes eussent la suprématie à la fois sur
les animaux et sur les choses.

KALLIKLÈS

Cependant, Platon, si j'ai compris le discours que le Démiurge adressait aux hommes en leur donnant le monde, rien n'était immuable dans ce premier monde créé, puisque les choses pouvaient être modifiées par les hommes qui étaient, selon toi, de petits démiurges gouvernant le monde, des artistes dont l'âme contemplait à la fois et créait de la beauté.

PLATON

Ce n'est que dans l'intelligence du Dieu, ô Kalliklès! que les Idées restent pour nous des exemplaires de Vérité et de Beauté. Dès que nous les considérons en elles-mêmes, je veux dire réalisées, comme personnes ou comme choses, par l'acte créateur, elles sont capables de modifier les choses ou de se modifier elles mêmes, selon qu'elles ont été créées personnes ou choses. Elles ont la vie, et tout ce qui est vivant change. Les êtres ne seraient pas des vivants, s'ils étaient incapables de devenir autres qu'ils ne sont. J'ai dit que la création du Dieu était belle et ses créatures heureuses. Comment des êtres immuables auraient-ils pu être heureux?

KALLIKLÈS

Mais, par tous les dieux, Platon, pourquoi le Démiurge a-t-il donné aux hommes la liberté, dont ils devaient faire un si pernicieux usage.

ANTISTHÉNÈS

L'homme n'est pas libre, Platon; ni les hommes, ni les choses ne peuvent être autrement qu'ils ne sont. Tu n'avais

pas le droit de poser cette hypothèse d'un premier monde
que la liberté de l'homme aurait ruiné, avant d'avoir démontré la liberté de l'homme. Cette démonstration, Platon,
tu ne saurais nous l'apporter : la liberté n'est qu'un mot
dont les hommes couvrent leur ignorance.

ARÊTA

Je crains, maître, qu'il n'y ait une part de vérité dans
leurs reproches.

PLATON

Que la bonne déesse me soit secourable ! Comment pourrai-
je me défendre si vous m'attaquez tous en même temps ?

Antisthénès, mon vieil ami, le Discours nous invitera
prochainement, sans doute, à discuter le redoutable problème, alors...

ANTISTHÉNÈS

Je démontrerai, Platon, que l'âme de l'homme n'est pas,
ne peut pas être libre ; une rigoureuse égalité subsiste entre
les effets et les causes : ce qui est a dû être !

PLATON

Nous pèserons les arguments et je le promets, — tu ne
doutes pas, je l'espère, de la sincérité de Platon, — si ta
démonstration me persuade, de reconnaître devant tous que
cette doctrine, en partie nouvelle, que je vous apporte, n'est
que le plus vain des songes, qu'un vieillard a formé, puisqu'elle repose tout entière sur cette croyance que l'âme de
l'homme a été créée libre par le tout-puissant démiurge.
Pourtant elle est belle, ami, et je l'aime.

KALLIKLÈS

Par le Grand-Chien, te voilà redevenu muet, Antisthénès ; tu ne réponds pas?

ANTISTHÉNÈS

Je parlerai quand le moment sera venu.

KALLIKLÈS

Médite en paix, ami, médite avec toute ton âme! Fassent les dieux que tu découvres l'argument qui clôt la dispute et donne la victoire!

M'expliqueras-tu, maintenant, noble fils d'Ariston, pourquoi le Démiurge qui avait créé l'homme sage, heureux et beau a commis cette imprudence de donner à l'homme la possibilité de perdre des biens si désirables?

PLATON

Écoute, Kalliklès, applique ton esprit à comprendre la pensée du Dieu. Le Démiurge, dans sa sagesse, avait résolu de créer un monde parfait, mais la création ne pouvait être parfaite et digne du génie du Dieu qu'à cette condition seulement que l'âme de l'homme resterait libre d'obéir à ces lois qui étaient la Vérité à la fois et la raison d'être de la Beauté de la créature, à ces lois qui étaient la Loi.

KALLIKLÈS

Dans sa *Rhétorique*, mon maître Gorgias tourne en ridicule un grammairien dont j'ai oublié le nom. Malgré de louables efforts son esprit s'essoufflait à suivre le discours et ne parvenait pas à l'atteindre. En ce moment, chorège,

Kalliklès ressemble de très près à ce grammairien dont parle Gorgias.

PLATON

Prends garde à cette parole de Sokratès, ô mon très cher ! Dirais-tu d'un homme qu'il sait qu'il est heureux, ou qu'il sait qu'il est beau, si étant heureux et beau il n'a aucune idée de ce que peut être la souffrance ou la laideur, s'il ignore même qu'il existe quelque chose que l'on appelle la souffrance ou la laideur ?

KALLIKLÈS

Par Zeus-Père, je répondrai qu'un tel homme ne pourra jamais affirmer qu'il est heureux, ni qu'il est beau.

PLATON

Oserais-tu soutenir qu'il est digne d'un dieu juste et bon de créer la souffrance et la laideur ?

KALLIKLÈS

Oui, s'il n'a pu faire autrement, Platon, que de créer la souffrance et la laideur.

PLATON

Mais, prends garde, je te prie, ami très cher, que son cœur est exempt d'envie et qu'il est dieu, je veux dire tout-puissant. Le Cosmos qu'il a créé n'est pas, comme l'ont affirmé certains disciples de Pythagoras, le plus beau des mondes imaginables, mais le seul monde que sa toute-puissance et sa bonté souveraine pût créer : le monde qui était l'image exacte de la beauté que son âme d'artiste avait su concevoir. Et ce Cosmos, il l'a créé pour en faire don à

des êtres faits à son image, artistes comme lui, capables
de comprendre la beauté de la création divine, capables
eux-mêmes de créer de la beauté. Ils étaient heureux, ils
étaient sages, ils étaient beaux ! Ils savaient la Loi, et que la
Loi était nécessaire, puisqu'elle était la raison de la beauté
du monde et de leur propre beauté ; mais la Loi, c'est là ce
que ton esprit doit comprendre, ô Kalliklès ! eût été moins
belle si les hommes eussent été contraints à l'observer. Le
Dieu n'a pas voulu, il ne devait pas les contraindre. Le Démiurge a dit aux hommes :

« La loi que je vous enseigne est fille de mon intelligence,
ô mes fils ! elle est ce qui doit être, elle est la Justice ; mais
si vous ne pouviez pas ne pas être justes, vous ne seriez pas
justes ; c'est pourquoi j'ai dû vous donner ce pouvoir de désobéir à la Loi. J'ai rendu possible l'injustice afin de vous donner la justice. »

La création du Dieu, Kalliklès, eût été moins parfaite, si
les hommes avaient été créés tels que toute désobéissance
à la loi du Dieu leur fût impossible.

ARÉTA

Je comprends ta pensée, maître ; elle est ingénieuse et
belle. Pourtant une difficulté subsiste dans mon âme. Sans
doute le Dieu n'a pas voulu créer des hommes dont l'âme
fût esclave, mais les hommes, eux, pouvaient ne pas faire
usage de cette puissance que le dieu n'avait pu leur refuser.
Les hommes connaissaient la Loi ; ils savaient qu'elle était
juste et qu'ils ne devaient pas lui désobéir. Ils pouvaient
désobéir, mais ils ne devaient pas désobéir. Ils savaient,
puisque le Dieu les avait créés sages, qu'en désobéissant, ils

détruiraient le monde, qu'ils détruiraient leur beauté et leur bonheur ; ils savaient cela à n'en pas douter. D'où vient donc qu'ils ont fait usage de cette arme terrible, à leurs propres dépens ? C'est là une aberration de leur âme, une folie que je ne parviens pas à m'expliquer. Ils savaient qu'ils ne devaient pas désobéir, et pourtant ils ont désobéi !

KALLIKLÈS

C'est fort bien, par tous les dieux, ô ma très belle ! Cette difficulté n'est pas méprisable, Platon, que la fille d'Aristippos vient d'opposer au Discours. J'attends avec impatience ta réponse.

PLATON

Et pourtant ils ont désobéi, Aréta, eux qui savaient qu'ils ne devaient pas désobéir à la loi du Dieu !

Écoute avec attention, ma chère enfant, je te veux dire une belle fable : la fable de Pandora.

Le vieil Hésiodos, la raconte dans son immortel poème ; mais l'aède se trompe, Aréta, quand il affirme que Zeus Olympios a envoyé Pandora sur la terre afin de frapper les hommes d'une prompte calamité, — les hommes qui avaient reçu en don une portion splendide du feu inextinguible que l'illustre Iapétionide avait dérobée à Zeus qui tonne dans l'immense Éther. — Ni la colère, ni le désir de la vengeance, ô mes très chers ! n'ébranlèrent jamais le cœur des Immortels. Hésiodos n'a pas compris ce mythe de Pandora qui symbolise, à mon sens, la liberté humaine, cette liberté d'où sont sortis tous les maux qui accablent maintenant la race des hommes.

Voici la fable : elle est digne d'être méditée.

Après avoir mêlé promptement la terre et l'eau, Héphaistos, le divin boiteux des deux pieds, appliqua son génie à modeler une image semblable à une vierge très vénérable. Aussitôt l'image formée il lui fit don de la vie, de la voix humaine et de la force. Une vierge apparut à la lumière d'Hélios très séduisante et très belle. Héphaistos, ainsi qu'il était convenu, la conduisit à l'assemblée des dieux. La vierge regardait, étonnée de vivre, les dieux et les déesses. Athéna lui enseigna à tisser la toile et orna son corps d'un voile précieux ; à son tour, Aphrodita, mère d'Éros, répandit la grâce sur sa tête et posa sur ses lèvres le sourire qui inquiète et qui séduit les hommes ; les déesses Kharites et Peitho attachèrent à son cou des colliers d'or ; le messager, tueur d'Argos, Hermès le subtil, lui apprit l'art de persuader et de plaire ; enfin Zeus Olympios, père des dieux, plaça dans ses mains un coffret précieux que Héphaistos avait ciselé.

« Vierge aux yeux bleus, dit-il, que Héphaistos a formée par mon ordre, du limon de la terre, je te fais ce don, moi Zeus-Père. Ce coffret t'appartient. Si ton désir est qu'il soit ouvert je ne puis pas t'empêcher de l'ouvrir. Mais sache qu'il ne faut pas l'ouvrir, car le coffret contient ce qui ne devrait jamais exister. Si tu l'ouvres, ou si tu permets à d'autres de l'ouvrir, tu auras désobéi à la loi de Zeus, père des dieux immortels, et tu subiras le châtiment qui ne peut être évité. »

Ainsi parla Zeus Olympios. Conduite par Hermès le divin messager, la vierge s'envola vers la demeure des hommes. Elle allait, souriante, portant dans ses mains le coffret précieux : elle allait vers Épimétheus. Prends garde à ce nom,

Aréta. Épimétheus, c'est celui qui ne connaît les suites de
ses actes qu'après avoir accompli ses actes : il ne sait pas par
avance, il ne sait qu'après. Pandora s'approcha donc d'Épimétheus, les lèvres entr'ouvertes par le sourire :

« Regarde-moi, dit-elle à l'homme, je suis celle que tu
attends, je suis belle. Les dieux immortels ont orné mon
corps et m'ont appelée Pandora : je viens t'apporter des
joies que tu ne connais pas encore. »

Épimétheus fut ravi d'amour et s'unit à la vierge qui ressemblait aux déesses immortelles. Aussitôt le désir s'insinua
dans l'âme de la jeune femme, le désir de savoir ce que con-
tenait le coffret que Zeus Olympios lui avait remis devant
les dieux assemblés.

— Que peut-il contenir, dis-moi, Épimétheus?

— Qu'importe, ô Pandora? puisque Zeus tout-puissant a
défendu de l'ouvrir?

— Si on l'entr'ouvrait un peu, un peu seulement, pour
savoir?

Alors, affolé par le sourire de Pandora, Épimétheus sou-
leva le couvercle et les maux aussitôt s'envolèrent. Des
figures grimaçantes, hideuses, s'enfuirent à tire d'ailes,
apportant partout sur la terre, la souffrance et la laideur.
C'étaient l'Envie, l'Injure, le Mensonge, et encore la Colère,
la Haine, la Guerre, enfin la Luxure. L'homme, épouvanté,
se hâta de laisser retomber le couvercle, mais déjà les maux
s'étaient envolés. Seule, dans le coffret, l'Espérance restait
captive; c'est elle qui maintenant encore nous console de nos
souffrances!

ARÉTA

Bien des fois, durant mon enfance, j'ai entendu conter

cette fable très ancienne : jamais je n'avais pensé, maître, à
la regarder comme le symbole de la liberté de l'homme.

KALLIKLÈS

Ce n'est pas Kalliklès qui est un enchanteur, Aréta, c'est
Platon. Vois comme son génie sait transformer une fable
que les vieilles nourrices enseignent aux petites filles pour
leur montrer les dangers de la curiosité.

PLATON

Écoute encore, ma chère enfant :

Les premiers hommes que le Démiurge a créés sont tous
semblables à Épimétheus. De chacun d'eux on peut dire
que, connaissant la Vérité, la Justice, la Beauté, ils n'ont
pas cependant l'expérience de la Vérité, de la Justice, de la
Beauté, parce qu'ils n'ont pas l'expérience du Mensonge, de
l'Injustice, de la Laideur. Ils sont, naturellement, vrais,
justes, beaux. Ils sont tels parce que le Dieu les a créés
tels ; mais ils peuvent se faire autres que ce qu'ils sont par
nature. Ignorants du mal, ils savent seulement que le mal
pourrait exister et qu'il dépend de leur libre vouloir de le
créer. Il suffit de soulever le couvercle du mystérieux
coffret pour apprendre ce qu'on ne sait pas encore, pour
voir ce qu'on n'a pas encore vu. Ainsi, ils peuvent créer, eux
qui ont été créés ; ils peuvent devenir autres que ce qu'ils
sont, eux qui ne semblent que les instruments de la volonté
du Dieu ! Certes, la loi est belle qu'ils ont à appliquer
mais elle est la Loi, elle commande. On lui obéit, et l'on

sait qu'on pourrait, si l'on voulait, lui désobéir. Sans doute le Dieu n'a pas menti et les hommes seront punis de leur désobéissance; ils savent même que la conséquence immédiate du refus d'obéir à la Loi sera la destruction de la création divine, mais du moins, avant de disparaître, ils auront fait quelque chose par eux-mêmes, ils se seront, orgueilleusement, créés destructeurs des choses et d'eux-mêmes; ils se seront opposés au Dieu, eux, des hommes, pour lui dire : Nous ne voulons pas ce que tu veux !

Tout le temps qu'ils restèrent les serviteurs de la Loi, les hommes, Aréta, vécurent heureux. Ils n'avaient qu'à suivre les inspirations naturelles du génie qui vivait dans leur âme pour créer de la beauté. Mais ils n'existaient pas par eux-mêmes; ils n'étaient que les fils du Démiurge et ils avaient le pouvoir de se faire, de se créer ! Comprends-tu maintenant, ma chère fille, combien a dû être puissante, dans ces âmes des premiers hommes, la tentation de désobéir au Dieu et de faire le mal, ne fût-ce, que pour savoir ce que c'était que ce mal qu'ils allaient créer, eux qui jouissaient de la vie heureuse. C'était, pour eux, une façon nouvelle de créer, non plus divine, celle-là, mais humaine. N'oublie pas qu'ils étaient artistes, que c'était leur joie de créer. Est-il donc étonnant que ce désir se soit insinué dans leur cœur, de faire et, en faisant, de se faire, alors même qu'ils ne pouvaient se faire qu'en se détruisant et qu'en détruisant l'œuvre du Dieu?

Ainsi, fille d'Aristippos, ils ont désobéi à la Loi, eux qui savaient pourtant qu'il ne fallait pas désobéir. Séduit par la grâce de Pandora, Épimétheus a ouvert le coffret de Zeus et les maux se sont envolés !

ARÉTA

O maître ! je comprends ta pensée maintenant, je la comprends tout entière. Jamais peut-être ton génie ne s'était élevé si haut.

PLATON

Je ne suis qu'un philosophe, ô ma très belle ! je ne suis peut-être qu'un songeur. J'ai passé ma vie aimant la Vérité que je poursuivais de toute mon âme. Pendant longtemps, comme tous les hommes, j'ai erré. Je ne suis pas certain de ne pas errer encore ; mon âme n'a pas l'audace d'assurer qu'elle a pénétré les secrets de la création divine. Du moins, en elle s'élève cette espérance, amis très chers, que si l'hypothèse qu'elle soumet aujourd'hui à vos âmes, sous le platane vénérable qu'Akadémos a planté, n'est pas la Vérité tout entière, elle approche du moins de la Vérité. Et cette espérance réjouit mon cœur.

J'ai dit les causes du drame, mais le drame lui-même, je ne l'ai pas encore exposé. Pour le présenter dignement à vos yeux, un aède serait nécessaire, d'un génie plus vaste et plus vigoureux qu'aucun de ceux que les dieux ont envoyé parmi les hommes : un aède plus grand qu'Homéros lui-même, l'aède divin ! Je ne suis qu'un philosophe, j'ignore la langue des dieux, je ne puis que vous traduire ma pensée telle que mon âme l'a conçue.

J'ai dit que les premiers hommes créés par la toute-puissance du dieu bon formaient entre eux une société parfaite : ils étaient les citoyens de la divine cité. Mais une cité, la cité divine elle même, ne saurait exister sans chefs. On en

peut conclure que chacun des hommes remplissait, dans le
Cosmos primitif, une fonction particulière, celle à laquelle
s'adaptait le mieux son génie propre. Mais, comme les
volontés de tous concouraient à maintenir en harmonie les
parties diverses de la création divine, la volonté de chacun
dépendait de la volonté de tous les autres, et le bonheur
de tous de la volonté de chacun, plus ou moins, selon que
les fonctions dont ils étaient chargés avaient une importance plus ou moins grande pour la conservation de cet
ensemble que le Démiurge avait formé. Ceux-là dont les
fonctions étaient les plus importantes étaient les chefs. Ce
n'est pas à dire que, parmi les hommes, les uns eussent
reçu du Dieu une dignité plus haute : ils étaient tous égaux
en dignité, ils étaient tous les fils du Démiurge. Il ne saurait
y avoir ni supérieurs, ni inférieurs dans la divine cité. Et
tous, je l'ai dit aussi, étaient des artistes, ô Kalliklès ! Leur
travail était un jeu parce qu'il était désintéressé, fait en vue
de créer de la beauté et il assurait la conservation de l'univers dont ils aimaient la beauté.

Mais ces hommes avaient été créés sages et libres. Or, ils
ne pouvaient faire usage de leur liberté que pour détruire le
monde. Ils ne pouvaient se prouver à eux-mêmes qu'ils
étaient libres qu'en refusant d'exécuter les devoirs qu'avait
prescrits à leur sagesse la sagesse du Dieu. Et le désir de
faire usage de leur liberté l'emporta, dans l'âme des
hommes, sur leur sagesse. Un moment arriva où quelques-
uns d'entre eux, ceux que j'ai appelé les chefs et qui étaient
principalement chargés de diriger les forces du Cosmos, ou
encore ceux qui remplissaient des fonctions politiques,
décidèrent de se rebeller contre le créateur. Ils dirent :

nous ne voulons plus obéir au dieu. Aussitôt cette pensée méchante germa dans leur intelligence, de travailler non plus en vue du bonheur de tous et de la beauté du monde, mais en vue seulement de leur propre bonheur. La première forme de la faute a été l'amour-propre : l'orgueil de commander et de porter une couronne!

Les chefs pensèrent qu'il serait beau de devenir les maîtres des choses et des hommes et, si c'était possible, les maîtres du dieu même qui les avait créés, qui était leur père. En un mot, chacun voulut prouver aux autres et se prouver à lui-même qu'il était le plus fort, chacun décida de se servir des forces sous sa dépendance pour se soumettre la volonté des autres hommes ou pour les détruire, s'ils osaient résister. De même, nous voyons aujourd'hui le dogue macédonien rêvant de conquérir cette terre de la Hellas que protège l'égide de Pallas Athéna.

La haine enfanta la guerre, la guerre qui sème l'épouvante, le désespoir et la mort! Combien de temps dura la terrible guerre fratricide? qui le dira jamais? Des siècles peut-être, dans ce vaste univers dont notre imagination ne peut plus maintenant concevoir la figure. On peut croire que le mal gagna de plus en plus les cœurs ; ceux qui avaient subi l'injustice répondaient au mal en infligeant le mal. Ainsi la haine provoque la haine, celui qui a souffert se venge en faisant souffrir. Le désordre ne pouvait que s'aggraver, de jour en jour, de siècle en siècle. N'oubliez pas, amis très chers, que ce premier monde était une œuvre harmonieuse et belle. Rien n'était livré au hasard ; les éléments, les forces du Cosmos, étaient de dociles esclaves entre les mains des hommes ; ils devaient obéir tant qu'ils seraient dirigés par des volontés saintes, soumises elles-mêmes à la loi d'harmonie qui était la raison suprême de la création divine. Mais le jour où les hommes refusèrent de suivre les commandements du Dieu, ils ne furent plus les maîtres des forces qui se déchaînèrent les unes contre les autres. C'était la suite inévitable de cette guerre fratricide que les hommes se livraient entre eux afin d'usurper le pouvoir.

Il y eut de terribles combats. Les foudres, le tonnerre et les éclairs volaient rapidement, roulant leurs flammes dans le vaste Ouranos. La terre était flamboyante. Les grandes forêts, enveloppées de flammes ardentes, crépitaient ; ensuite les flots de l'Océan, comme des coursiers indomptés envahirent les terres, détruisant sur leur passage les quelques hommes que le feu du ciel avait épargnés. Cependant les vents soulevaient avec rage des tourbillons de poussière et jetaient des clameurs épouvantables, comme s'ils voulaient activer encore la ruine du monde !

C'est ainsi qu'à l'harmonie primitive succéda la désorganisation complète, le chaos infini ! La mort régnait ! Du haut des demeures éthérées, le Démiurge contemplait tristement ce spectacle de désolation : « Qu'avez-vous fait, ô mes fils ! des idées de mon intelligence ? Vous avez créé le mal qui détruit tout, et vous avez détruit le monde que je vous avais donné, et vous vous êtes détruits vous-mêmes. »

Et le Démiurge au cœur bon voila son visage et se prit à pleurer.

KALLIKLÈS

Es-tu bien sûr, Platon, que le démiurge ait pleuré ?

PLATON

Comment son âme n'aurait-elle pas été accablée de tristesse au spectacle de tant de ruines ?

ARÉTA

Mais comment de ces ruines un monde nouveau a-t-il pu naître ? Qui sommes nous, nous qui maintenant vivons sur la terre ? Sommes-nous les fils des premiers hommes ? Sommes-nous d'autres hommes que le Démiurge a créés ? O maître ! tu nous a dit la ruine du monde ; de grâce, apprends-nous comment nous sommes nés. Je te veux écouter de toute mon âme.

PLATON

Le Dieu tout-puissant, ô ma très belle ! avait le droit d'espérer que les hommes ne feraient pas un mauvais usage de la liberté ; mais il savait — comment aurait-il pu l'ignorer ? — qu'il leur serait difficile de résister à la tentation de désobéir à ses ordres ; il avait prévu la ruine du monde et la chute des hommes, sinon comme nécessaires, du moins comme probables. C'est pourquoi, afin de préparer une phase nouvelle à la destinée de ses fils devenus méchants, mais que son cœur n'avait pas cessé d'aimer, il déposa au plus profond de leur être des germes indestructibles qui, aussitôt que les circonstances leur permettraient de grandir, donneraient naissance à des hommes. Nous sommes ces hommes, Aréta, nous qui vivons sur la terre ; nous sommes toujours les fils du Démiurge, mais, par notre faute, dégénérés, imparfaits, incomplets. A tour de rôle, aux époques voulues, nous apparaissons sur la terre afin de payer notre

dette et de faire, dans l'injustice, l'apprentissage de la Justice. Depuis que, dans le cours de notre vie première, nous
avons désobéi aux commandements du Dieu qui étaient la
justice, parmi nous l'injustice règne. Nous, capables, dans
la cité divine, de comprendre la Vérité et d'aimer la pure
Beauté, nous vivons maintenant incapables de surmonter
nos doutes, de nous délivrer de l'Ignorance et de la Laideur.
Pourtant nous n'avons pas cessé d'aimer la Justice et la
Beauté, mais notre chute a été si profonde que nous ne pouvons plus nous élever vers elles. Nous rampons sur la terre :
nos ailes sont tombées !

Que ton âme, fille d'Aristippos, compare la cité que le démiurge avait créée au monde où nous sommes condamnés à
vivre. Nous étions des êtres divins, les maîtres de la nature.
Le Feu, l'Air, la Terre et l'Eau obéissaient à notre volonté.
Maintenant, notre intelligence s'applique péniblement à
chercher les lois qui commandent aux éléments, afin que la
prudence et la prévoyance nous permettent de nous garder
contre les caprices de ces forces qui, à chaque instant, me-
nacent notre vie. Nous devons, pour vivre, lutter contre les
éléments, lutter contre les hommes, et lutter contre nous-
mêmes, jusqu'au moment où la mort arrive, après un dernier combat, qui nous délivre de nos souffrances !

ARÉTA

Quelle étonnante destinée que la nôtre, ô chorège !

PLATON

Étonnante à la fois et, par notre faute, misérable, ma
chère fille.

KALLIKLÈS

Par tous les dieux, tu exagères, Platon. Il est des moments dans la vie où chaque homme éprouve la joie de vivre : la vie, telle qu'elle est, vaut la peine d'être vécue !

PLATON

Il faut bien qu'elle mérite d'être vécue puisque nous devons la vivre. Écoute encore :

Aussitôt que les éléments déchaînés eurent accompli leur œuvre de destruction, chacun d'eux reprit la place que lui assignait ses lois propres. Un ordre nouveau s'établit, mais imparfait et partiel. Pourtant, dans les vastes plaines d'Ouranos, les astres menèrent de nouveau leur chœur de danses ; Hélios ralluma ses flammes et ses rayons éclairèrent pour la seconde fois la grande surface terrestre ; les eaux de la mer, peu à peu, se retirèrent dans leur lit profond ; la Terre redevint verdoyante, et les champs de la Hellas, spontanément, se couvrirent d'asphodèles. Mais ce monde, né des ruines du premier monde, n'était plus la création du dieu, il était la création des hommes. Il était en partie notre œuvre, Aréta, et c'est à bon droit que nous l'appellerons le monde de la faute et le monde des douleurs.

ARÉTA

Ne dirons-nous pas, Platon, que le Démiurge nous a punis cruellement pour avoir commis une faute qu'il nous était trop difficile de ne pas commettre ?

PLATON

Nous ne le dirons pas, ma chère enfant ; ce serait offenser

le Dieu. Il ne nous a pas punis ; nous nous sommes punis
nous-mêmes ; nous subissons les conséquences de nos actions. Il est nécessaire que le mal amène à sa suite la souffrance et la laideur, de même que l'accomplissement du bien
est toujours accompagné d'une joie de l'âme, heureuse de se
sentir à la fois meilleure et plus belle. Nous avons le monde
que nous nous sommes donné ; s'il nous paraît si mauvais,
c'est que nous avons été nous-mêmes très méchants. Ce
n'est pas le Dieu qu'il faut accuser, Aréta, mais les hommes.

L'ART ET LA BEAUTÉ

KALLIKLÈS

Tout cela est fort bien, ô prince des poètes ! j'ai dit déjà
que j'admirais ce drame de l'humanité, comme tu l'appelles,
que tu viens de nous conter. Mais tu nous a promis de nous
enseigner ce qu'est l'Art, et de nous expliquer quel rôle les
artistes sont appelés à jouer parmi les hommes. Tu n'as pas
encore tenu ta promesse. Je sais, depuis que tu me l'as
appris, que les fils du Démiurge étaient des artistes contem-
plateurs à la fois et créateurs de beauté, mais nous ne vivons
plus dans la cité du Dieu, nous vivons sur la terre où des
artistes s'appliquent à égayer notre vie. Je voudrais savoir,
ami très cher, ce que tu penses de leur art.

PLATON

Sais-tu, Kalliklès, que ta question vient fort à propos ?

KALLIKLÈS

Par tous les dieux, je m'en réjouis, Platon ; mais que
veux-tu dire ?

PLATON

Ceci seulement, que le Discours se préoccupait, en ce moment, de satisfaire ta curiosité.

Reconnaîtras-tu pour une vérité, que les hommes qui vivent maintenant dans la Hellas, ou ailleurs, ne sont pas tous des artistes?

KALLIKLÈS

Certes, Platon, et de grand cœur. J'ajouterai même que parmi ceux qui se disent et se croient des artistes, il en est qui ne méritent pas ce nom.

PLATON

Fort bien! Si j'affirmais, maintenant, que le véritable artiste est désintéressé, qu'il trouve sa récompense la plus haute et la plus rare dans le fait de créer son œuvre, qu'il préfère cette récompense qu'il s'accorde à lui-même à toutes les richesses et à tous les honneurs, en conviendrais-tu?

KALLIKLÈS

Peut-être. Il n'est pas à dire cependant que l'artiste doive dédaigner les richesses et les honneurs.

PLATON

Aussi, le plus souvent, ne les dédaigne-t-il pas. J'oserai dire, Kalliklès, qu'il serait plus beau de les dédaigner.

KALLIKLÈS

Mais, Platon, tu ne méprises pas toi-même les éloges, surtout quand c'est notre Aréta qui te les prodigue.

PLATON

C'est que je ne suis pas, ami, un véritable artiste. Tous les artistes, même les plus nobles, même les plus purs, sont avant tout des hommes. Je veux dire qu'ils sont, comme nous, contraints de lutter sur la terre, afin de gagner leur vie. Les premiers hommes étaient les fils du Démiurge ; ils vivaient la vie belle, ils ne travaillaient pas, ils jouaient. Les hommes, maintenant, sont les fils de l'homme ; ils mènent, accablés de douleurs, la plus précaire des existences : ils sont ignorants et injustes, égoïstes, quelquefois pervers. Et ils préfèrent à la Beauté pure ou à la sainte Justice les richesses, ou le pouvoir de commander aux hommes, ou la gloire, ou le plaisir. Peut-être que jamais, sur la terre, ô Kalliklès, il n'a existé un véritable artiste.

KALLIKLÈS

Par tous les dieux, des artistes ont vécu, de grands artistes vivent encore dans la cité d'Athéna.

PLATON

Certes, ô mon très cher ! J'ajouterai même qu'ils sont notre orgueil et notre joie ; mais, si puissant que soit leur génie, on ne peut pas dire qu'ils soient purement des artistes. Prends garde qu'un créateur véritable ne devrait vivre que pour produire à la lumière d'Hélios ces images de vérité ou de beauté qu'il aperçoit dans son âme. Mais nos artistes, Kalliklès, sont aussi des hommes ; je veux croire qu'ils sont moins que les autres éloignés de la cité du Dieu ; pourtant ils sont, comme nous, des êtres déchus, et, trop sou-

vent, le culte des plaisirs impurs, la poussée des instincts
égoïstes et l'entraînement des passions nous montrent
combien sont étroits les liens qui les attachent à la terre.
On les voit préoccupés de flatter l'âme obscure des foules,
cherchant à tromper les autres, parfois se trompant eux-
mêmes par je ne sais quelle illusion de beauté qui amuse et
séduit leur âme. C'est pour cette raison, Kalliklès, que tu
appelles nos artistes des ouvriers d'illusions agréables qui
enchantent le cœur des hommes.

Pourtant, tu te trompes; ce n'est pas au moment où il fait
surgir à nos yeux de vaines apparences que l'artiste fait
œuvre d'artiste. Il n'est pas beau de le confondre avec les
jongleurs. Sa mission est plus haute et plus noble : il est un
créateur de vérité. L'artiste n'est vraiment grand que quand
il est vrai.

KALLIKLÈS

En ce cas, Platon, c'est que la Vérité et la Beauté sont
une seule et même chose ? Comment ne rougis-tu pas de
soutenir une pareille affirmation ?

PLATON

Je te promets de rougir plus tard, ami, si le Discours m'y
contraint. Pour le moment il nous invite à croire que la
Vérité et la Beauté étaient, dans le premier monde créé, une
seule et même chose. J'avoue qu'il n'en est pas de même sur
notre terre : nous ne pouvons que chercher la Vérité, et la
Beauté se dérobe et s'enfuit quand nous croyons l'atteindre.
C'est pourquoi ce serait trop exiger de nos artistes que de
demander à leur génie de créer de la beauté. Il n'est donné
qu'à très peu d'âmes d'entrevoir la Beauté et, pour ainsi dire,

de la deviner. Celles-là sont les plus rares à la fois et les meilleures des âmes. La plupart de nos artistes, — ils sont tout de même dignes, Kalliklès, de notre admiration, — sont impuissants à poursuivre la pure Beauté, ils ne peuvent que nous représenter la Vérité et la vie.

KALLIKLÈS

Je cherche en vain un sens à tes paroles, ô chorège! De grâce, restons sur notre terre sans plus nous préoccuper du monde du Démiurge. Il est mort, par notre faute, je le veux bien, quoique, pour ma part, je ne me souvienne pas d'avoir participé à sa ruine, mais qu'y faire? Tous nos regrets ne le ressusciteront pas. Restons où nous sommes Platon, je veux dire à Athènes et parmi les artistes que nous connaissons tous deux. Penses-tu, dis-moi, qu'il est plus facile à un artiste de découvrir des vérités que de créer de la beauté?

PLATON

O Kalliklès! nous voyons plus souvent des artistes *vrais* que des artistes créateurs de beauté.

KALLIKLÈS

Tu parles par énigmes, ami très cher, comme la Sphinx de Thèbes. Qu'appelles-tu un artiste vrai?

PLATON

Se représenter les choses, ou les représenter aux autres, telles qu'on les voit, sans vouloir tromper personne, sans vouloir se tromper soi-même, c'est être *vrai*, Kalliklès. Il est possible, sans doute, que l'on soit encore victime d'une erreur ou d'une illusion; du moins on est sincère, on ne ment ni aux autres ni à soi-même.

Ces images qu'il aperçoit dans son âme, l'artiste doit scrupuleusement les traduire au dehors telles qu'il les voit, belles si elles sont belles, ou laides, ou même communes. Les dieux lui ont confié la mission de nous montrer l'âme des choses. Si la vérité et la vie ne palpitent pas dans ses œuvres, on pourra dire encore d'un artiste qu'il est un habile jongleur, s'il sait présenter à nos yeux des illusions agréables, mais on devra lui refuser le nom d'artiste. Celui-là n'est pas artiste que des préoccupations de gain, ou de gloire, ou d'honneurs, conduisent à travestir la Vérité. Le véritable artiste ne sait pas mentir.

Son âme, ainsi que le disait mon maître, Kalliklès, éprouve comme le besoin d'accoucher. Elle est grosse de vérité et de vie. Mais tandis que la femme enfante dans la souffrance, l'artiste, lui, crée dans la joie. Il ne se rend même pas compte de la peine qu'il prend pour réaliser son œuvre; il ne s'aperçoit pas des heures qui s'écoulent, il ne sait pas s'il a faim ou s'il a soif; au moment où il crée, il joue, et son âme ne se lasse pas de créer, ravie qu'elle est par une joie qui se renouvelle sans cesse. L'artiste ne travaille pas, Kalliklès, il joue, ainsi que jouaient les premiers hommes dans la cité du Dieu.

Que peuvent-être, dis-moi, auprès de telles joies, l'appât d'un gain misérable, ou la vanité des honneurs, ou la gloire d'un stratège, ou l'orgueil de porter une couronne?

KALLIKLÈS

Il est plus beau de commander que d'obéir, Platon.

PLATON

Créer des vérités vivantes est encore plus beau que de commander aux hommes. Il n'est pas, sur la terre, de mission plus belle ; à une condition pourtant, c'est que l'artiste appartiendra tout entier à son art. Il doit oublier qu'il est citoyen d'Athènes et de la race des Eupatrides, et même qu'il est homme et qu'il a un corps. Sa propre vie n'est jamais complètement indépendante de la Vérité qu'il veut créer et qui s'agite en son âme, pressée d'éclore. Il va, piqué par un aiguillon invisible, jusqu'au moment où ses efforts l'ont délivré de cette vérité qu'il portait en lui et qui maintenant apparaît en pleine lumière, vivante de la vie qu'il lui a donnée.

Il est insouciant comme sont les enfants, et désintéressé, parce que les plaisirs que les hommes recherchent, et les honneurs, et les richesses, ne sont rien à côté de ces joies qu'il éprouve au moment où il crée, au moment où il joue.

As-tu pris garde, ô mon très cher ! à la façon dont le musicien saisit la lyre ou la cithare ? Il sait bien que son instrument est son ami ; il le caresse, il le flatte même par de douces paroles. C'est grâce à lui que les mélodies qui chantent en son âme s'envoleront au dehors, tristes parfois, ou bien gaies comme un chant d'oiseau. Tu me diras peut-être que le musicien chante pour nous plus encore que pour lui, puisque son visage s'épanouit de joie quand la foule éclate en applaudissements. Sans doute. Remarque pourtant, je te prie, que ce n'est pas lui qu'on applaudit, mais son chant. Il est fier de la beauté de son œuvre comme un père est fier

de la beauté de sa fille. N'est-elle pas sa fille, à vrai dire?
N'est-elle pas sortie vivante de son âme, comme Athéna de
la tête de Zeus? S'il nous apparaît si joyeux, c'est que son
génie transparaît en quelque sorte sur son visage. Il s'impose à nous; il nous contraint à aimer ce qu'il aime, à
admirer ce qu'il admire. Nous sommes pour ainsi dire ses
associés; avec lui nous créons, nous jouons avec lui. Pour
un moment il commande à nos âmes; nous marchons à sa
suite dans la voie qu'il a tracée. Et si la beauté du chant a
su se soumettre l'âme rebelle de ces auditeurs, si nombreux,
plutôt disposés à décerner le blâme que l'éloge, le musicien,
alors, est tout à fait comparable à Orpheus, le divin joueur
de lyre, que Kerbéros, à la triple gueule béante, suivait pas
à pas, ravi par ses accents, oubliant de gronder et de
mordre.

KALLIKLÈS

J'approuve tes paroles, ô chorège! du moins en ce qui
regarde les musiciens. Comment ne pas reconnaître qu'ils
jouent, puisqu'ils jouent de la lyre ou de la cithare? Mais
un peintre ne joue pas, ni un architecte, ni un sculpteur, ni
même un poète. Quant aux philosophes, qui sont des
artistes, par tous les dieux, Platon, tu n'oserais affirmer
qu'ils jouent. Demande à notre ami Antisthénès si jamais
il a eu le désir ou l'envie de jouer.

PLATON

Je crains, ô mon très cher! que tu n'aies pas entendu le
Discours; peut-être ne veux-tu pas l'entendre? Je répète
que tous les artistes jouent quand ils créent; je ne veux pas
dire qu'ils s'amusent. Le jeu n'est pas l'amusement. L'amu-

sement nous sert à nous divertir, il nous écarte de toute
occupation sérieuse, il est futile et vain. Le jeu, lui, est
créateur; il est la création désintéressée, il crée pour créer.
C'est en ce sens que j'affirme, Kalliklès, que tous les artistes
jouent, les philosophes eux-mêmes.

KALLIKLÈS

Je crains quelque peu, ó Platon! que, séduit par ton rêve,
tu n'aies oublié les enseignements du bon sens le plus
commun. Tu ne sais plus voir les choses telles qu'elles sont,
ni les hommes. Je connais les artistes d'Athènes, et encore
quelques-uns qui nous sont venus des îles, ou des côtes de
l'Ionie; j'ai vécu près d'eux. Je te veux accorder que ce
n'est pas sans joie qu'ils enfantent leurs œuvres, — cette
joie, d'ailleurs, comme toutes les joies, hélas! est accom-
pagnée de fatigue et suivie de douleurs; — mais que les
artistes ne pensent pas au gain, aux honneurs, ou à la
gloire, vraiment, Platon, c'est là une chose dont je ne saurais convenir même pour t'être agréable. Mon opinion est
qu'ils y pensent plutôt trop que pas assez; il en est qui ne
pensent pas à autre chose et qui ne parlent pas d'autre
chose dans les festins où ils convient leurs admirateurs et
leurs amis.

J'en sais quelques uns, dont je tairai les noms, — sois
assuré qu'ils ne comptent pas parmi les moindres, — que
tous les trésors du grand roi ne parviendraient pas à ras-
sasier. Je t'assure que ceux-là ont depuis longtemps perdu
l'habitude de jouer.

PLATON

N'ai-je point dit, Kalliklès, que les artistes étaient des

hommes, par conséquent, comme tous les hommes, attachés
à la terre par des besoins, des instincts, des passions?
J'ajouterai seulement que ce n'est pas au moment où il
se montre ambitieux, avide de richesses, qu'il a le droit
d'être appelé artiste et créateur. Il serait plus juste de
dire qu'il a oublié qu'il est le fils du Démiurge et démiurge
lui aussi. Il est homme, âpre au gain, et luttant pour conquérir des jouissances. Il n'est artiste, Kalliklès, que quand
il crée d'une façon désintéressée, que quand il joue.

Pourquoi dis-tu que les musiciens jouent, ou les poètes,
parce qu'ils jouent de la lyre ou de la cithare? C'est toi,
ami, qui joues ici sur les mots, et les jeux de mots ne ressemblent en rien aux jeux de l'Art. La lyre qui permet au
musicien ou au poète — car le poète chante lui aussi, et
Homéros, le grand aède aveugle, nous est représenté une
lyre à la main — de traduire ses chants, n'est pas, à proprement parler, un instrument dont il joue, mais un instrument
grâce auquel il pourra jouer et nous convier à jouer avec
lui. La véritable lyre du musicien et du poète reste invisible
pour nous; elle est, ami, cachée dans son âme. On dirait
que les joies et les douleurs que les hommes éprouvent
viennent tour à tour en agiter les cordes; la lyre humaine,
alors, spontanément, vibre et chante pour le plaisir de
chanter. Ses accents nous ravissent parce qu'ils sont vrais.
Nous les reconnaissons : ce sont les accents des joies ou
des douleurs des hommes! On ne peut pas dire cependant
que ce soient de vraies joies ou de vraies douleurs. C'est un
jeu, le jeu de la vérité, le jeu de la vie. Si le musicien, ou
le poète, ressentait réellement les joies ou les douleurs

qu'il chante, il serait tour à tour le plus heureux des hommes et le plus malheureux; il les ressent en artiste, il en joue! Son génie les transforme sans qu'elles cessent d'être réelles; il les épure, il les recrée, nous les montrant plus nobles et plus belles qu'elles ne sont dans la vie, où elles nous apparaissent trop souvent accompagnées de lâchetés et de bassesses. Le génie de l'artiste nous enlève, pour un moment, aux vulgarités de l'existence.

Ainsi les grandes lyres que les anciens, dans les bois sacrés, suspendaient aux plus hautes branches, tranformaient en une musique divine les gémissements et les plaintes monotones du vent!

KALLIKLÈS

Tes paroles sont étonnantes, ô chorège!

ARÉTA

Étonnantes et belles, ô maître vénéré!

PLATON

J'oserai dire qu'elles sont vraies, autant, du moins, que la Vérité est accessible à l'homme.

Veux-tu que nous interrogions les dramaturges, Aréta, ils nous apporteront peut-être une nouvelle preuve en faveur de la thèse que défend le Discours?

ARÉTA

Nous devons les interroger, Platon, et aussi les peintres, les architectes et les sculpteurs; sinon la démonstration serait incomplète et Kalliklès nous adresserait des reproches.

PLATON

Nous aurons soin de n'oublier ni les peintres, ni les architectes, ni les sculpteurs; nous demanderons encore assistance aux philosophes, ma chère fille. Ils comparaîtront
devant nous et, après les avoir entendus, nous déciderons
s'il est vrai que, de tous les artistes, ce sont eux que les
dieux préfèrent. Le Discours nous invite maintenant à examiner l'art des dramaturges.

Prends garde à ce que je vais dire :

Quand tu suis, d'une âme attentive, une action tragique
qui se déroule sur la scène, est-ce la fable elle-même, que
le poète nous conte, qui captive ton intelligence ou qui
émeut ton cœur?

ARÉTA

Je ne sais pas au juste, maître; Kalliklès n'a-t-il pas
affirmé, au début de notre entretien, que, plus que les autres, les fables très anciennes étaient de nature à émouvoir
notre cœur? On dirait que, pour nous charmer, l'art du
poète s'applique à faire revivre devant nous la vie des hommes des temps passés et qui furent nos pères. N'est-il pas
naturel que la terreur s'empare de notre âme, ou que
nous soyons émus de pitié, au spectacle de tant de maux
qui sont venus les assaillir ?

PLATON

Kalliklès se trompe, Aréta. La fable, en elle-même, n'a
rien qui nous puisse émouvoir. Nous la connaissons avant
que les acteurs n'entrent en scène; elle a bercé notre en

fance. Ce qui émeut le spectateur au théâtre, ma chère fille, c'est qu'il y retrouve son âme.

ARÉTA

Que veux-tu dire, maître ? Je crains de ne pas entendre tes paroles.

KALLIKLÈS

Fille d'Aristippos, le Démiurge ne va pas tarder à revenir.

ARÉTA

Le Démiurge ! Pourquoi donc, Kalliklès ?

KALLIKLÈS

N'as-tu pas remarqué, Aréta, que chaque fois que le Discours se trouve en présence d'une difficulté nouvelle, le Démiurge apparaît et la difficulté s'envole ? O Platon ! que de grâces ne dois-tu pas rendre au Démiurge ?

PLATON

Laissons le Démiurge en repos, ami très cher. La difficulté qui nous arrête est de celles que l'intelligence d'un homme peut résoudre.

Comment les actions de ces personnages que le poëte nous représente sur la scène pourraient-elles émouvoir notre âme, si, dans ces âmes de héros qui vivent devant nous, nous ne reconnaissions notre âme avec ses vertus, ses vices, ses passions? Ces personnages que la fable nous montre, et qui, à première vue, nous apparaissent de grandeur surhumaine, ne sont que des hommes, Aréta.

Notre âme, aisément, s'élève jusqu'à leur âme ; ce sont des hommes, se dit-elle, qui vivent aux prises avec des difficultés extraordinaires, qui luttent et qui souffrent. Ce qu'ils font, certes, ce n'est pas ce que j'ai fait, c'est ce que j'aurais pu faire. C'est, à vrai dire, ce que je fais pendant que l'action du drame se déploie devant mes yeux : à ce moment, je vis leur vie, je lutte leur lutte, je souffre leur souffrance.

Triomphante quand ils triomphent, notre âme s'enorgueillit alors de leur orgueil ; mais si, vaincus par le sort, ils éclatent en lamentations, voilà que les larmes coulent de nos yeux : leurs peines deviennent nos peines. Je répète que ce sont des hommes, Kalliklès, que les poètes nous représentent au théâtre, et c'est pour cette raison que notre âme d'homme est capable, pour un moment, et en manière de jeu, d'éprouver tous les sentiments et toutes les passions qui agitent l'âme des héros de tragédie. Elle est tour à tour magnanime et vertueuse, courageuse aussi et pleine de hardiesse, mais, d'autres fois, hélas ! prompte à commettre des lâchetés et des crimes : exaltée tantôt par sa vertu, tantôt honteuse de ses faiblesses. Faisant un retour sur elle-même et s'adressant la parole : « Ame, se dit-elle, il n'y a pas lieu, pour toi, de s'enorgueillir ; tu n'es qu'une âme d'homme. Ces crimes que ceux-là ont commis, tu vois bien que, toi aussi, tu aurais pu les commettre si tu avais été l'un de ces hommes, au lieu d'être l'âme d'un marchand d'olives, d'un géomètre ou d'un philosophe ! »

Pourtant, pendant quelques heures du moins, grâce à l'art du poète qui l'entraîne à jouer la vie de ses héros, l'âme du spectateur, quel qu'il soit, oublie sa propre existence et vit une vie nouvelle, d'autant plus intéressante pour lui qu'elle est plus nouvelle. Il est, tour à tour, Prométheus lié sur le rocher, et Oïdipous aveugle, et Orestès poursuivi par les Érinnyes vengeresses, et Médéa la magicienne, et Klytemnestra et Alkestis. Mais toutes ces vies qu'il vit au théâtre, il les vit d'une façon désintéressée, pour le plaisir de les vivre, de même que le poète les lui représente pour le plaisir de les lui représenter; il les vit en manière de jeu. Et il oublie, pendant ce temps, sa propre vie avec son cortège d'ennuis, de travaux, de souffrances communes; il ne travaille pas, il joue. Il se délivre de sa vie réelle, heureux de sentir son âme, une à la fois et si diverse, devenue telle enfin qu'aucun sentiment humain ne lui est plus étranger. Elle est la parente de toutes ces âmes; elles sont entrées dans la sienne, et, qu'il soit ému de pitié, ou qu'il soit secoué par la terreur, c'est toujours de lui-même qu'il s'agit, de l'âme du moins que, pour un moment, il vient de se donner, oubliant peut-être son âme véritable. Et il éprouve, à avoir peur au théâtre, ou à pleurer, une joie particulière, la joie orgueilleuse de pouvoir échapper à la vie que lui ont donnée les dieux.

Mais si le poète avait voulu nous tromper, s'il avait prêté à ses personnages des caractères au-dessus ou au-dessous de l'humanité, comment notre cœur pourrait-il être ému au spectacle de leurs luttes et de leurs souffrances? Nous ne comprendrions plus le jeu du poète en ce cas, et nous refuserions de jouer; le drame ne nous causerait que de l'ennui. Ce qui intéresse le spectateur, au théâtre, Aréta, c'est lui-même!

ARÉTA

C'est nous même! c'est notre âme, et pourtant ce n'est plus notre âme. Afin de jouer elle a changé sa nature; elle s'est faite aussi différente d'elle-même qu'il est possible. Condamnée à vivre sa vie, c'est une joie pour elle et très vive de s'échapper d'elle-même et de vivre toutes les vies que l'art des poètes fait se dérouler devant elle. Ai-je compris tes paroles, maître?

PLATON

On ne saurait les mieux comprendre, ma chère enfant.

KALLIKLÈS

Je te veux aussi adresser des éloges, ô chorège! Je ne suis pas éloigné de croire que les drames de nos poètes sont une parfaite imitation de la vie.

PLATON

Plus qu'une imitation, ô mon très cher! une création et, si j'osais dire, une révélation de la vie. Les personnages qu'ils nous présentent ne sont pas réels, mais ils sont vrais. S'ils ont existé, ils n'ont pas accompli tous les exploits ou perpétré tous les crimes dont le poète a chargé leur mémoire; mais nous sommes persuadés qu'ils auraient pu les accomplir. C'est en cela qu'ils sont vrais, en cela encore qu'ils sont des créations du génie poétique. Serais-tu d'un avis opposé, Kalliklès?

KALLIKLÈS

J'hésite à me prononcer. Si je te donne raison sur ce

point, accorderas-tu, du moins, qu'il est des artistes aussi,
les peintres quelquefois et, plus souvent, les architectes et
les sculpteurs, qui, dédaigneux de la Vérité, sont préoccupés
surtout de réaliser des œuvres belles?

PLATON

Tu as entendu, ma chère fille; Kalliklès nous demande à
consentir que les peintres, les architectes et les sculpteurs
soient le plus souvent des ouvriers de beauté. Convient-il,
dis-moi, de faire bon accueil à sa demande?

ARÉTA

Pourquoi non, Platon, si sa demande est légitime.

PLATON

Je crains un peu qu'elle ne le soit pas complètement. Que
l'on puisse séparer la Vérité de la Beauté, l'expérience nous
l'apprend, puisqu'il existe, sur notre terre, des choses,
des animaux et des personnes qui ne sont pas beaux.
Mais, la Beauté se peut-elle séparer de la Vérité? c'est ce
que je préférerais ne pas croire, fille d'Aristippos. Je
n'aimerais pas à convenir qu'il existe des choses belles qui
ne sont pas vraies.

KALLIKLÈS

Mais, par tous les dieux, Platon, la fantaisie de l'artiste
ne peut-elle créer des images belles qui ne sont pas vraies :
je veux dire qui ne représentent aucune réalité. N'affir-
mais-tu pas, il n'y a qu'un moment, que la véritable beauté
s'était enfuie de la terre. Comment pourrions-nous la connaître si elle nous a quittés, et comment pouvons-nous savoir

qu'elle a existé autrefois si nous ne savons pas ce qu'elle était. Pourtant, parmi les images que le génie des artistes suscite à nos yeux, il en est de très belles. Le Discours te contraindrait-il d'avouer, ô chorège! que leur beauté est illusoire?

PLATON

C'est une grave difficulté, Kalliklès, que tu viens d'opposer au Discours. Je ne pense pas que nous puissions la lever ; à moins, peut-être, que nous n'ayons l'audace de vouloir définir la Beauté.

KALLIKLÈS

Mais, puisqu'elle s'est enfuie, Platon?

PLATON

Essayons tout de même, Kalliklès, les dieux secourables nous permettront peut-être de découvrir sa retraite.

Si je te disais, ami très cher, que la Beauté est l'harmonie du divers, que penserais-tu de cette définition?

KALLIKLÈS

Je voudrais d'abord la comprendre, ô chorège!

PLATON

Ecoute, dirons-nous qu'Aréta, fille d'Aristippos, est belle?

KALLIKLÈS

Nous dirons même qu'elle est très belle, Platon.

PLATON

Prends garde à cette question, Kalliklès : si les mains

d'Aréta étaient plus grandes qu'elles ne sont ou plus petites, si son nez était plus court ou plus gros, oserais-tu proclamer encore qu'Aréta est belle entre toutes les femmes ?

KALLIKLÈS

Il me semble qu'elle serait moins belle, Platon.

ARÉTA

J'aurais préféré, maître, que tu choisisses un autre exemple pour démontrer ta thèse.

PLATON

C'est que tu es près de nous, mon enfant, exemple vivant de la beauté de la femme.

Ne dirons-nous pas qu'Aréta est belle, Kalliklès, parce que chacune des parties de son corps s'harmonise parfaitement avec son corps tout entier, qu'elle est, par rapport à l'ensemble, ce qu'elle doit être, ni trop grande, ni trop petite?

KALLIKLÈS

Nous le dirons Platon, mais où veux-tu en venir?

PLATON

Je veux démontrer seulement, ô mon très cher, que la beauté de la femme, ou de l'homme, ou de n'importe quel objet, résulte toujours de ce que chacune des parties est exactement ce qu'elle doit être pour qu'elle s'adapte aux autres de manière à constituer un ensemble harmonieux. Si l'harmonie est rompue, la beauté disparaît : la femme est toujours une femme, mais elle n'est plus une femme belle, il n'y a plus d'unité dans les diverses parties qui la constituent. Acceptes-tu maintenant la définition que je te proposais tout à l'heure de la Beauté, ou bien conviendra-t-il d'en chercher une autre?

KALLIKLÈS

Je l'accepterais peut-être, Platon, mais je suis, une fois de plus, enfermé dans le labyrinthe; je fais, pour en trouver l'issue, de vains efforts. Tu as dit que la Beauté n'existait pas sur la terre, et tu viens de définir la Beauté; tu prends même en exemple la beauté d'Aréta qui est là, assise près de nous, sous le platane d'Akadémos. Donne-moi le fil de Théseus, ô chorège! si tu veux que je te suive.

PLATON

Quand j'affirme que la Beauté n'existe pas sur la terre, j'entends, ami très cher, la beauté parfaite qui régnait dans le monde que le Démiurge a créé. Mais parmi les choses et les êtres qui vivent sur la terre, les uns moins que les autres, sont éloignés de leur type de beauté tel que le génie de l'artiste divin l'avait réalisé à l'origine. Quelques hommes, très rares, en approchent; aucun ne le représente absolument. Mais, parce que nous avons vécu autrefois dans le monde de Beauté, nous en conservons tous au plus profond de notre âme le souvenir, vague sans doute, imparfait, suffisant toutefois pour que nous puissions reconnaître cette beauté partielle, dès qu'elle apparaît à nos yeux. Bien plus, parmi les hommes, quelques-uns, ceux qui sont plus aimés des dieux immortels, ont reçu d'eux ce privilège très rare de parachever, dans la représentation qu'ils nous en donnent, l'incomplète beauté qu'ils aperçoivent dans les objets ou dans les êtres naturels. Au delà de ce qui est, leur génie entrevoit ce qui devrait être et le réalise. C'est en ce sens que l'Art est plus vrai que la Nature, je veux dire qu'il s'approche plus qu'elle ne fait de la vérité belle, telle qu'elle a été instituée par le Démiurge. Quand il est créateur de beauté, l'Art est divin, Kalliklès, puisqu'il nous rapproche de la création divine. Quand tu regardes la fille d'Aristippos, tu te dis : elle est belle comme Athéna protectrice de la cité, ton œil ne sait découvrir aucune imperfection dans l'eurythmie de son corps. Sois assuré cependant que Phidias, ou Praxitélès, ou ton ami Skopas, s'ils se proposaient de nous représenter non pas Aréta elle-même, mais la beauté d'Aréta, sauraient découvrir tous les petits défauts qui ont échappé à ton regard. Et leur génie les corrigerait. Ainsi l'image d'Aréta, représentée par un véritable artiste, serait moins réelle, je l'accorde, mais plus vraie, car la Vérité, Kalliklès, ce n'est pas ce qui est, c'est ce que le Dieu a créé, c'est ce qui devrait être !

Il ne faut pas dire, ami très cher, que la Beauté est indépendante de la Vérité ; elle est au contraire la vérité telle qu'elle a été conçue par l'âme du Dieu. Du point de vue divin, — c'est de ce point de vue qu'il convient de regarder les hommes et les choses, — la Vérité, la Beauté et la Justice se confondent. Sans doute, nous les distinguons sur la terre, mais c'est parce que nous avons perdu le sens du divin, que, restant des hommes, Kalliklès, nous ne sommes plus les fils du Démiurge. Mais, il n'en faut pas douter, la création divine était harmonieuse en tous sens ; elle était la Vérité, la Justice, la Beauté ; sinon elle n'eût pas été digne de la perfection et de la souveraine bonté du Créateur !

C'est pour cette raison que les artistes sont particulièrement aimés des dieux, qui leur ont donné le génie grâce
auquel ils se peuvent élever, par moments, jusqu'à la conception de la pure Beauté !

KALLIKLÈS

Je ne suis pas de ces hommes, Platon, qui n'aperçoivent
aucune différence entre la Vérité et la Beauté. Je comprends
moins encore, s'il est possible, que la Beauté soit la même
chose que la Justice.

PLATON

C'est peut-être parce que tu méprises la Justice, ô mon
très cher ! Veux-tu que nous fassions un nouvel effort pour
pénétrer jusqu'à l'âme de la doctrine ?

KALLIKLÈS

Je ferai cet effort, si tu l'exiges ; mais je crains, ô chorège !
de ne pouvoir te suivre.

PLATON

Tu suivras le Discours, ami, si tu le veux :

J'ai dit l'eurythmie des corps que le Démiurge a créés :
elle constitue la beauté extérieure et comme la figure des
choses. Mais il est une autre beauté, Kalliklès, plus intime
et plus profonde, dont la beauté des choses n'est que le
reflet : c'est la beauté des âmes. Les âmes, n'est-il pas vrai,
telles qu'elles se sont montrées les unes aux autres, au
moment de la création, avaient nécessairement chacune leur
propre eurythmie. Je veux dire que, dans chacune des âmes,
l'harmonie était parfaite entre l'Intelligence, la Passion et le

vouloir. Elles aimaient ce qu'elles comprenaient, elles comprenaient pourquoi elles aimaient; et, comme il y avait harmonie entre leur intelligence et leur amour, spontanément aussi la volonté, en elles, donnait son assentissement à l'intelligence et à l'amour. Et ces âmes, chacune différente des autres, mais chacune s'harmonisant à la beauté de toutes afin de participer de la vie universelle, n'étaient-elles pas de belles âmes? Et quel nom conviendra-t-il de donner à leur beauté? Les âmes que le Démiurge a créées sont ce qui doit être; elles sont selon la Justice, Kalliklès. Et la Justice est belle, plus belle encore que ton doux sourire, Aréta, ma chère fille!

KALLIKLÈS

J'ai vu, Platon, beaucoup de femmes dans la Hellas et chez les barbares, j'en ai vu de très belles. J'ai admiré, comme il convient, leur beauté, mais je n'oserais pas affirmer que, de toutes ces femmes, une seule ait pris jamais une exacte notion de ce que tu appelles la Justice. Deviens raisonnable, ô chorège! et songe que dans la cité d'Athéna il n'est pas un homme de bon sens qui voulût affirmer avec toi qu'un corps harmonieux et beau est nécessairement l'enveloppe d'une âme juste.

PLATON

C'est que le bon sens ne suffit pas, Kalliklès, pour résoudre le problème que nous agitons maintenant sous le platane.

KALLIKLÈS

Dis-moi, Platon, penses-tu qu'Aréta cesserait d'être belle si elle cessait d'être juste?

PLATON

Elle serait moins belle, ami, si elle était moins juste.

KALLIKLÈS

Je sais des hommes, ils sont nombreux, pour qui la coquetterie, la ruse, le mensonge, l'art de séduire, en un mot, sont autant d'attraits qui les excitent à l'amour : la coquetterie, le mensonge et la ruse sont donc, pour ceux-là, des beautés de l'âme ?

PLATON

Certes, Kalliklès, ils sont très nombreux, tous ceux qui prennent je ne sais quel fantôme de beauté pour la Beauté pure. Ce sont ceux-là mêmes qui méprisent la Justice et qui ne savent pas aimer la Beauté.

Si je te disais que le corps est comme le symbole de l'âme, refuserais-tu d'en convenir ?

KALLIKLÈS

Avant d'en convenir, je voudrais d'abord être assuré, Platon, de comprendre tes paroles.

PLATON

Le Dieu a voulu, Kalliklès, le dieu souverainement artiste et très bon, que le corps fût comme la figure sensible de l'âme. Dans le monde qu'il avait créé, le corps n'était autre chose que la représentation des désirs, des sentiments, des passions et même des idées et des volitions de l'âme. Chacune des âmes était belle d'une beauté qui lui appartenait en propre ; le corps qui la révélait avait pour objet de

rendre apparente, pour les autres âmes, et de traduire au
dehors cette beauté. La beauté du corps n'était que l'image
de la beauté de l'âme. Et la beauté de chacun des corps
s'harmonisait avec la beauté de tous les autres, de même que,
dans chaque corps, la beauté des parties s'harmonisait avec la
beauté de l'ensemble que formait leur concours. Toutes ces
harmonies extérieures et sensibles, toutes ces images d'âmes
étaient comme les symboles de ces beautés intérieures dont le
Démiurge avait doué chacune des âmes, et toutes ces beautés
à leur tour étaient comme les modes divers que prend la
Justice dans ses diverses applications à une cité belle de
tous points. Le monde du Démiurge est le monde de la
Beauté, parce qu'il est le monde des harmonies, harmonies
des corps, harmonies des âmes : d'une part, les diverses
formes de la Beauté, d'une autre part, les divers modes
de la Justice. Dans la cité du Dieu, chacun des hommes
avait un rôle à jouer, le rôle pour lequel il avait été
créé, et ce rôle était beau. Son âme en comprenait la beauté, en aimait la beauté. Elle savait que la loi du Dieu
devait être obéie. Pour quelle raison tous reconnaissaient-
ils qu'ils lui devaient obéissance, sinon parce qu'elle était
la Justice, pourquoi l'aimaient-ils, sinon parce qu'elle était
la Beauté ?

Il faut s'élever à ces hauteurs, ô mon très cher ! si l'on
veut prendre une exacte notion de ce qu'est la pure Beauté.
Elle n'est ni coquette ni perfide, elle ne cherche pas à séduire
par des artifices ou des mensonges; elle se suffit à elle-
même. Comme la Justice, elle est ce qui doit être.

Mais depuis que les hommes vivent dans l'Injustice, la
Beauté s'est enfuie de la terre ; ou si tu le préfères, Kal-

liklès, elle n'existe plus qu'à l'état imparfait et partiel,
toujours mêlée de laideur. Après la ruine du monde,
quand, sous les regards bienfaisants d'Hélios, notre terre
s'est constituée péniblement, le désordre a remplacé l'Ordre,
l'erreur la Vérité, l'injustice la Justice, la laideur la Beauté.
Les hommes ne ressemblent plus aujourd'hui aux fils du
Démiurge. L'harmonie ne soutient plus les parties constitu-
tives des âmes : elles ne savent plus être justes, et les corps,
eux aussi, ont désappris la Beauté. L'expérience nous
enseigne que la Nature est une erreur vivante ; les corps ne
sont plus les symboles des âmes ; tous les jours nous pouvons constater que tel corps contrefait et misérable est la
demeure indigne d'une âme belle, ou bien que telle âme
perverse, injuste et laide ne mérite pas d'être représentée
au dehors par un corps aux proportions harmonieuses.
L'âme de Sokratès était belle, et son visage était plutôt d'un
satyre que d'un homme. C'est une preuve, Kalliklès, que
l'harmonie qui reliait entre elles et qui soutenait, à l'origine,
les diverses parties du vaste univers est rompue maintenant.
Il ne se peut pas que le monde où nous vivons soit le
monde créé par le Dieu.

Si déchus pourtant que nous soyons de la splendeur première, nous ne cessons pas de chercher la Vérité et d'aimer
la Beauté. Nous avons comme un pressentiment que le Dieu
veille toujours sur nous, et cette espérance nous soutient,
cette espérance de reconquérir un jour la beauté que par
notre faute nous avons perdue.

ARÉTA

Si la Justice est la raison de la Beauté, ne dirons-nous pas à bon droit, maître, que l'Injustice est la raison de la Laideur, et que la Laideur est le symbole de l'Injustice ?

PLATON

C'est la seule définition, ô ma très belle ! qui convient à la Laideur.

ARÉTA

Autrefois, Platon, quand j'étais petite fille, la vue d'une laideur m'épouvantait à la fois et révoltait mon cœur. J'avais comme un vague sentiment que la Laideur n'aurait pas dû exister, et, quand le hasard me mettait en présence d'un de ces êtres difformes, qui errent parfois dans les rues d'Athènes, ou des nègres hideux que l'on rencontre si communément sur les côtes de Lybie, je pleurais. Maître, je n'aurais pas voulu être laide.

KALLIKLÈS

Aréta, ma chère enfant, j'aurais préféré naître beau, semblable à Apollon porte-lyre ou à Hermès le divin messager. Si tu savais combien de fois il m'est arrivé de me plaindre de ma laideur ! Je suis résigné maintenant. Et toi Antisthénès, n'es-tu pas résigné aussi ?

ANTISTHÉNÈS

Pourquoi ne consentirait-on pas à ce que les dieux ont voulu ?

PLATON

Il ne faut pas se résigner à la Laideur, amis très chers ; par une lutte de tous les instants, il faut se raidir contre elle comme on se raidit contre l'Injustice.

KALLIKLÈS

Il y a si longtemps que je suis laid, ô Platon !

PLATON

Sôkratès, lui aussi, était laid. Le premier, tu t'en souviens, il plaisantait sur sa laideur ; mais, les jours où son âme éclairait son visage, nous oubliions, n'est-il pas vrai, son nez camard, ses gros yeux ronds à fleur de tête et sa carrure épaisse ; nous ne voyions plus que son sourire, qui était beau, et, ravis par les harmonies diverses qui formaient la beauté de son âme, nous l'aimions. Quand une beauté nous apparaît que nous n'attendions pas, quand elle se dégage d'une laideur, elle nous surprend un peu d'abord, mais bientôt après elle enchante notre âme ; elle nous semble surnaturelle. Nous en voulons à la Nature d'avoir donné à Sôkratès un corps qui ne répondait pas à son âme ; c'est une faute qu'elle a commise et notre raison proteste ; elle proteste encore quand le bel Alkibiadès commet des crimes, ses crimes sont une souillure à sa beauté. Nous ne lui pardonnons pas : il n'a pas respecté la beauté de son corps ; nous nous refusons à l'aimer. Mais quand la laideur traduit au dehors les vices de l'âme, quand elle est le signe et l'image de la colère, de l'envie, de la luxure, de la cruauté, ou encore de l'hypocrisie ou de la bassesse, elle est bien alors le symbole exact de l'injustice et, en présence de ces êtres difformes, comme tu dis, Aréta, nous sommes épouvantés ; nous songeons à fuir ! Comprends ma pensée tout entière, ma chère enfant ; quand la laideur nous semble imméritée, nous la plaignons, nous pouvons n'y prendre pas garde, nous pouvons même aimer celui qui en est affligé, si son âme est belle.

J'ai oui conter, en Égypte je crois, une ancienne fable. Une jeune fille très belle était, par l'art de magiciens puissants, condamnée à vivre dans une île, en compagnie d'un homme dont le visage ressemblait au groin d'un porc immonde. Mais l'âme de l'homme était belle ; il sut plaire, il fut aimé. Son groin s'évanouit alors, et l'homme apparut à la femme sous les traits d'un dieu : l'amour avait vaincu la laideur !

Le Discours nous enseigne, Aréta, que la Justice et la Beauté, symbole de la Justice, sont la vérité où nous devons tendre ; que l'Injustice, au contraire, et la Laideur, symbole de l'Injustice, sont les conséquences de nos erreurs et de nos fautes. Elles sont de l'homme, tandis que la Justice et la Beauté sont du Dieu. Les artistes très rares auxquels les dieux bienfaisants ont donné le génie qui permet de deviner et de faire éclore la beauté à travers la laideur, et d'entrevoir, si peu que ce soit, cette loi d'harmonie qui soutenait, en tous sens, le premier univers que le démiurge a créé, ne sont pas des artisans d'illusions belles, mais des créateurs de vérités. Ils sont les plus vrais des artistes et les plus grands.

KALLIKLÈS

Antisthénès, mon très cher, nous avons été beaux tous deux dans le premier monde. Qu'avons-nous fait, dieux bons, pour perdre notre beauté ? Quels crimes avons-nous commis ? Il ne se peut pas que nous n'ayions commis des crimes, s'il est vrai que la laideur soit, comme l'affirme Platon, le symbole d'une âme vicieuse et perverse?

ANTISTHÉNÈS

Que t'importe ma laideur, sophiste; penses-tu que j'ignore que la Loi n'attache pas la beauté à mon âge? Le moment n'est pas de plaisanter. Suis le Discours d'une âme attentive et sérieuse : il est nécessaire de savoir où il nous conduit avant de le juger.

ARÉTA

Antisthénès, mon vieil ami, Kalliklès est injuste à ton égard, tu n'es pas laid. Pour moi, j'aime ton visage austère et réfléchi.

O maître! nous diras-tu à quelle fin tend le Discours?

PLATON

Elle se dégagera bientôt d'elle-même, ma chère fille, à moins que les plaisanteries de Kalliklès n'arrêtent son essor.

KALLIKLÈS

Mais, par tous les dieux, Platon, je ne songe pas à plaisanter.

ARÉTA

Par tous les dieux, je t'en prie, Kalliklès, tais-toi, n'interromps pas le chorège; sinon la nuit viendra avant que le Discours soit achevé.

KALLIKLÈS

Aréta, ma chère enfant, tu n'aimes plus le vieux Kalliklès.

ARÉTA

Je n'aime pas ses plaisanteries.

Que le Discours reprenne sa marche, ô chorège! pour nous conduire vers la Beauté.

PLATON

Vers la Beauté, Aréta, vers la Vérité, vers la Justice!

Ecoute-moi : ne dirons-nous pas que l'âme de l'homme est capable de se souvenir, et qu'elle est, aussi, capable de prévoir?

ARÉTA

Nous le dirons.

PLATON

Il en résulte, fille d'Aristippos, que, pour chacun de nous, il est deux sortes de vie, la vie que nous vivons, la vie que nous voudrions vivre. Nous appellerons la première, si tu le veux bien, la vie des hommes; la seconde, la vie divine. Nous sommes tous mécontents de la vie que nous sommes condamnés à vivre. Notre âme, dans la recherche d'elle-même, hésite, le plus souvent, et balbutie, incapable de se trouver. Aveuglée par les passions, l'intérêt, la cupidité, la vanité, l'orgueil et toutes les autres que je ne nomme pas, elle va, à tâtons, incapable de voir les précipices qui s'ouvrent sous ses pas. Elle est esclave, elle a perdu la maîtrise d'elle-même. Elle sait pourtant que sa vie est faite d'incertitudes, d'erreurs et de souffrances; elle ne cesse de gémir et de se plaindre. Elle voudrait vivre en paix avec elle-même et avec les autres âmes; hélas! pour elle, la lutte est de tous les instants; elle ne sait pas commander à ses passions, elle

ne sait pas se dépouiller de ses laideurs. Ce n'est pas tout à
fait sa faute, ma chère enfant; elle est ignorante. A chaque moment de la vie, dans l'enfance comme dans l'âge mûr, comme
dans la vieillesse, elle est séduite par des apparences. Enfermée dans la caverne, elle prend pour des vérités les illusions qui passent, elle est entraînée vers de faux biens,
vers des plaisirs impurs. N'est-il pas vrai qu'il est de toute
nécessité pour elle de s'instruire, de prendre une exacte
notion de sa condition misérable sur la terre. C'est seulement alors qu'elle pourra penser à se délier de ses chaînes,
à se laver de ses souillures, aspirer à la vie divine qui est
la véritable vie?

Et quels sont les hommes aimés des dieux, que les
Immortels ont envoyés parmi nous, pour représenter
comme dans un miroir fidèle, la vie telle qu'elle est, avec
ses souffrances et ses laideurs, avec ses vertus aussi, —
car toutes les âmes ne sont pas également perverses et
criminelles, — ne dirons-nous pas que ce sont les artistes?
Ils sont les éducateurs des âmes, les messagers de vérité.
Ce n'est pas qu'ils nous donnent des conseils ou des ordres;
leur mission ne s'étend pas si loin : ils représentent la vie
telle qu'elle est, telle que nous la vivons, et cette vie n'est
pas belle. Mais il suffit qu'elle nous soit représentée dans sa
laideur, pour que, faisant un retour sur elle-même, notre
âme prenne conscience de ses misères et de ses vices. C'est
en jouant, ô ma très belle! et pour ainsi dire sans le vouloir, que les artistes instruisent notre âme et la corrigent.

« Mon intention, dirait chacun d'eux, s'il savait exactement lui-même où son génie le conduit, n'est pas de vous
enseigner la Justice, je laisse ce soin aux philosophes; ce

que je veux, ce qui me plaît, c'est de vous représenter les choses telles que je les vois, avec probité, c'est de vous représenter à vos propres yeux tels que vous êtes. Ne vous plaignez pas si le tableau vous déplaît; il est fait d'après nature, il est vivant, il est vrai. Je suis envoyé vers vous pour révéler la vie des choses et des hommes; c'est ma joie de la représenter telle que je la vois, telle qu'elle est. Quant à l'objet que je recrée devant vous, il m'importe peu que ce soit un homme, ou un animal, ou une montagne ou une forêt. Mon unique souci est de traduire au dehors les vérités qui vivent en moi. Les dieux m'ont donné une âme qui communie avec toutes les âmes, avec les âmes des choses et avec les âmes des hommes. Ce sont ces âmes que je veux vous montrer à travers les corps que je décris, que je modèle ou que je dessine, palpitantes de vérité et de vie !

ARÉTA

Les choses sont-elles donc vivantes, maître; peux-tu dire qu'elles aient une âme?

PLATON

Elles en ont une du moins pour l'artiste, Aréta, ma chère enfant. Si les oiseaux, trompés par l'art du peintre, venaient picorer les raisins que Zeuxis avait peints, c'est que ces raisins étaient vivants, c'est qu'ils avaient une âme. Le propre du génie de l'artiste est de nous mettre en communication avec les âmes des choses ou des personnes que leur art fait revivre. C'est en cela qu'il n'est pas seulement un imitateur de la vie, mais un créateur. Comment les choses n'auraient-elles pas des âmes, Aréta, s'il est vrai que les choses sont

vivantes, et comment la représentation des choses pourrait-
elle nous intéresser, si elles ne vivaient pas? Les diverses
formes de la vie peuvent seules intéresser des vivants.

ARÊTA

Ne disais-tu pas, maître, que, parmi les artistes, quelques-
uns, aimés des dieux, avaient su retrouver, en partie du
moins, cette beauté perdue par la faute des premiers hommes
et que nous n'avons pas cessé d'aimer et de poursuivre?

PLATON

Nous devons le croire, ma chère fille. Quand Iktinos a
dressé, dans leur harmonieuse simplicité, les colonnes de
marbre du Parthénon, comment ne pas penser que pour
avoir une demeure digne de sa pureté et de sa beauté, la
déesse vierge, protectrice de la cité, est venue visiter l'artiste
et lui a montré, dans un songe, la glorieuse image du Parthénon. Sinon, comment pourrions-nous expliquer qu'il
existe une harmonie dont nous ne saurions nous rendre
compte entre l'idée que nous prenons de la déesse et la
beauté du temple qui lui sert de demeure sur la terre? Il
nous semble que le Parthénon est exactement tel qu'il
devait être; nous ne pouvons le concevoir autrement. S'il
était autre, il ne serait plus la demeure d'Athéna, de la
vierge que le ciseau de Phidias a créée, la très pure, la très
sage, la toujours victorieuse!

Il ne s'est pas contenté, l'artiste divin, de faire revivre à
nos yeux l'image fidèle de la beauté d'Athéna, il a emprunté, comme l'a dit Kalliklès, à nos jeunes filles, leur
grâce et leur pureté, et à nos éphèbes la mâle prestance et

la beauté pour en faire offrande à la déesse très vénérable. La beauté de ses personnages s'harmonise avec la beauté de la déesse. C'est la beauté de la Hellas que chantent les métopes, de même que le Parthénon chante la beauté d'Athéna! Et toutes ces beautés, si diverses pourtant, se font valoir les unes les autres, pour former, dans leurs groupements harmonieux, la beauté et la pureté de la race d'Hellen! Et toutes ces beautés sont vraies, Kalliklès, d'une vérité qu'on ne saurait nier. Ces chevaux sont nos chevaux, les visages des cavaliers sont ceux de nos éphèbes; vrais aussi, les jeux des physionomies, les attitudes, les mouvements et les gestes. Nos jeunes filles ont vraiment l'élégance naïve de celles qui portent le Voile de la déesse. C'est ainsi que nous les voyons marcher, de nos jours, timides un peu, mais souriantes. Penses-tu qu'il serait difficile de citer des noms de vierges qui ressemblent exactement aux vierges que Phidias a sculptées? Peut-être même que, parmi les éphèbes qui nous écoutent, il en est dont les traits sont reproduits sur les métopes ou sur la cella. Mais ces beautés que l'artiste a empruntées à la Nature, son génie les restitue dans leur noblesse et dans leur pureté primitives, il nous les représente dégagées de toute laideur, de toute impureté, non pas telles qu'elles sont, telles que je je me plais à imaginer qu'elles ont été dans le monde créé par le démiurge, telles qu'elles devraient être. C'est en ce sens, Kalliklès, que l'art de Phidias me semble plus vrai que la Nature.

Des siècles passeront, des races elles-mêmes disparaîtront de la terre, il se peut, — veuille notre Athéna écarter ce funeste présage! — que des barbares viennent conquérir la cité qu'elle protège, et qu'ils osent, dans leur cruelle stupidité, mutiler et détruire l'œuvre divine d'Iktinos et de Phidias ; ce serait là, Zeus Soter, le plus épouvantable des crimes! Pourtant les ruines d'une telle beauté seraient belles encore, témoignage précieux de la noblesse, de la grandeur, de la pureté de notre race. Ceux qui viendraient après nous, les fils des barbares eux-mêmes, en contemplant ces ruines, croiraient trouver la Vérité, la Raison, la Beauté!

ARÉTA

Tes craintes sont exagérées, maître. Quel barbare ne s'inclinerait avec respect devant la beauté du Parthénon?

PLATON

Qu'Athéna nous protège, ma chère enfant! Mon âme inquiète ne veut pas oublier qu'autrefois les bandes de Xercès ont foulé le sol d'Athènes.

Pourrais-tu me dire, Aréta, pour quelle raison Kalliklès, depuis un moment, serre ses lèvres comme s'il voulait empêcher les paroles de sortir?

ARÉTA

Il boude, maître, je crains qu'il ne soit fâché.

KALLIKLÈS

Je devrais l'être, Aréta, ma chère enfant, pourquoi me méprises-tu?

ARÉTA

Je ne te méprise pas, Kalliklès. Voyons, ami très cher, il n'est pas beau de bouder, ni de se fâcher contre une femme.

De grâce, souris à Aréta et réponds à Platon! Le chorège serait heureux si tu louais ses paroles.

KALLIKLÈS

J'affirme qu'Iktinos et Phidias ne sont pas les seuls ouvrier de la Beauté qu'ait enfantés la Hellas.

PLATON

Non pas les seuls, Kalliklès, mais ceux qui méritent le premier rang. Certes, Praxitélès, Alkamênês et ce Skopas, que tu aimes, sont grands, mais Phidias est un artiste divin. Ils nous ont donné à contempler des beautés partielles : la beauté d'un homme ou d'une femme, d'un héros, d'une déesse ou d'un dieu. Le génie de Phidias s'est élevé plus haut; c'est la beauté de la Hellas que son âme pieuse a offert à la déesse qui nous protège.

Pourtant, cette beauté que nous admirons, que son âme a conçue, et qui semble miraculeusement jaillie des blocs de marbre de Paros, n'est pas encore la pure Beauté! La création de l'artiste est faible en regard de la création du Dieu. Phidias n'est pas le Démiurge.

Que votre âme s'élève, amis très chers, afin de comprendre quelle a dû être la beauté du premier monde créé! Elle était l'universelle harmonie des âmes dont la beauté des corps était le symbole! Et cette harmonie s'étendait en tous sens! C'est elle qui soutenait les parties diverses du vaste monde, si nombreuses que le plus habile de nos arithméticiens ne saurait les nombrer. Elle nous apparaîtra, si notre âme parvient à la concevoir, comme une image de la puissance et de la beauté du divin créateur!

L'OUVRIER DE SOI-MÊME

KALLIKLÈS

J'ai beau m'appliquer, ô chorège! à suivre le Discours,
mon esprit, comme un cheval rétif, se cabre et refuse
d'avancer. Prends garde, me dit-il, attends, pour donner ton
adhésion à la doctrine, que Platon ait démontré l'existence
du Démiurge. Demande-lui pour quelle raison, s'il est vrai
que le Démiurge existe et s'il est tout-puissant, il ne se
montre pas à nous. Pourquoi n'apparaît-il pas aux hommes?
Pourquoi ne leur dit-il pas : vous êtes toujours mes fils
bien-aimés? Tous, aussitôt, se mettraient joyeusement à
l'œuvre pour conquérir cette justice qui les doit délivrer
de leurs souffrances. Mais le Démiurge ne se révèle pas à
nos yeux, nous n'avons même pas le droit de conjecturer
qu'il existe. Peut-être nous a-t-il abandonnés, ô Platon?

PLATON

Sans doute, Kalliklès, le Dieu pourrait, s'il le jugeait à
propos, nous apparaître : Je suis venu, dirait-il, et je vous
tends, afin de vous élever jusqu'à moi, une main secourable. Pour la seconde fois je vous enseigne la loi de Vérité,

de Justice et de Beauté. Pourtant le Dieu ne nous apparaît pas; il reste loin de nous, enveloppé dans l'insondable Éther. Est-ce à dire qu'il a cessé de nous aimer, lui dont le cœur est bon et exempt d'envie? Ce serait lui faire injure, ô mon très cher! Ce n'est pas à lui à venir vers nous, c'est à nous qu'il convient d'aller à lui. Il est selon la Justice que nous, qui avons failli, nous reconnaissions notre faute. Le jour où purifiée de ses souillures et délivrée de ses erreurs notre âme sera de nouveau digne de vivre dans la société du Dieu, ce jour-là, seront terminées les épreuves que nous avons à subir sur la terre, et nous aurons conquis la vie immortelle, la véritable vie. Cette vie, le Dieu juste ne doit pas nous la donner, il nous appartient de la mériter, de la conquérir. Ainsi le veut la Loi qui doit être accomplie.

KALLIKLÈS

Mais nous sommes si faibles, Platon, et le Démiurge est tout-puissant!

PLATON

Ce sont nos fautes, et nos crimes, et nos désirs impurs qui sont la cause, ami très cher, de notre impuissance et de notre faiblesse. L'orgueil de commander, la vanité, le mensonge, l'envie, la luxure, tous ces maux qui se sont envolés du coffret de Pandora emplissent notre âme et l'alourdissent, et l'avilissent. Nous sommes maintenant des esclaves sur la terre. Mais l'espérance nous reste. Peut-être que les efforts de notre volonté tendant vers la justice pourront nous délivrer un jour de ces chaînes que notre volonté méchante a forgées.

KALLIKLÈS

Une vérité sensible, si petite fût-elle, Platon, vaudrait mieux que la plus belle des espérances.

PLATON

Je ne puis que t'offrir une espérance, Kalliklès : l'espérance de la vie immortelle ! Tu sais bien qu'il est impossible à l'homme de démontrer quoi que ce soit de science certaine ; tu réclames la vérité, ô sophiste ! et tu es convaincu qu'on ne peut te la donner. Je te dirai du moins pourquoi la vie immortelle ne peut être qu'une espérance.

Une des conséquences les plus funestes de la ruine du premier monde créé est la perte de la Loi du Dieu. En résistant à la Loi, les hommes ont désappris la Vérité. Et maintenant ils cherchent la Vérité, sans pouvoir assurer seulement qu'elle existe. C'est là peut-être la plus grave de nos misères, mais c'est là ce qui fait notre grandeur et notre noblesse, de chercher quand même, sans savoir si nous trouverons. Cette recherche elle aussi fait partie de l'épreuve qu'il faut subir. Mais je le répète, Kalliklès, l'espérance nous reste. Souviens-toi qu'elle est demeurée prisonnière dans le coffret de Pandora, je veux dire dans notre âme.

C'est elle qui nous dit : « Tu cherches la Vérité, ô âme ! tu veux réaliser la Justice et tu aimes la Beauté ; lors même que tout dans le monde tendrait à te démontrer que ni la Vérité n'existe, ni la Justice, ni la Beauté, ne perds pas courage, n'abandonne jamais ta recherche, dis-toi seulement qu'il est impossible que des âmes qui désirent, qui veulent et qui aiment viennent du Chaos pour aller sombrer dans le Néant! Ne te décourage pas, cherche! Délivre-toi de tes erreurs et de tes impuretés, que tu connais bien, applique-toi à réaliser cet être qui transparaît au delà de ton être, corrige, autant que cela dépend de toi, tes défauts et tes vices; espère que tu pourras alors devenir l'être que tu voudrais être. Le Dieu que tu poursuis, ô âme, n'est peut-être pas loin de toi. Peut-être que c'est son souffle qui t'anime quand tu veux découvrir la Vérité et réaliser la Justice.

Tu dois devenir l'ouvrière de toi-même; le Dieu veut sans aucun doute que tu sculptes ta propre statue. »

Telle est mon espérance, ô Kalliklès!

ARÉTA

Elle est belle, maître. Mais les hommes sont méchants, je crains qu'ils ne soient pas dignes de vivre cette vie heureuse que tu te plais à rêver pour eux.

PLATON

Je le crains aussi, ma chère fille; nous dirons du moins que la plupart en sont indignes.

KALLIKLÈS

Je ne serais pas éloigné de croire que tu fusses le seul, ô chorège! à te préoccuper de sculpter ta statue. Prends garde je te prie, Aréta, que tous les hommes, s'il faut en croire Platon, sont également les fils du Démiurge. Il ne faut en excepter aucun, ni les pieds-poudreux de nos bourgs, ni les pâtres thessaliens, ni les plus obtus de nos esclaves. Penserais-tu vraiment, ami très cher, que ces êtres se soient

jamais inquiétés de chercher la Vérité, de réaliser la Justice.
ou de conquérir la Beauté?

PLATON

Tu ne sauras jamais oublier, Kalliklès, que tu es né de la
race des Eupatrides; tu resteras toujours convaincu que ton
âme est plus noble et plus belle que l'âme d'un géomore ou
d'un esclave.

KALLIKLÈS

De grâce, Platon, ne détourne pas, je te prie, la question.
Je dis seulement et je veux dire que les géomores et les
esclaves, pour la plupart, vivent à la façon des animaux.
Jamais cette idée ne s'est implantée dans leur âme qu'ils
pourraient, s'ils le voulaient, devenir autres qu'ils ne sont.

PLATON

Voudrais-tu nier qu'ils sont capables de souffrir?

KALLIKLÈS

Non, par tous les dieux, j'affirme seulement que, plus que
les autres, ils sont résignés à la souffrance.

PLATON

C'est qu'il faut bien, Kalliklès, se résigner aux maux qu'on
ne peut pas éviter.

KALLIKLÈS.

Mais, Platon, ils ne savent pas même cela, qu'ils ont une
âme; je t'assure qu'ils ne se sont jamais demandé s'ils
étaient capables de penser autre chose que ce qu'ils pensent.

PLATON

J'espère que tu te trompes, Kalliklès. Les géomores ont une âme, et les esclaves. Il est vrai qu'elle ne s'embarrasse guère de toutes ces subtilités qui servent aux sophistes à tromper les autres et à se tromper eux-mêmes. Est-ce une raison pour affirmer qu'ils sont, plus que toi, Kalliklès, éloignés de la sagesse? Si nous vivons, comme tu le prétends, dans un monde illusoire, ta sagesse, ô mon très cher! ne peut être qu'une illusion.

La vérité est que les géomores, les artisans, les esclaves, même ceux qui travaillent aux mines sous la menace du fouet aux sept lanières, tous ont été, au même titre que toi, les fils du Démiurge. Comme ton âme, leur âme avait été créée en vue de réaliser la Justice et d'aimer la Beauté. Il n'y avait pas d'esclaves dans la cité du Dieu!

KALLIKLÈS

Penserais-tu, Platon, que le devoir du maître serait d'affranchir ses esclaves?

ARÉTA

Pourquoi non, Kalliklès, si l'esclavage est une injustice?

PLATON

Il est une injustice, il est une laideur. Prends garde, ma chère enfant, qu'il n'y a pas que les esclaves qui soient esclaves. Tous nous sommes esclaves, plus encore peut-être ceux qui commandent que ceux qui obéissent, et tous nous devons faire effort pour nous délivrer de nos chaînes. Sois assurée que le jour où les hommes seront redevenus leurs propres maîtres, quand ils ne seront plus eux-mêmes les esclaves de leurs passions et de leurs vices, il n'y aura plus alors à Athènes ou chez les barbares ni maîtres, ni esclaves, mais seulement des citoyens, tous égaux en dignité, parce qu'ils obéiront tous à la loi du Dieu. Il faut tuer le vieil homme en nous, Kalliklès, afin que le fils du Démiurge puisse renaître. Corrige-toi de tes vices, ô âme, tu dois te défaire pour te refaire. Refais-toi semblable à cette âme belle qui est ton âme véritable, que le Dieu, une première fois, a créée et que ta méchanceté a perdue !

KALLIKLÈS

O Platon ! comment se pourrait-il que nous, qui ne nous sommes pas faits, nous ayons ce pouvoir de nous défaire pour nous refaire ? Sais-tu qu'il n'est pas beau de renier son père et sa mère.

PLATON

Nous sommes à la fois, Kalliklès, notre père et notre mère.

KALLIKLÈS

Voilà qui est merveilleux, ô chorège !

PLATON

Écoute, ami, cette parole de Sokratès ; elle est digne d'être méditée :

Kriton, je m'en souviens très exactement, était, ce jour-là, près de nous, et mon frère Glaucon, et Phédon d'Elée. Phédon était le plus jeune des disciples. Sokratès l'aimait particulièrement pour sa beauté. Tout à coup, se tournant vers lui : ô beau Phédon, dit le maître, qui est ton père?

— Je suis fils de Ménédèmos, le riche marchand d'Elée.

— Fort bien. J'incline à penser, cependant, que tu as eu, ô Phédon! un autre père que Ménédèmos. Il t'a transmis la vie, mais la vie n'est pas la même chose que l'existence. Disant ces mots, Sokratès nous regardait tour à tour en souriant. Nous souriions aussi, ainsi que font les disciples quand ils admirent sans comprendre. Et nous pensions en nous-mêmes : l'esprit de Phédon n'est pas des plus subtils; le maître, sans doute, plaisante à ses dépens.

Sokratès ne plaisantait pas. « Je veux vous apprendre, enfants, reprit-il bientôt, une belle et rare vérité : vous êtes à la fois les pères et les fils de vous-mêmes. Chacun de vos désirs, à tous les instants de votre vie, et chacune de vos pensées, et chacune de vos actions, modifie votre âme et laisse en elle une trace difficile à effacer. De ce que vous faites aujourd'hui dépend, en grande partie, ce que vous ferez demain. C'est pourquoi, il est de toute nécessité que votre âme pèse avec soin toutes les décisions qu'elle est appelée à prendre : sinon elle ira, de-ci, de-là, marchant à l'aveuglette, incapable, au milieu de tous ces sentiers qui s'offrent à elle, qui s'entre-croisent et qui se mêlent, de rencontrer la voie droite qui doit la conduire au but. L'homme est semblable au semeur qui lance à pleine volée, sur la terre préparée à la recevoir, la semence qui, plus tard, germera. S'il sème de l'ivraie, il n'a pas le droit d'espérer une moisson de pur froment. Plus tard, quand l'âme voudra se ressaisir, il est à craindre que ce ne soit trop tard. L'ivraie aura envahi le champ : je veux dire que l'âme, esclave des habitudes vicieuses qu'elle aura prises, n'aura plus le courage de se corriger. Rien n'est plus difficile, enfants, que de façonner son âme de manière à ce qu'elle puisse réaliser sa fin, qui est d'être belle. A chaque instant la nature lui tend des pièges. De tous côtés, de brillantes mais trompeuses apparences l'attirent et la fascinent. Si elle ne trouve, en sa libre volonté, la force de réagir, elle tardera pas, allant de vertiges en vertiges, à s'abandonner à tous ces faux biens, qui l'ont séduite. Elle est, dès lors, esclave à jamais !

Une âme noble et généreuse, ô fils de Ménédémos, lutte contre les tentations d'où qu'elles viennent : du dehors ou du dedans. Elle a le courage de se regarder en face, et, s'interrogeant sincèrement : ô mon âme, dis-moi que dois-tu faire pour devenir ce que tu as décidé d'être ? Où est la vérité que tu cherches ? Et l'âme sans hésitation répondra : la Vérité est où est la Justice !

Si ton âme ressemble à cette âme, ô beau Phédon, tu la verras, de progrès en progrès, de victoire en victoire, se réaliser sous tes yeux. Ne dirons-nous pas, à bon droit alors que Phédon fils de Ménédémos, est aussi, et plus encore, le fils de Phédon et, comme être moral, son propre père ? »

Ainsi parla, Kalliklès, le maître que nous aimions.

KALLIKLÈS

C'est fort bien, ô chorège ! Je persiste à penser que la plupart des hommes, à ce compte, sont les fils de plusieurs pères. Ce qui, chaque jour, informe notre âme, ce sont des préjugés, des habitudes que nous prenons sans nous en apercevoir, et encore ce que nous voyons, ce que nous entendons, ce qu'on nous enseigne. Ceux-là qui réfléchissent, qui dominent leurs idées et qui discutent avec eux-mêmes, Platon, sont peu nombreux.

PLATON

Très peu nombreux, en effet, mon très cher. La plupart des hommes restent enchaînés dans la Caverne : ils se refusent à contempler la pure lumière d'Hélios. Mais la question que je pose, après mon maître, est de savoir s'il n'est pas possible à tous les hommes de conquérir une âme libre, dégagée de tous ces préjugés qui faussent l'intelligence, uniquement éprise de Vérité, de Beauté, de Justice. Il suffit qu'ils aient la bonne fortune de trouver sur leur route celui qui les conduira, et les hommes, Kalliklès, tous les hommes, en arriveront peu à peu à pouvoir se dire : je ne veux pas être le fils de toutes ces choses qui m'environnent; je veux être mon fils véritable, je veux devenir ce que j'ai décidé d'être. Bientôt après, dès qu'elle aura appliqué à cette fin toute son énergie, l'âme sera émerveillée d'elle-même. Quel prodige! dira-t-elle, voici donc que j'existe, je suis Moi! Je vais, seule, à travers le vaste monde. Toutes sortes de choses m'entourent : des plantes, des animaux, des hommes. De toutes ces choses, la plupart sont indifférentes, quelques-unes peut-être me viendront en aide, d'autres voudront me nuire. Je vais, cherchant ma voie, il m'appartient de choisir !

Ne dirons-nous pas, Kalliklès, qu'une âme de cette nature est vraiment noble et généreuse? Elle poursuivra, cette âme, cette ouvrière d'elle-même :

« Prends garde, se dira-t-elle; il ne s'agit pas seulement pour toi, ô âme! de te dégager du monde pour le juger, tu dois encore te dégager de toi-même. Tous tes ennemis ne sont pas au dehors; tu nourris, en toi, les plus dangereux et les plus cruels. N'oublie pas que tu es née avec des défauts, des vices héréditaires. Examine-toi avec une attention scrupuleuse, afin de bien te connaître, d'être pour toi-même un juge impartial, et tu prendras le parti de te délivrer de tes impuretés. Les vices, vois-tu, sont comme des branches gourmandes qui t'envahiraient toute, comprimant tes vertus, les empêchant d'éclore ou de prendre leur essor. Émonde l'arbre sans pitié, ô âme! ne laisse que les bonnes branches, celles qui porteront des fruits. » Alors, spectatrice attentive d'elle-même, l'âme assistera au plus rare des spectacles. Étonnée et ravie, elle se verra peu à peu éclore, puis se développer et grandir. Elle se dira, à bon droit orgueilleuse et fière de sa beauté conquise : C'est pourtant moi qui ai fait cette chose qui est si belle! Je suis maintenant ce que je devais être, je suis devenue l'ouvrière de moi-même!

Ainsi les âmes, Kalliklès, comprenant la nécessité de se défaire pour se refaire, deviendraient toutes des artistes : elles modèleraient leur propre image; de nouveau elles seraient dignes de l'amour du divin Démiurge.

KALLIKLÈS

Ces paroles sont étonnantes, ô chorège! elles ne sauraient pourtant me persuader. Nous défaire! Nous refaire! Je sais bien que nous devenons à chaque instant différents de nous-mêmes; ce n'est pas à dire que nous devenions meilleurs. Mais quelle audace est la tienne, Platon, de penser qu'il dépend de nous de devenir ce que nous voulons être! N'est-il pas plus simple et plus conforme à la nature de l'homme, telle qu'elle nous est donnée, telle que nous la connaissons, d'imaginer que nous voguons au hasard, selon les caprices des vents, sur l'océan des choses. Où allons nous? Partout et nulle part. Ce n'est pas nous qui faisons les choses. Ce sont, j'en ai peur, les choses qui nous font : c'est une folle tentative que de leur résister. Elles sont plus fortes que nous, elles nous entrainent, Platon.

PLATON

Elles nous entrainent si nous ne résistons pas, mais nous pouvons résister. Tu ignores, Kalliklès, l'étendue des pouvoirs de l'âme de l'homme. Ne sais-tu pas que nous pouvons même nous refuser à vouloir ce que nous désirons? Il arrive parfois dans une âme qui veut conserver la direction d'elle-même que la volonté se retourne contre le désir et lui dit : je ne veux pas. Quand le désir proteste encore et demande pourquoi la volonté refuse de vouloir, la volonté répond : je ne dois pas vouloir!

ANTISTHÉNÈS

Mais, Platon...

PLATON

De grâce, Antisthénès, n'interromps pas en ce moment le chorège. Tu nous démontreras, quand le moment sera venu, que les choses ne peuvent être autres, ni autrement qu'elles ne sont. La nuit bientôt nous enveloppera de ses voiles, et je voudrais, avant de nous séparer, achever le Discours.

ANTISTHÉNÈS

Qu'il soit fait selon ton désir, ô chorège!

PLATON

Je crois, ami très cher, qu'il appartient à chacune des âmes de pouvoir devenir ce qu'elle doit être. C'est en ce sens qu'on peut dire de toutes les âmes qu'elles sont artistes et capables de sculpter leur propre statue. Sans doute, je n'ignore pas qu'il n'existe que peu d'âmes qui aient le courage nécessaire pour mener à sa fin une telle entreprise. Peut-être n'y en a-t-il vraiment aucune? Mais toutes pourraient y prétendre; toutes même, à vrai dire, y prétendent plus ou moins. Hélas! le plus souvent elles manquent de constance, leur audace s'éteint; bientôt elles retombent lourdement sur la terre.

Ce serait pourtant un jeu très beau et très noble, le plus intéressant des jeux, Kalliklès, que de se voir éclore soi-même, sous l'effort de sa volonté.

KALLIKLÈS

Depuis que je me connais, que j'ai appris à regarder les choses, et, aussi, à me regarder un peu moi-même, il m'est arrivé, parfois, d'être étonné de me voir tel que j'étais; jamais, pourtant, je n'ai osé supposer que j'aurais pu être autrement. Certes, ce serait très amusant, de surprendre en notre âme l'éclosion de nos vertus et même de nos vices, mais, par tous les dieux, je doute, Platon, que ce soit possible.

PLATON

Peut-être n'as-tu jamais essayé, ô mon très cher!

Songe qu'une âme, qui est à la recherche d'elle-même, poursuit la fin la plus haute où l'âme puisse prétendre. Ce

n'est pas sans de douloureux efforts qu'elle arrivera à se
dégager de toutes les impuretés qui l'alourdissent. Pourtant, si elle est noble et généreuse, elle n'hésitera pas à
sacrifier la plupart de ses désirs, de ses passions, et tous ses
instincts égoïstes. Ne souris pas, Kalliklès, je sais que ce
n'est pas sans une sorte de déchirement qu'une âme se
sépare de ses défauts et même de ses vices. Depuis si longtemps ils vivaient en elle, qu'elle a pris l'habitude de les
regarder comme des parties essentielles de sa nature; elle a
comme une crainte de se trouver diminuée dès qu'ils auront
disparu. Qu'elle n'hésite pas! Aussitôt le sacrifice accompli,
l'âme courageuse recevra sa récompense. Elle se sentira plus
légère dans ses mouvements, elle aura retrouvé ses ailes.
Alors, devenue libre vraiment, elle oubliera toutes ses peines
et tous ses travaux d'autrefois, et c'est en jouant qu'elle poursuivra la réalisation d'elle-même.

KALLIKLÈS

Le travail, ô chorège! serait-il donc moins noble que le
jeu? Il faudrait pourtant lui reconnaître quelque utilité. Il
est nécessaire que des hommes travaillent, ne serait-ce que
pour permettre à d'autres de se délivrer de tous les soucis
mesquins de l'existence, et, s'ils le jugent à propos, de
devenir des artistes et, comme tu dis, de jouer.

ARÉTA

Autrefois, maître, tu honorais le travail des hommes et tu
proclamais son utilité et sa grandeur.

PLATON

Le travail est nécessaire, ma chère fille. Ceux qui se résignent, dans la vie, à remplir une de ces tâches très pénibles à la fois et très humbles, mais très utiles aussi, méritent d'être loués par nous. Pourtant, c'est une vérité dont je voudrais persuader ton âme que la vie de travail, de lutte et de guerre qui nous est imposée sur la terre est une conséquence de notre déchéance. Les fils du Démiurge, Aréta, ne travaillaient pas, ils jouaient.

KALLIKLÈS

Mais tous les hommes, Platon, ne peuvent être des artistes.

PLATON

Tous l'ont été, tous peuvent le redevenir; il n'en est pas un seul dont on ne puisse dire qu'il l'est, plus ou moins. Les hommes, Kalliklès, sont nés pour être des créateurs, et tous le sont, depuis le musicien, le peintre, l'architecte, le sculpteur, le poëte et le philosophe, jusqu'au plus humble des pieds-poudreux; tous, plus ou moins imparfaitement, combinent, à certains moments de leur vie, en mille manières, toutes sortes d'images qui s'éveillent en leur âme. C'est une joie pour eux, c'est la joie qu'ils préfèrent, que de les projeter au dehors, afin de pouvoir mieux les contempler. Ils ne travaillent pas, ils jouent; ils joueraient plus souvent, s'ils n'étaient si souvent contraints à travailler.

ARÉTA

Et les enfants, maître, ne sont-ils pas, eux aussi, des artistes, quand ils imitent, dans leurs jeux, les diverses fonctions que l'homme doit remplir? Ils miment tous les métiers. Je me plais souvent à les observer. Les uns sont

laboureurs, d'autres guerriers; d'autres encore, marins ima
ginaires, dirigent, au bord de la mer, des navires construits
en écorce de platanes. Et leur petite voix s'enfle pour commander la manœuvre. Ils sont très heureux, ils prennent
au sérieux leur rôle; ce n'est pas un amusement, c'est un
jeu. Quant aux petites filles, quelle est celle qui n'a souvent
bercé, comme pour l'endormir, une poupée d'argile dont
elle se dit la mère, qu'elle caresse tantôt, ou qu'elle gronde,
comme elle ferait d'un enfant qui bégaie et qui sourit?

PLATON

C'est que les enfants jouent la vie, Aréta, avant qu'ils
soient contraints à vivre la vie.

Bien plus, partout où nous observons dans la Nature des
signes d'intelligence, nous retrouvons la vie de jeu. Et c'est là
ce qui nous permet de comprendre que la vie de jeu est supérieure à la vie de travail, associée qu'est celle-ci à la lutte, à
la guerre. Les animaux qui vivent dans nos maisons aiment
à jouer : le chien, le chat, le cheval, et l'âne, dont on médit.
Ils jouent du moins tant qu'ils sont jeunes. J'ai entendu dire
aussi que les éléphants, dans les forêts de l'Inde, et les fauves
que nourrit le désert lybien, jouent, tant qu'ils n'ont pas eu
à entrer en lutte avec d'autres animaux, soit pour défendre
leur proie, soit en vue de la propagation de leur espèce.
Aussitôt qu'ils sont adultes, comme s'ils comprenaient la
nécessité de la guerre, ils ne jouent plus, ils perdent leur
ingénuité. Les animaux domestiques eux-mêmes deviennent
alors méfiants, malveillants, méchants, quelquefois cruels.
C'est qu'ils travaillent à leur manière, je dirais presque à
la manière des hommes; c'est qu'ils sont plus préoccupés

de détruire que de créer; car le travail, Aréta, sur la terre, n'assure la survivance des uns que par la destruction des autres. Les animaux ne quêtent leur vie qu'en se déchirant entre eux, et l'homme, afin de vivre, ne se contente pas de tuer des animaux, il tue des hommes! Les cités ne grandissent qu'en ruinant les cités voisines : la plupart des travaux qu'entreprennent les hommes ont pour unique objet de détruire afin de conserver!

Et cette vie serait la vie véritable! Les dieux nous auraient envoyés sur la terre pour nous faire souffrir les uns les autres! Je ne puis me résoudre à le croire, Kalliklès. J'aime mieux espérer que nous supportons maintenant les justes conséquences des crimes que nous avons commis autrefois, en ces temps dont nul ne garde la mémoire ; et, tournant mes regards vers la demeure du Dieu, je m'écrie : ô Dieu! n'est-il pas vrai que parmi les artistes, il en est un qui, plus que les autres, est désigné par ta bonté pour être le guide et le sauveur des âmes?. — Cet artiste, Kalliklès, c'est le philosophe.

KALLIKLÈS

Et le philosophe, c'est Platon.

PLATON

Platon est un philosophe, ami, il n'est pas le philosophe. La doctrine qu'il vous apporte n'est pas la Vérité, elle est seulement le chemin qui conduit à la Vérité. Et cette doctrine est de toutes la plus simple à concevoir, mais la plus difficile à suivre. Elle dit :

Vous vous trompez, hommes, en cherchant la Vérité au

dehors; elle est en vous, elle est vous-même. Cela, vous l'ignorez, parce que vous vous ignorez. Apprenez à vous connaître, cherchez-vous; vous découvrirez en même temps la Vérité et la Vie! Mais n'oubliez pas que rien n'est plus difficile que de se découvrir soi-même, que de savoir exactement ce que l'on est et ce que l'on veut être. Notre âme est un monde aussi vaste que la terre, et moins exploré que les profondeurs mystérieuses du désert lybien. Il faut nous diriger à travers le dédale infini des images, des idées, des désirs, des sentiments, des passions, afin de reconnaître en nous le meilleur de nous-mêmes.

Mais si la tâche est pénible, elle est de toutes la plus intéressante et la plus belle. Elle est, ô Kalliklès, l'art essentiel et suprême. Il faut connaître notre être véritable pour pouvoir nous aimer, il faut nous aimer pour devenir ce que nous voulons être. C'est le véritable Amour qui nous conduira vers la Justice. Alors seulement l'homme aura rempli sa destinée sur la terre: il se sera fait. Et le Démiurge apparaîtra aux hommes et son visage sera souriant. Il dira : Voici donc que vous êtes redevenus mes fils, ô hommes! Loué soit votre courage ! vous êtes de nouveau semblables à des dieux, vous avez conquis la vie qui ne finit jamais.

J'imagine, Kalliklès, que les âmes belles, les âmes des artistes divins éprises de vérité, qui ont suivi les commandements de la Justice, qui ont aimé la Beauté pour elle-même, attendent, maintenant, auprès du Démiurge, que les autres, je veux dire les âmes faibles ou communes, et encore celles qui sont misérables et perverses, se délivrent peu à peu de leurs chaînes : des illusions, des erreurs, des préjugés, des passions impures. Je me plais à croire que c'est Sokratès, le maître entre tous vénéré, dont nous voulons ici célébrer la mémoire, qui mène le chœur de ces âmes belles, dans la société des dieux.

KALLIKLÈS

Pourquoi Sokratès et non pas Homéros, ou Phidias, ou tout autre des grands artistes qui sont morts?

PLATON

Parce que, de tous les artistes, Sokratès, ô mon très cher! a été celui qui, mieux que les autres, a rempli sur la terre sa mission d'artiste. Il a été le guide, le conseiller, le sauveur, le grand accoucheur d'âmes.

KALLIKLÈS

Si le Démiurge a fait de Sokratès le chorège des âmes qui vivent près de lui, je m'en réjouis pour ton maître et pour toi qui es notre chorège. Je crains toutefois, Platon, que ton amour pour la philosophie et pour les philosophes ne t'entraîne un peu plus loin qu'il ne convient. Les philosophes diffèrent sensiblement des autres hommes par leurs paroles, et quelquefois par leur aspect; ce n'est pas à dire qu'ils l'emportent sur les autres en véritable sagesse. Ils sont orgueilleux, souvent, et même vaniteux. Il y a, Platon, quelque vanité à penser que les dieux s'inquiètent particulièrement de nos opinions et de nos actes. Si la philosophie est un art très rare et très précieux, elle est aussi le plus futile des arts et le plus vain dans ce qu'il produit.

Que faites-vous, ô philosophes! sinon de jouer avec des

idées, et quelquefois, plus souvent, avec des mots? Vos systèmes sont des assemblages ingénieux qui seraient dignes d'admiration, si vous n'aviez cette insupportable prétention de nous les présenter comme des vérités. A chaque instant votre édifice s'écroule, aussi fragile que ces maisons que les enfants bâtissent avec de la terre mouillée et des morceaux d'écorce. Si l'expérience vous donne un démenti, vous niez l'expérience et, confiants en votre génie, vous allez de l'avant. Que vous importe l'expérience et l'opinion des autres? Quand l'expérience te semble gênante, Platon, tu fermes les yeux. Si des adversaires te contredisent, tu te persuades aisément que leurs arguments sont sans valeur. Pour moi, ami très cher, qui ne suis qu'un sophiste et que les philosophes dédaignent, j'incline à croire que la Vérité n'est pas découverte puisqu'on la cherche encore. Ne dis pas non; toi-même tu la cherches. La seule différence qui nous sépare, c'est que tu es convaincu qu'on la découvrira un jour. Bien plus, avant de savoir au juste si elle existe, tu t'appliques à dire ce qu'elle devrait être, dans le cas où elle existerait, tandis que je me demande encore si elle existe réellement. Quand je te dis : ô Platon, peut-être qu'il n'y a pas de vérité? tu lèves les yeux au ciel et tu prends à témoin les dieux que si nous ne sommes pas sur la terre pour découvrir la Vérité, nous sommes les plus malheureux des êtres créés. Peut-être serions-nous moins malheureux, ô chorège! si nous ne nous donnions tant de mal à poursuivre la Vérité qui nous fuit?

Regarde moi, ami très cher, je ne plaisante plus maintenant, je suis aussi sérieux qu'un philosophe peut l'être, et j'affirme que tu t'en fais accroire sur les pouvoirs de notre âme. La vérité est qu'elle ne sait rien de science certaine et qu'elle ne fait guère que s'agiter un moment avant de mourir. Sans doute, cette ressource lui reste de rêver, et même de prendre pour la Vérité les rêves qu'elle forme. Elle est habile à se duper elle même et à duper les autres âmes ; mais ses rêves meurent avec elle, ou ne lui survivent que très peu. Je ne veux pas dire qu'au moment de la mort notre âme disparaît. Sur une telle question j'hésite à me prononcer ; il est certains jours où je ne puis pas croire que Kalliklès doit mourir ; il me semble qu'il ne serait pas beau que ce Kalliklès que j'aime disparût à jamais. Pourtant, même en ces jours de vive croyance, je n'oserais pas engager une grosse somme d'argent sur la probabilité de la survivance de mon âme. C'est là un problème qu'il est préférable de ne pas regarder de trop près.

ARÉTA

Je crains qu'il n'y ait, ô Kalliklès ! quelque perversité dans ton esprit.

KALLIKLÈS

Ma chère enfant, je dis ce que je pense ; si mon esprit te semble pervers, c'est parce que ma pensée te déplaît, peut-être encore parce que tu as cessé de m'aimer : ceux-là ne sont pas aimés qui font entendre des vérités désagréables.

Il n'est pas vrai, Platon, que les philosophes aient reçu des dieux cette mission de servir aux hommes de conseillers et de guides. Les philosophes n'enseignent pas à croire ; ils apprennent plutôt à douter. Ils cherchent tous la Vérité, je le veux bien, mais chacun d'eux rencontre sur sa route une vérité différente. Que de vérités opposées entre elles et qui se nient les philosophes n'ont-ils pas découvertes? On ne tarde pas à s'apercevoir que ces vérités ne peuvent pas vivre ensemble, et l'on se dit en souriant : Peut-être que ces vérités ne sont pas vraies ?

L'Eau de Thalès ne fait pas bon ménage avec l'Infini d'Anaximandros, ni avec le Sphairos du vieux Parménidès. Si les atomes de Démokritès se choquent incessamment et éternellement, en tous sens et de toutes les manières, les phénomènes d'Hérakleïtos s'écoulent sans cesse, ce qui n'empêche pas le mage audacieux de Sicile d'affirmer que la Paix et la Guerre se disputent le gouvernement du monde. Les nombres de Pythagoras constituent dans l'univers l'essence des êtres, mais tu nous assures, Platon, que c'est la volonté toute-puissante du bon Démiurge qui a créé un monde parfaitement harmonieux et beau que la méchanceté des hommes devait détruire. Ces imaginations ingénieuses, subtiles et rares sont on ne peut plus divertissantes pour une âme curieuse et qui ne veut pas être dupe. Ce qui est plus divertissant encore, Aréta, c'est le spectacle des philosophes qui renient aujourd'hui la vérité qu'ils avaient découverte hier et qui la remplacent par une autre. Tu es de ce nombre, Platon. Autrefois, tes *Idées* étaient les types des hommes et des choses ; les *Idées* maintenant sont devenues des hommes et des choses, un monde concret créé par la volonté toute-puissante du Démiurge. S'il t'est donné de vivre longtemps encore, — ce que je souhaite, ô chorège, de tout mon cœur, afin que tu puisses nous étonner encore par la merveilleuse souplesse de ton beau génie, — tu nous présenteras tes *Idées* sous un nouvel aspect. Par exemple je ne saurais dire lequel. Je ne serais pas surpris, Platon, si pour la troisième fois tu découvrais la Vérité.

Suppose, maintenant, qu'un éphèbe, non pas des plus jeunes, ni de ceux qui sont nés pour être des disciples, mais de ceux qui ont quelque orgueil dans l'esprit, se dise, un moment séduit par la doctrine que tu viens de nous exposer : Platon ne doit pas se tromper : le philosophe est le guide et le conseiller des hommes. Je vais chercher parmi les doctrines celle qui me semblera la plus prudente, et la plus raisonnable. — Bientôt, son âme, courageuse et fière, en présence de toutes ces prétendues vérités qui luttent entre elles et se disputent, se dira, souriante : Que de temps perdu, dieux bons ! à dérouler les écrits des philosophes. Il est si simple de vivre sa vie sans chercher le sens de la vie.

J'aime les philosophes, Platon, je serais tout à fait leur ami, s'ils n'avaient tous cette ridicule prétention de régenter les âmes. Il ne faut ni régenter les âmes, ni les comprimer. Laisse-les croître librement comme croissent les asphodèles dans les prairies et les roses dans les jardins : c'est ainsi qu'elles deviendront ce qu'elles doivent devenir.

Ce n'est pas que je veuille t'interdire de rêver ; non, mais après nous avoir dit ton beau rêve, j'aurais aimé, ô chorège ! que t'adressant à ces enfants qui nous écoutent, tu eusses ajouté ces mots :

« O jeunes fils de la race d'Hellen, sachez que de toutes les choses étonnantes qui sont sur la terre, la plus étonnante est la fantaisie des hommes. Elle est la magicienne qui touche les objets de sa baguette divine et les transforme en or. Voyez les belles images qu'elle est capable de susciter à nos yeux. Vous avez entendu le rêve de Kalliklès et aussi le rêve de Platon : ils sont beaux l'un et l'autre et pourtant si différents ! Prenez garde, enfants, ce ne sont que des rêves, des illusions charmantes propres à égayer un moment l'âme des éphèbes et aussi l'âme des hommes ! »

C'est là ce que tu aurais dû nous dire, mais tu as craint sans doute de ressembler « à cet homme plein de charme, capable de se prêter à toutes sortes d'imitations et qu'il faut, après avoir répandu des parfums sur sa tête et couronné son front de bandelettes, exiler de la cité juste. » Pourtant, ami, le philosophe n'est qu'un artiste, un ouvrier d'illusions belles, comme sont les artistes, et tu es un artiste, ô philosophe, ô chorège !

ARÉTA

Un artiste et un sage ! ô maître vénéré, mais non pas un sophiste.

PLATON

Il se peut, ô Kalliklès ! que, parmi ces enfants qui nous écoutent, quelques-uns, les plus beaux peut-être et les meilleurs, marchent résolument dans la voie que j'ai tracée. Ils se demanderont : pourquoi la Douleur sur la terre, et l'Ignorance, et l'Injustice, et la Laideur? Que le Dieu leur soit secourable et leur permette de déchirer le voile qui recouvre en partie la Vérité. Il se peut encore que, persuadé par tes paroles, l'un d'eux, dès demain, vienne à ma rencontre et me dise : Platon, je veux quitter ton école : de toutes les occupations, la plus vaine et la plus stérile est de chercher une vérité qui peut ne pas exister. Je répondrais : Va, mon enfant, exerce-toi à la lutte ou à la palestre, ou,

plus simplement, joue aux osselets. Ton âme n'est pas
encore assez mûre pour examiner avec fruit les problèmes
qu'agitent les philosophes. Les choses belles, vois-tu, sont
difficiles. Plus tard, s'il plaît aux dieux, tu comprendras
qu'il n'est pas de jeu plus beau que d'appliquer son âme
à la recherche de la Vérité !

KALLIKLÈS

Le jeu des osselets n'est pas méprisable, ô chorège !

ABÉTA

Eh bien, Kalliklès, joue aux osselets, mais, de grâce, n'interdis pas à Platon le jeu des idées.

O maître ! ne dirons-nous pas que le jeu du philosophe
diffère essentiellement du jeu des autres artistes ?

PLATON

Non, pas essentiellement, ma chère fille, nous dirons seulement, au risque de fâcher Kalliklès, qu'il est de tous les
jeux le plus utile et le plus beau : celui qui rapproche le
plus l'homme de la divinité.

Souviens-toi, ô ma très belle ! de ce que le Discours a
voulu nous enseigner. Le philosophe est semblable au Démiurge ; il est, lui aussi, le créateur d'un monde. Mais ce
créateur n'est qu'un homme, hélas ! il n'a pas la puissance
de donner la vie à ses idées, et c'est en cela que sa création
est incomplète ; elle est imparfaite aussi parce que son âme
d'homme est impuissante à concevoir, dans les détails à la
fois et dans l'ensemble, toutes les harmonies de la création

divine. La création du philosophe est un jeu ; elle est le jeu de son génie à la poursuite de la Vérité, de la Justice, de la Beauté. Ce que ses discours présentent aux hommes, ce n'est pas la réalité, mais une image, qu'il croit fidèle, de la réalité. Cette image, qu'il aperçoit vivante dans son âme, il veut, le bon artiste, la projeter au dehors, afin que tous ceux qui sont capables d'en comprendre la beauté soient séduits par elle comme il a été séduit lui-même. Suivez-moi, hommes, dira-t-il, et vous aussi, enfants à l'âme généreuse, suivez-moi. Je vous veux enseigner le jeu de la vie véritable, le jeu qui vous délivrera d'une partie de vous-même, afin que vous puissiez vous retrouver vous-même. N'est-ce pas là, Aréta, de tous les jeux le plus surprenant et le plus beau ?

ARÉTA

Il est très beau, maître ; il ne faudrait pas cependant qu'il nous fît oublier que nous sommes des hommes et que nous vivons sur la terre.

PLATON

Ce danger n'est pas à craindre, ma chère fille. L'homme n'est que trop forcé de se souvenir qu'il est homme et qu'il vit sur la terre.

Le philosophe ne doit jamais perdre de vue le monde, où il est, comme les autres hommes, condamné à vivre. Il ne crée pas seulement de la beauté, mais aussi de la laideur.

ARÉTA

Que veux-tu dire, maître, je crains de ne plus suivre le Discours.

PLATON

Écoute : Le philosophe ne peut deviner la Vérité et aimer la Justice et conquérir la Beauté qu'à cette condition seulement qu'il saura très exactement apercevoir les causes de l'ignorance de l'homme, de son injustice, de sa laideur. Cela fait partie de son art, ma chère fille. Il doit montrer l'homme à l'homme. Il ne parviendra à comprendre la pure beauté de la création du dieu qu'après s'être rendu compte de la déchéance de l'homme, qu'après avoir mis à nu sa perversité et ses misères. Il faut qu'à travers le discours du philosophe, l'homme se voie tel qu'il est, orgueilleux et vain, travaillé par des passions injustes, par le désir d'amasser des richesses, par l'envie de porter une couronne. Alors seulement le philosophe est psychologue. Il sera capable de jouer, devant les hommes, le drame de l'humanité. Quel drame pourrait être comparé à ce drame? Il ne s'agit plus ici des personnages de la fable, nous n'avons plus aucun effort à faire pour nous mettre à la place des acteurs. Nous sommes nous-mêmes les acteurs du drame. Vois! cet être qui est devant tes yeux, ne le reconnais-tu pas, c'est toi-même! Chose admirable, voici que tu es la victime et voilà que tu es le bourreau! Examine bien, considère tout ce que tu as fait, tout ce que tu aurais dû ne pas faire! N'es-tu pas le plus misérable des êtres? Ne détourne pas les yeux, aie le courage de te reconnaître. C'est bien toi. Tu vas, agité en tout sens, comme un vaisseau qui n'a plus de pilote, tu as perdu la maîtrise de toi-même! Ce sont tes passions qui te gouvernent; elles te mordent comme des bêtes furieuses; elles t'excitent contre les autres hommes, contre toi.

Ce n'est pas par esprit de méchanceté ou de vengeance,
Aréta, que le philosophe adresse des reproches à ceux qui
se sont écartés de la voie juste. Il décrit simplement le
spectacle de la vie, telle que son âme la lui montre; ici
encore il est un artiste, il joue. Ce n'est pas sa faute si la
vertu est rare et si les vices sont nombreux sur la terre.
Bien plus, quand il aperçoit le cœur humain si misérable,
prompt à tromper les autres et si prompt à se tromper lui-
même, il aime les hommes malgré leurs fautes, malgré
leurs crimes. C'est alors que la pitié, comme une fleur
divine, éclôt dans son cœur. C'est elle qui lui dicte les
paroles qui relèvent et qui consolent, les paroles de vie !

KALLIKLÈS

Je ne te reconnais plus, ô chorège! Le fils d'Ariston, dont
les déesses Kharites vantaient l'aimable sourire, a emprunté
au vieil OEschylôs son masque le plus tragique.

Tu te trompes, ami très cher; par tous les dieux, les
hommes ne sont pas tels que tu les décris. Crois-en ma vieille
expérience : la vie n'est pas un drame, elle est plutôt une
comédie. Il est vrai que nous pleurons quelquefois, mais, le
plus souvent, nous pleurons au sujet de choses dont il serait
préférable de rire. Somme toute, la vie n'est pas désagréable à vivre; si elle n'est pas tout à fait bonne, c'est que
nous nous appliquons à la gâter. Ce sont les philosophes
qui troublent à chaque instant notre repos. Ils promettent le
bonheur à ceux qui veulent les suivre, mais ce bonheur ne
peut être atteint qu'à la condition d'imposer silence à toutes
les tendances naturelles qui, satisfaites, sont les ouvrières
de nos joies les plus réelles et les plus sûres. Que les

hommes vivent à leur guise, Platon; aide-les plutôt à se procurer les plaisirs qu'ils préfèrent; tu leur seras utile et ils t'aimeront; mais ne te préoccupe pas de les rendre semblables à toi-même. Sois assuré qu'ils ne pensent ni à se défaire ni à se refaire; ils veulent simplement rester tels que la Nature les a faits.

PLATON

O Kalliklès! ami très cher, de tous les ennemis de la sagesse, tu es à coup sûr le plus dangereux.

ARÉTA

Maître, je voudrais à mon tour t'adresser un reproche.

PLATON

Toi! ma chère enfant. Ta voix tremble; on dirait que tu as peur. Parle sans crainte, ne sais-tu pas que je suis ton ami?

ARÉTA

C'est que je crains de me tromper, ô chorège! Tu sais combien je t'aime et combien je serais malheureuse si mes paroles étaient interprétées par toi comme une offense. Ta doctrine est la vraie, maître, si elle n'est pas la Vérité tout entière. Le philosophe est, comme tu nous l'as dit, l'artiste créateur de beauté dont le génie s'élève jusqu'à concevoir, au delà de cette terre où règne l'Injustice, le monde de la Justice et de la pure Beauté! De toutes les doctrines que les sages ont proposées aux hommes, celle que Platon nous a révélée aujourd'hui sous le platane d'Akadémos est sans contredit la plus noble et la plus belle. Le philosophe, je le crois, a reçu des dieux cette mission d'opposer la vie divine, telle qu'il la conçoit, à la vie réelle qui lui apparait avec ses injustices et ses laideurs. Il est psychologue. Son regard aigu scrute les âmes : il voit naître et se développer les pensées vicieuses ou méchantes qui se traduiront dans le monde par des injustices ou des laideurs. Son âme est la scène où se joue le plus tragique des drames : le drame de l'humanité. Mais le philosophe est artiste. Ses créations, qu'elles soient selon la Beauté ou selon la Laideur, sont un jeu. Il vit de la vie contemplative : il est désintéressé, il joue.

Et tu penses, maître, qu'il n'est pas besoin d'autre chose pour que le philosophe soit appelé à bon droit le guide et le véritable ami des hommes. Eh bien, non, cela ne suffit pas ! Il ne suffit pas de rêver la cité juste ; il faut travailler à la réaliser. Il ne suffit pas de stigmatiser les vices des hommes et leurs passions honteuses, il faut les combattre ! O philosophe ! descends de ces sommets où se complait la pensée pure, entre dans la mêlée, vis la vie véritable. Surgis dans l'arène ainsi qu'un bon athlète Semblable à Héraklès, le dompteur de monstres, apparais pour écraser les vices sous le poids de ta massue !

O maître, à Athènes, dans les cités voisines, dans la Hellas tout entière et sans doute aussi chez les Barbares, il est des êtres qui souffrent et qu'il faut secourir, non pas par des discours, mais par des actes. Il n'y a pas un seul instant à perdre, il faut lutter de toutes nos forces contre le mal envahisseur. Certes, le combat sera long et pénible. Il

est des hommes, parmi ceux qu'on répute les plus habiles
et les meilleurs, qui proclament que l'injustice est nécessaire et même qu'elle est belle. N'as-tu pas entendu Kalliklès affirmer qu'il était selon la Beauté que le bétail
humain se regardât heureux de servir d'instrument et de
marchepied à quelques privilégiés de la vie, aux représentants, comme il les appelle, de la vie supérieure?

PLATON

Peut-être dis-tu vrai ma chère fille : il serait beau de lutter
contre l'injustice. Par les traits du visage, et par la sagesse,
et encore par l'amour des combats, tu ressembles à Athéna
protectrice de la cité. Moi, je suis vieux, Aréta; je dois
laisser à de plus vigoureux les soucis de la lutte et les joies
du triomphe; toi, tu es jeune et l'arène est ouverte.

ARÉTA

Je suis une femme, Platon, une jeune femme, comme
dit Kalliklès, et je suis étrangère; les citoyens d'Athènes
refuseraient d'écouter la fille d'Aristippos.

Pourtant j'ai souffert, j'ai subi l'injustice de la part des
hommes, et, pendant ces longues heures de tristesse où
mon âme était lasse de vivre, j'ai médité souvent sur les
causes de la souffrance. Bien des fois, je me suis demandée
s'il serait impossible de réaliser, sur la terre, non pas
certes une vie heureuse et belle de tous points, mais, simplement, la vie où les hommes ne seraient pas partout et
toujours occupés à se faire souffrir. Et moi aussi j'ai fait un
rêve.

Je voudrais, maître, vivre dans une cité où tous les

hommes seraient vraiment des citoyens conscients de leur dignité d'homme ; où les femmes seraient les égales des hommes et non plus des pupilles insignifiantes qu'on enferme dans les gynécées, ou des hétaïres qu'on méprise. Ce serait la cité des hommes libres, des hommes qui seraient tous libres, la cité sans esclaves ! L'esclavage me semble la pire des injustices : il est peut-être la source de toutes les douleurs qui accablent les hommes.

Ce rêve que j'ai fait, ô chorège ! est peut-être de ceux que l'homme, s'il le voulait, pourrait réaliser.

PLATON

Il faut nous dire ton rêve, Aréta.

ARÉTA

Non pas maintenant, maître, — la nuit vient vers nous à grands pas, — mais demain ; à moins que tu ne me juges indigne d'exposer, sous le platane vénérable, quelques idées, qui ne forment même pas une doctrine, qui ne sont que le rêve d'Aréta.

PLATON

Nous t'écouterons avec joie, ma chère enfant.

O Kalliklès ! si, demain, nous étions contraints tous deux d'avouer que nous avons été vaincus par une femme !

LA RENTRÉE D'AGLAOPHAMOS

Ne m'adresse pas des reproches, ô chorège ! si j'interromps, une fois encore, le Discours. Depuis un moment, j'aperçois, vers le milieu de l'allée, sur la droite, tout près du buste en pierre d'Hermès le messager, quelque chose, homme ou animal blessé, — je ne saurais dire au juste, — qui semble ramper péniblement vers nous. Mes yeux ne sont plus jeunes et la nuit bientôt nous enveloppera de ses voiles. Peut-être serait-il bon d'aviser, ô chorège !

O maître ! il me semble reconnaître Aglaophamos, ton hôte.

Allez, enfants, par Zeus-Soter, courez à son secours ! Que les dieux bienfaisants viennent en aide à l'hôte qu'ils ont conduit vers ma demeure. Va ! Damon, ton bras est vigoureux ; Kalliklès ne te défendra pas de secourir un homme doublement vénérable, et par l'âge, et par la sagesse.

KALLIKLÈS

Va ! Damon.

PLATON

De quel limon, dieux justes, est pétrie l'âme de la populace d'Athènes ! Il était vieux, il était sans défense, et tu ne
l'as pas protégé, Athéna !

ARÉTA

Voici que les enfants sont près de lui, maître ; ils le relèvent et le conduisent vers nous. Je l'aperçois, maintenant ;
sa démarche est chancelante ; il a beaucoup de peine à
avancer. Ses cheveux recouvrent en partie son visage, son
manteau est déchiré, on dirait qu'il souffre, qu'il est malade. Je le vois distinctement. Comme il est maigre, Platon,
et comme il est laid !

PLATON

Il est très vieux, ma chère fille, et très sage : il est mon
hôte.

KALLIKLÈS

Je puis te décrire exactement, ô chorège ! ce qui s'est
passé. Aglaophamos se sera rendu ce matin à l'Agora, dans
la partie la plus basse, où l'on vend les fruits et les légumes.
Là il aura parlé aux pieds-poudreux du dieu inconnu, il
les a menacés peut-être. Le peuple d'Athènes se sera fâché.
Comment ce dieu, dont il est le porte-paroles, n'a-t-il pas
secouru ton hôte ? Comptez donc sur la protection...

PLATON

De grâce, tais-toi, Kalliklès ; Aglaophamos est près de
nous ; il pourrait t'entendre.

PLATON

Sois le bienvenu parmi nous, hôte cher à mon cœur. Pendant la journée nous étions inquiets parce que tu étais parti ;
maintenant que tu es là, nous sommes plus inquiets encore.
Tu es malade, ami, assieds-toi près de moi ; tes jambes ne
peuvent plus te porter et tes mains tremblent. Que t'est-il
donc arrivé, dieux bons ? Quel malheur avons-nous à dé-
plorer ?

AGLAOPHAMOS

Je suis allé vers les méchants, et les méchants ont accablé
mon corps. Ils ont insulté à ma vieillesse ; ils m'ont injurié.

PLATON

Pourquoi as-tu, sans me prévenir, quitté la maison ? Je
t'aurais mis en garde contre cette tentation de révéler ton
dieu à la populace d'Athènes. Ils sont méchants, Aglaophamos ; ils n'aiment pas les philosophes, encore moins les
prêtres d'Orpheus.

AGLAOPHAMOS

Le dieu m'a dit : Va ! et je suis parti. Comment supposer
qu'un hôte de Platon pût être maltraité dans la cité
d'Athéna ?

PLATON

Ils maltraiteraient Platon lui-même, s'il lui prenait fantaisie de discourir devant eux. N'ont-ils pas condamné Sokratès à boire la ciguë?

AGLAOPHAMOS

J'allais vers eux plein de confiance; je leur apportais la parole de paix, la parole d'amour. Tout d'abord, ils m'ont écouté; mais je voyais quelque étonnement dans leurs yeux; ces hommes se demandaient pour quelles raisons je venais les troubler dans leurs affaires, comme s'il était rien de plus important que d'écouter des paroles venues du Divin. Puis, tout à coup, ils m'ont injurié. Ils m'ont appelé barbare, imposteur, mendiant, marchand de prières! Des enfants sont venus, une foule d'enfants, surgis je ne sais d'où. Ils ont pris la boue du ruisseau et me l'ont lancée à la face; ils ont déchiré mon manteau, et les hommes riaient! Encouragés par ces rires, les enfants, de nouveau, ont couru vers moi, et leurs petites mains m'ont frappé!

ARÉTA

O étranger, tu souffres! Platon a des amis puissants à Athènes; ceux qui t'ont offensé seront punis.

AGLAOPHAMOS

Tout ce qui arrive, arrive, ô femme! selon la volonté du Dieu tout-puissant. Je suis le prêtre du vrai Dieu; je pardonne aux méchants et je les bénis. Je suis le serviteur fidèle qui subit, sans protestation et avec joie, toutes les épreuves que le Divin lui envoie.

Et toi, femme, que fais-tu au milieu de ces hommes? Ta place n'est pas ici. Rentre au gynécée, pétris la farine, écosse les pois, fais cuire les viandes, remplis ta fonction de servante de l'homme. A quoi bon discuter, avec des philosophes, des problèmes où ton âme ne saurait atteindre? Qu'es-tu venue faire sous le platane d'Akadémos? Tu es jeune et tu es belle; ne vois-tu pas qu'ils sont vieux?

PLATON

Mon cher hôte, ta souffrance égare ton esprit. Pourquoi adresses-tu à notre Aréta de si durs reproches? Elle est aussi sage qu'elle est belle, Aglaophamos, et nous l'aimons. Elle ne ressemble pas aux autres femmes; son âme est désireuse d'apprendre, et sa beauté est la joie de nos entretiens. Tu l'aimerais toi-même si tu la connaissais mieux.

AGLAOPHAMOS

C'est une femme, Platon.

PLATON

C'est une femme, ami très cher. Le dieu ne t'a pas ordonné d'être injuste à l'égard d'une femme.

Damon, je t'en prie, aide mon hôte à se soulever et conduis-le à ma maison. Tu souffres, Aglaophamos; la brise du soir qui commence à souffler ne pourrait qu'augmenter ta fièvre. Va, Damon; dis à Speusippos de donner à mon hôte tous les soins que réclame son état. Je ne tarderai pas à vous rejoindre.

KALLIKLÈS

Ton hôte me semble très malade, ô chorège ! Il ne peut pas marcher, Damon l'emporte dans ses bras comme il ferait d'un enfant.

ARÉTA

Les hommes sont méchants, maître ; ils sont injustes, ils sont cruels. Ce vieillard, que tu appelles un sage et que j'aurais voulu aimer, me méprise et m'insulte. Jamais, pourtant, je n'ai fait de tort à personne. Il a voulu, sans doute, se venger sur moi du mal qu'il a souffert.

PLATON

Ne pleure pas, ma chère fille, et pardonne à Aglaophamos : c'est un malade.

ARÉTA

O maître ! il est des moments où le découragement envahit mon âme. Je me demande si ce n'est pas en vain que nous voulons combattre pour la Justice. Les méchants sont innombrables ; entre le Bien et le Mal, la lutte est trop inégale ; je crains que le Bien ne soit vaincu.

PLATON

Voici que ta belle ardeur s'est éteinte, ô guerrière ! et tu pleures ! Il n'est pas beau de perdre ainsi toute espérance. Les dieux, Aréta, ne voudront pas abandonner ceux qui les aiment. Tu me reprochais naguère de ne pas vouloir descendre dans l'arène pour y combattre l'Injustice et voici que maintenant tu ne crois plus toi-même au triomphe possible de la Justice ! Aréta, souviens-toi d'Héraklès !

J'ai hâte, amis très chers, de retourner auprès de mon hôte malade. Demain, à l'heure convenue, nous nous retrouverons sous le platane d'Akadémos. Je voudrais espérer qu'Aglaophamos sera près de nous.

KALLIKLÈS

C'est mon désir le plus cher, ô chorège !

ANTISTHÉNÈS

Que les Moires, Platon, soient propices à ton hôte.

———

ARÉTA

Permets que je t'adresse encore une prière, ô maître !

PLATON

Je t'écoute, ma chère enfant.

ARÉTA

Tu nous as dit l'Art et la Beauté, mais tu nous avais promis, n'est-il pas vrai ? de nous dévoiler la véritable nature de l'Amour.

PLATON

Il est nuit, Aréta. La pâle lumière de Séléné qui jaillit à travers les feuilles des platanes me permet à peine de deviner ton visage. Hélios reviendra nous éclairer demain et, s'il plaît aux dieux, je tiendrai demain la promesse que je t'ai faite.

ARÉTA

Du moins, avant que nous nous séparions, dis-moi, je

t'en prie, ô chorège ! ce qu'est, selon toi, le véritable Amour.

PLATON

S'il faut en croire Hésiodos, ô ma très belle ! Éros est le plus ancien des dieux. J'ajouterai qu'il est, de tous les dieux, celui que les hommes méconnaissent le plus. Toi-même, tu le méconnais, Aréta ; tu l'accuses injustement de t'avoir fait souffrir. Éros n'est pas la cause de tes souffrances, mais je ne sais quel fantôme que les hommes appellent de ce nom et qui ne ressemble pas plus à Éros que l'Aphrodita Pandémos ne ressemble à l'Aphrodita Ourania.

Au moment où la Beauté s'est enfuie de la terre, elle était, je le crains, suivie du véritable Amour. C'est pour cette raison que les amants, maintenant, ne savent plus aimer. Ils sont jaloux, méfiants, parfois cruels ; nous les voyons toujours se surveiller l'un l'autre avec de la haine dans les yeux. Ils sont injustes, Aréta ; chacun voudrait conquérir l'autre sans se donner lui-même. Ils ne s'aiment pas à vrai dire ; ils combattent, chacun pour accroître son être en absorbant l'autre : l'homme par la violence, la femme par la ruse. Et, le plus souvent, dans ce combat, l'un et l'autre sont vaincus. Ce n'est pas ainsi que, dans le premier monde créé, s'aimaient les fils du Démiurge.

Si la doctrine que je vous ai enseignée est plus qu'un rêve, amis très chers, le jour viendra où notre âme, purifiée par la souffrance, saura s'évader de la caverne où sa méchanceté l'a enfermée. Elles se trouvera alors en présence de deux routes. Parties de points différents, elles ne

tardent pas à se rejoindre : l'une et l'autre conduisent à la
cité du Dieu. La première est celle que suit l'intelligence
avide de comprendre ; le cœur, qui veut aimer, préfère la
seconde : le chemin de l'amour. J'ai dit, aujourd'hui, comment, grâce à la dialectique, cette espérance n'était pas
interdite à l'artiste, au philosophe, de tendre à la Vérité, à
la Justice, à la Beauté. Nous nous engagerons demain sur
l'autre route, Aréta. Elle est la plus belle des deux, mais la
plus difficile ; Éros nous sera favorable ; c'est lui qui sera
notre guide ; peut-être consentira-t-il à nous révéler sa
véritable nature ?

ARÉTA

Mais qui est donc, ô chorège ! cet Éros que tous les
hommes méconnaissent ? Je t'en prie, maître, ne me fais pas
attendre jusqu'à demain le mot de l'énigme.

PLATON

Tu es femme, Aréta, tu es curieuse. Écoute : Éros est le
Dieu tout-puissant, le Créateur des hommes et des choses.
Il est, ne l'as-tu pas reconnu ? le Divin Démiurge !

ARÉTA

O maître ! tu es le meilleur des hommes : je t'aime de
toute mon âme.

TABLE DES MATIÈRES

Paris. — L. Maretheux, imprimeur, 1, rue Cassette

FÉLIX ALCAN, ÉDITEUR

108, BOULEVARD SAINT-GERMAIN, PARIS, 6e

PHILOSOPHIE ANCIENNE

ARISTOTE (Œuvres d'), traduction de J. Barthelemy-Saint-Hilaire, de l'Institut.
— Rhétorique. 2 vol. in-8 . . . . 16 fr.
— Politique. 1 vol. in-8 . . . . 10 fr.
— La métaphysique. 3 vol. in-8 . . . . 30 fr.
— De la Logique d'Aristote, par M. Barthelemy-Saint-Hilaire. 2 volumes
   in-8 . . . . 10 fr.
— L'Esthétique d'Aristote, par M. Bénard. 1 vol. in-8 . . . . 5 fr.
— La Poétique d'Aristote, par A. Hatzfeld, prof. hon. au Lycée Louis-le-
   Grand et M. Dufour, prof. à l'Univ. de Lille. 1 vol. in-8 . . . . . . 6 fr.
ÉPICURE. La Morale d'Épicure et ses rapports avec les doctrines contem-
   poraines, par M. Guyau. 1 vol. in-8, 3e édit. . . . . 7 fr. 50
PLATON. Sa philosophie, sa vie et ses œuvres, par Ch. Bénard. 1 vol.
   in-8 . . . . 10 fr.
— La théorie platonicienne des sciences, par Élie Halévy. 1 vol.
   in-8 . . . . 5 fr.
— Œuvres, traduction Victor Cousin revue par J. Barthelemy-Saint-
   Hilaire : *Socrate et Platon ou le Platonisme — Euthyphron-Apologie de
   Socrate — Criton — Phédon.* — 1 vol. in-8 . . . . 7 fr. 50
SOCRATE. La Philosophie de Socrate, par Alf. Fouillée. 2 vol. in-8. 16 fr.
— Le Procès de Socrate, par G. Sorel. 1 vol. in-18 . . . . 3 fr. 50

BÉNARD. La Philosophie ancienne, histoire de ses systèmes. 1 volume
   in-8 . . . . 9 fr.
BOUTROUX. Études d'histoire de la philosophie. *L'histoire de la philo-
   sophie. — Socrate fondateur de la science morale. — Aristote. — Jacob
   Boehme. — Descartes. — Science et morale selon Descartes. — Kant. — La
   philosophie écossaise et la philosophie française.* 2e édit. 1 vol. in-8. 7 fr. 50
DUGAS. L'amitié antique. 1 vol. in-8 . . . . 7 fr. 50
FABRE (J.). La pensée antique (De Moïse à Marc-Aurèle). 1 vol. in-8. 5 fr.
FAVRE (Mme Jules), née Velten. La Morale de Socrate. 1 vol. in-18. 3 fr. 50
— La Morale d'Aristote. 1 vol. in-18 . . . . 3 fr. 50
— La morale des stoïciens. 1 vol. in-18 . . . . 3 fr. 50
FERRIÈRE. Les mythes de la Bible. 1 vol. in-18 . . . . 3 fr. 50
KARPPE. Les origines et la nature du Zohar, précédé d'une *Étude sur
   l'histoire de la Kabbale.* 1 vol. in-8 . . . . 7 fr. 50
LANESSAN (de). La morale des philosophes chinois. 1 vol. in-12. 2 fr. 50
MABILLEAU. Histoire de la philosophie atomistique. 1 vol. in-8 (*Cou-
   ronné par l'Institut*) . . . . 12 fr.
MARIÉTAN. Problème de la classification des sciences, d'Aristote à Saint-
   Thomas. 1 vol. in-8 . . . . 3 fr.
MAX MULLER. Nouvelles études de mythologie. 1 vol. in-8. 12 fr. 50
MILHAUD (G.). Les origines de la science grecque. 1 volume in-8. 5 fr.
— Les philosophes géomètres de la Grèce. 1 vol. in-8 (*Couronné par
   l'Institut*) . . . . 6 fr.
OGEREAU. Système philosophique des stoïciens. 1 vol. in-8 . . . . 5 fr.
OLDENBERG. Le Bouddha. *Sa vie, sa doctrine, sa communauté.* 2e édit.
   traduit de l'allemand par M. Paul Foucaux. 1 vol. in-8 . . . . . . 7 fr. 50
OUVRÉ. Les formes littéraires de la pensée grecque. 1 vol. in-8 (*Cou-
   ronné par l'Académie française*) . . . . 10 fr.
PIAT (C.). Socrate. 1 vol. in-8 . . . . 5 fr.
PRAT. Le mystère de Platon *Aglaophamos.* 1 vol. in-8 . . . . 4 fr.
RODIER. La Physique de Straton de Lampsaque. 1 vol. in-8 . . . . . . 3 fr.
TANNERY (Paul). Pour l'histoire de la science hellène (de Thalès à
   Empédocle). 1 vol. in-8 . . . . 7 fr. 50
TERQUEM (A.). La Science romaine à l'époque d'Auguste. 1 vol. in-8. 3 fr.
VAN DER REST. Platon et Aristote. *Essai sur les commencements de la
   science politique.* 1 vol. in-8 . . . . 10 fr.

Coulommiers. — Imp. Paul BRODARD. — 1071-1902.